Nowarra· Die verbotenen Flugzeuge 1921–1935

Die getarnte Luftwaffe

Heinz J. Nowarra

DIE VERBOTENEN FLUGZEUGE 1921 1935

Motorbuch Verlag Stuttgart

Einband und Schutzumschlag: Siegfried Horn unter Verwendung eines Dias des Autors

Bildquellen: VFW-Fokker · Dornier-Werke · Archiv Nowarra

ISBN 3-87943-709-2

1. Auflage 1980
Copyright © by Motorbuch Verlag, Postfach 1370, 7000 Stuttgart 1
Eine Abteilung des Buch- und Verlagshauses Paul Pietsch GmbH & Co. KG
Sämtliche Rechte der Verbreitung – in jeglicher Form und Technik – sind vorbehalten.
Satz und Druck: Rung-Druck, 7320 Göppingen
Bindung: Großbuchbinderei E. Riethmüller, 7000 Stuttgart 1
Printed in Germany

Inhalt

Vorwort

Auf dem Reichsparteitag der NSDAP 1935 erklärte Göring, es sei gelungen, die junge deutsche Luftwaffe in der kurzen Zeit seit der Machtübernahme am 30. Januar 1933 zu einer schlagkräftigen Waffe aufzubauen. Abgesehen von der Tatsache, daß es sich zu diesem Zeitpunkt nur um eine »Risiko-Luftwaffe« handelte, war dies eine glatte Unwahrheit, denn er selbst wußte nur zu gut, daß die Grundlage für diese Luftwaffe nicht von den Nationalsozialisten geschaffen worden war. Noch 1938 erklärte Staatssekretär Milch in einem Interview, in den ersten Tagen der nationalsozialistischen Revolution sei das Reichskommissariat für die deutsche Luftfahrt entstanden. Er sei in diesem Augenblick unter das Kommando von Hermann Göring getreten. Sie seien gewissermaßen Führer ohne Armee gewesen. Nun sei der Ruf zur Schaffung der Luftwaffe an alle ergangen, die dazu ihren Teil beitragen könnten.

»Die Luftwaffe im Dunkel« bestand schon lange. Und die Männer, die an und in ihr arbeiteten, waren alles andere als Nationalsozialisten. Sie kamen aus zwei Lagern: einmal waren es Offiziere, die im Ersten Weltkrieg Flieger gewesen waren und in der Reichswehr als Heeresangehörige oder Marine-Offiziere dienten und genau wußten, daß eine Verteidigung des Deutschen Reiches, das nach 1919 von hochgerüsteten Staaten, an der Spitze Frankreich, umgeben war, ohne eine Luftwaffe nicht möglich war. Die Kämpfe im Baltikum, in Schlesien und die Kämpfe gegen die Kommunisten in Deutschland selbst hatten bewiesen, wie schutzlos Deutschland nach 1919 dastand. Auf der anderen Seite waren es deutsche Ingenieure und Unternehmer, die in der Flugzeugindustrie gearbeitet hatten, und jetzt im Flugzeugexport ein lukratives Unternehmen sahen und vor allen Dingen den Anschluß im Flugzeugbau nicht verlieren wollten. Und deutsche Flugzeuge waren gefragt. »Made in Germany«, ursprünglich als Brandmarkung gedacht, war zum internationalen Qualitätsbegriff geworden.

So entstanden zwei Kategorien von Militärflugzeugen in deutschen und ausländischen Konstruktionsbüros: Flugzeuge, die die Reichswehr und ab Januar 1933 das Reichskommissariat für Luftfahrt, bzw. die noch getarnte Luftwaffe zum Aufbau einer geheimen Kader-(später Risiko-)Luftwaffe forderte, und Flugzeuge, die deutsche Hersteller ins Ausland verkaufen wollten. Dazu kamen noch einige wenige Flugzeuge, die deutsche Konstrukteure für ausländische Hersteller entwickelten. Im vorliegenden Bericht sollen nun alle Gruppen erfaßt und ohne Rücksicht auf den Hersteller in zeitmäßiger Reihenfolge ihrer Entstehung geschildert werden. Dabei mußten selbstverständlich auch die Schul- und Übungsflugzeuge erfaßt werden, die die Reichswehr und die noch getarnte Luftwaffe angefordert haben und die bei der Verkehrsfliegerschule, dem Luftsportverband und anderen getarnten Ausbildungsverbänden für die vormilitärische Flugausbildung notwendig wurden. Damit soll ein Gesamtbild der militärischen Flugzeugentwicklung dieser Zeit in Deutschland vermittelt werden. Daneben mußten aber auch die wenigen Flugzeuge miterfaßt werden, die Deutschland 1918 verblieben waren und erst 1920, als die Note des Botschafterrats der Westmächte vom 22. Juni 1920 ausdrücklich die restlose Zerstörung bzw. Auslieferung allen fliegerischen Geräts verlangte, zerstört wurden. Ein Teil von ihnen hat sogar, wie gezeigt wird, das Jahr 1920 überlebt.

Dieses Buch wurde nur dadurch möglich, daß drei Männer, die diese Zeit miterlebt und mitgestaltet haben, dem Verfasser von 1958 bis 1968 in vielen Begegnungen ihre Erfahrungen und Erlebnisse dieser Zeit geschildert haben, inzwischen aber zur »Großen Armee« abberufen wurden: Generaloberst a. D. Alfred Keller, Oberstabsingenieur a. D. Richard Scholz und Major a. D. Flugkapitän Otto Brauer. Ihnen, den Firmen VFW-Fokker und Dornier, sowie seinen unermüdlichen Freunden Helmuth Rosenboom, Günther Ott, Thijs Postma und Herrn Dr. Koos in Rostock möchte der Verfasser für ihre Hilfe und Mitarbeit an dieser Stelle besonders herzlich danken.

Harreshausen, den 31. Mai 1979

Heinz J. Nowarra

Die Entwicklung der Reichswehrfliegertruppe und der deutschen Flugzeugindustrie 1919 – März 1935

1. 1919–1922
Die Vernichtung der deutschen Fliegertruppe und der Flugzeugindustrie

Am 21. Januar 1919 wurden durch einen Tagesbefehl des Kommandierenden Generals der Luftstreitkräfte (Kogenluft) General von Hoeppner sämtliche Verbände der Flieger-, Flak- und Luftschiffereinheiten entlassen. Vorläufig bestehen blieb noch die Luftabteilung des Preußischen Kriegsministeriums in Berlin (A 7 L) unter Leitung des bisherigen Stabschefs von Kogenluft, Oberst Hermann von der Lieth-Thomsen genannt Thomsen. Am 28. Juni 1919 wurde der Friedensvertrag von Versailles unterzeichnet, der selbst die kleinste Hoffnung auf eine, wenn auch bescheidene Verteidigung des Luftraums über Deutschland zunichte machte. Der Artikel 198 bestimmte ausdrücklich: »Deutschland darf Luftstreitkräfte weder zu Lande noch zu Wasser als Teil seines Heereswesens unterhalten.« Der Artikel 202 des Vertrages verlangte ferner die Auslieferung aller militärischen Luftfahrtgeräte – mit geringen Ausnahmen – binnen drei Monaten. Daraufhin wurden 15 714 Flugzeuge, 27 757 Flugmotoren, 16 Luftschiffe, 37 Luftschiffhallen und ungezählte Ersatzteile und Instrumente abgeliefert oder zerstört. Artikel 201 verbot Deutschland nach einer Frist von sechs Monaten nach Inkrafttreten des Vertrages die Herstellung und Einfuhr allen fliegerischen Geräts. Die Lufthoheit wurde eingeschränkt. Die Situation war also ähnlich der von 1945. Die Siegermächte hatten aber eine Tatsache übersehen: Der Widerstandswille der Flieger und der Leute von der Flugzeugindustrie war bei weitem nicht so erloschen wie 1945. Vor allen Dingen: im Reichsgebiet, wenn es auch durch Abtrennung verschiedener Gebiete kleiner geworden war, gab es keine zerstörten Städte und Dörfer und keine zerstörten Werke. So nimmt es nicht wunder, wenn sogar der keineswegs kaisertreue ehemalige Inspekteur der Fliegertruppe, Oberstleutnant Siegert, die Gedanken der Flieger laut aussprach: »Als wir zum ersten Mal den Artikel lasen, da umstanden wir Flieger diese Ungeheuerlichkeit wohl wie Kinder ein brennendes Haus, dessen zusammenstürzendes Gebälk Vater und Mutter erschlug.«
Die politische Situation war aber in dieser Zeit eine ganz andere als 1945. Während nach 1945 die westlichen Siegermächte sich aufgrund der sowjetischen Expansion gezwungen sahen, die Bundesrepublik Deutschland wieder aufzu-

rüsten, auf der anderen Seite die Sowjetunion die DDR zur Aufmarschbasis ausbaute und ebenfalls remilitarisierte, stand Deutschland damals vollkommen allein und entwaffnet und war umgeben von hochgerüsteten Staaten mit Frankreich an der Spitze. Die Kämpfe im Baltikum und in Schlesien bewiesen die Notwendigkeit des Aufbaus einer Verteidigung. Dazu kamen die kommunistischen Aufstände in Berlin, Sachsen und Bayern, die den Bestand der jungen deutschen Republik gefährdeten. Die sozialdemokratische deutsche Regierung war gezwungen, zur Niederschlagung dieser Aufstände die noch im Aufbau befindliche Reichswehr einzusetzen und diese durch sogenannte Freikorps zu verstärken. Bei allen diesen militärischen Aktionen mußten auch Flugzeuge eingesetzt werden. Während der Kämpfe im Baltikum von Januar bis Dezember 1919 kamen fünfzehn Fliegerabteilungen oder -staffeln zum Einsatz, die mit übriggebliebenen Flugzeugen der Fliegertruppe von 1918 ausgerüstet waren. Bei der Zerschlagung der Räteherrschaft in Bayern waren vier solcher Fliegereinheiten eingesetzt. In Berlin, Nord- und Mitteldeutschland waren es neun.

Im einzelnen handelte es sich um folgende Verbände:

Abteilung	Nr.	Abteilung	Nr.
Flieger-Abteilung	1	Grenzschutz-Fl.Abt.	409
Flieger-Abteilung	2	Jagdstaffel	416
Flieger-Abteilung	6	Schlachtstaffel	417
Flieger-Abteilung	413	Freiwill.Fl.Abt.	424
Flieger-Abteilung	427	Freiwill.Fl.Abt.	425
Flieger-Abteilung	429	Freiwill.Fl.Abt.	426
Flieger-Division	2	Feldflieger-Abt.	433
Grenzschutz-Fl.Abt.	408	Württbg.Flieger-Abt.	—

Daneben haben noch weitere Einheiten existiert, die Nummern über 400 hatten, die aber nicht aktiv in die Kämpfe eingegriffen haben.

Diese Verbände sollten den Grundstock einer kleinen, rein auf Verteidigung ausgerichteten Luftwaffe bilden. Dies wurde durch die genannten Artikel des Versailler Vertrages unmöglich gemacht, obwohl der Militärsachverständige der deutschen Delegation bei den Friedensverhandlungen, Generalmajor Hans von Seeckt, eine Denkschrift des Hauptmanns Wilberg (A 7 L) über den Aufbau einer solchen Minimalfliegertruppe vorgelegt hatte. Es ist nichts geblieben. Nur 180 Fliegeroffiziere der alten Fliegertruppe und ein paar Marineflieger wurden in die Reichswehr, die nicht fliegen durfte, übernommen. Damit schien es mit der deutschen Militärluftfahrt endgültig zu Ende zu sein.

Obwohl die totale deutsche Luftabrüstung durch die Interalliierte Luftfahrt-Überwachungskommission (ILuK) kontrolliert werden sollte, wurden auf deutscher Seite Überlegungen angestellt, die auf die Schaffung einer getarnten deutschen Luftwaffe, die aber ausschließlich defensiven Charakter haben sollte, hinzielten.

General von Seeckt wurde am 1. Oktober 1919 in das neu gebildete Reichswehrministerium berufen und am 24. November zum Chef des Truppenamtes ernannt. Das Truppenamt (TA) ersetzte de facto den durch den Friedensvertrag verbotenen Generalstab bei der Reichswehr. Damit war der Mann an die Spitze des 100 000 Mann Heeres getreten, der den Wert von Luftstreitkräften richtig einzuschätzen wußte und es verstand in äußerst geschickter Form die Grundlagen für den Aufbau einer kleinen Kader-Luftwaffe zu schaffen. Am 1. März 1920 richtete Seeckt im TA ein sogenanntes Luftschutzreferat TA(L) unter Leitung des bereits erwähnten Hauptmanns Wilberg ein. Wilberg war Flieger und Stabsoffizier, der vom Anfang der deutschen Militärfliegerei an dabei gewesen war. Er hatte bereits 1933 als Flieger

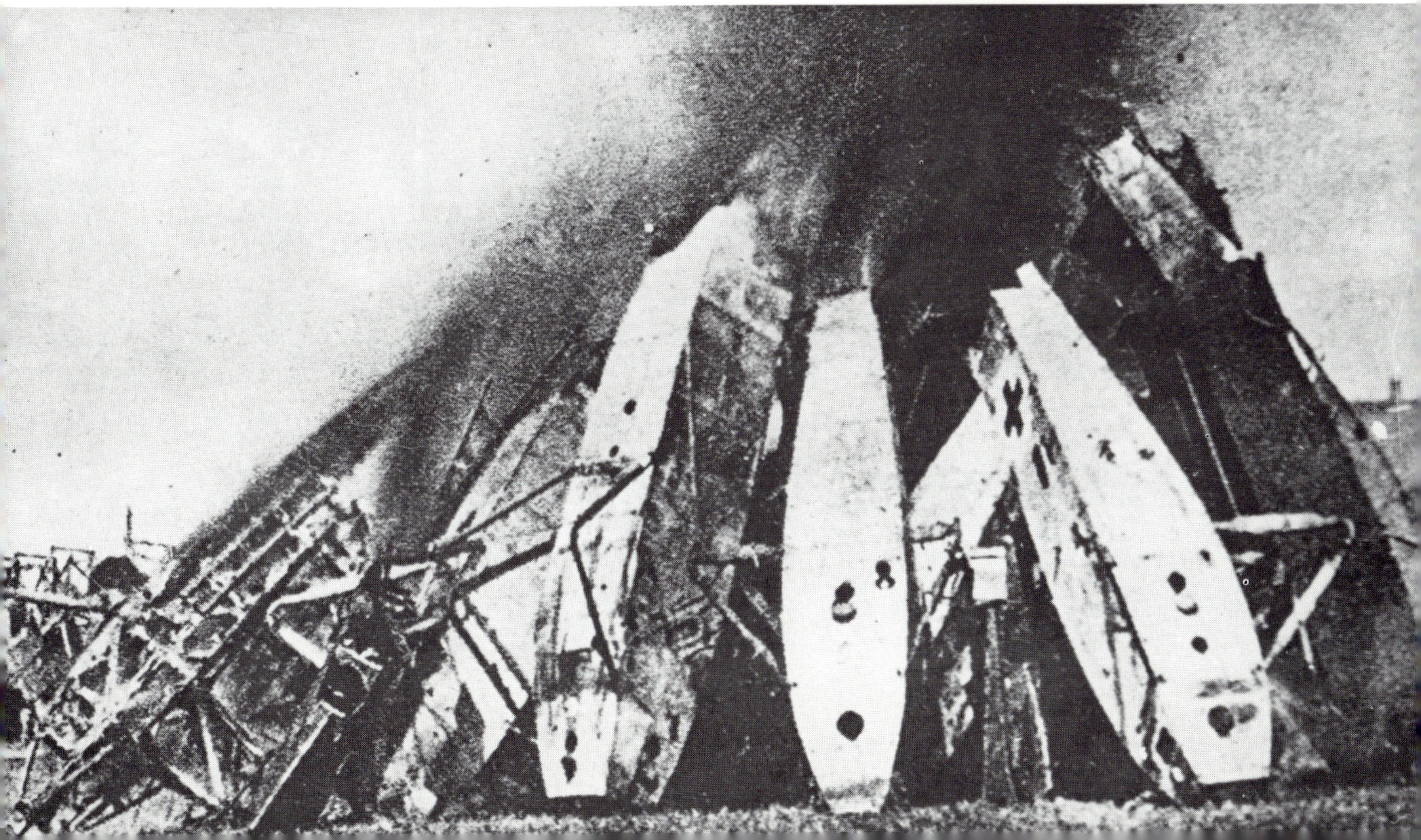

Flugzeuge der Fl. Abt. 431 während der Abwehrkämpfe in Oberschlesien auf dem Flugplatz Breslau-Gandau

am Kaisermanöver teilgenommen und war 1914 als Führer der Flieger-Abteilung 11 von Aachen aus ins Feld gezogen. Während der Schlachten in Flandern war er Kommandeur der Flieger (Kofl) gewesen und diente bei Kriegsende im Stabe von Kogenluft. Ferner wurde im TA in der 3. Abteilung ein Referat »Fremdes Flugwesen« geschaffen. Hier wurde die Militärflugzeugentwicklung des Auslandes beobachtet. Mit der technischen Seite sollte sich aber ein Mann befassen, der aus der Geschichte der deutschen Luftwaffe heute nicht mehr wegzudenken ist: Kurt Student. Der damalige Hauptmann erhielt bei der Inspektion für Waffen und Gerät (InWG) ein neues Referat,

das sich, vorerst theoretisch, mit »Entwicklung und Erprobung« befaßte. Auch bei der Reichsmarine wurde ein Fliegerreferat unter Leitung von Kapitänleutnant Faber eingerichtet.

Am 8. Mai 1920 erließ General von Seeckt einen Tagesbefehl, nachdem die Liquidation der alten Fliegertruppe und der Flugzeugindustrie abgeschlossen war.

Dieser Tagesbefehl ließ klar erkennen, daß er die Fliegertruppe nicht abgeschrieben hatte, wie man nach dieser restlosen Eliminierung jeder Möglichkeit einer deutschen Luftfahrtentwicklung hätte annehmen müssen. Der Schlußsatz des Tagesbefehls ließ Seeckts Einstellung klar erkennen: »Die Waffe ist nicht tot,

12

ihr Geist lebt!« Er erklärte auch in dem Befehl ganz offen: »Ich gebe die Hoffnung nicht auf, die Fliegertruppe noch einmal zu neuem Leben erstehen zu sehen.«

Aber Seeckts Gegenspieler, die ILuK, war auf dem Posten. Sie monierte, die Liquidation gehe nicht schnell genug. Darauf kamen die Botschafter der Siegermächte in London erneut zusammen und erklärten am 22. Juni 1920, die Sperrfrist zur Produktion und Einfuhr fliegerischen Geräts sei erst drei Monate nach restloser Ablieferung bzw. Zerstörung des deutschen Luftfahrtgeräts beendet. Am 29. Januar 1921 folgte eine Note, die ausdrücklich die Verwendung von Flugzeugen in Polizeiformationen verbot. Erst am 9. Februar 1922 gaben die Siegermächte bekannt, daß die dreimonatige Sperrfrist am 5. Februar angelaufen sei.

2. Die deutsche Flugzeugindustrie wird aktiv

Die Reichsregierung und insbesondere das Reichswehrministerium waren vorläufig zur Untätigkeit verurteilt. Es ist aber anzunehmen, daß die Dinge, die sich nun ereigneten, nicht ohne Billigung und Förderung von Regierungs- und militärischer Seite stattfanden. Da es den wenigen noch existierenden deutschen Flugzeugfirmen verboten war, Flugzeuge in Deutschland zu bauen, gründeten sie Tochterfirmen unter unverfänglichen Namen im Ausland.

Claude Dornier, ein Mitarbeiter des Grafen Zeppelin, hatte die Zeppelin-Werft Lindau, in der er die ersten Riesenflugboote während des Krieges gebaut hatte, übernommen und die Firma

Dornier-Werke GmbH, Lindau, gegründet. Um im Flugzeugbau nicht behindert zu werden, gründete er eine Tochterfirma S.A.J. die Costruzioni Meccaniche Pisa in Marina di Pisa. Junkers folgte diesem Beispiel und gründete die A.B.Flygindustri in Limnham in Schweden. Rohrbach, der bei der Zeppelinwerft Staaken gearbeitet hatte, gründete die Rohrbach Metall-Flugzeugbau GmbH mit Sitz in Berlin. Seine Tochtergesellschaft die Rohrbach Metal-Aeroplan Co. hatte ihren Sitz in Kopenhagen-Kastrup. Die Konstruktionsbüros waren in Deutschland, gebaut wurde im Ausland.

Auch der alte Flugzeugwerk-Gigant Albatros versuchte ins Geschäft zu kommen und gründete die Firma A.F.G in Memel. Eine besondere Rolle aber sollte Ernst Heinkel in der geheimen deutschen Luftrüstung spielen. Es gab zumindest zwei Großmächte, die sich den Erfindungsgeist deutscher Flugzeugkonstrukteure nur zu gern zunutze machen wollten. Die Vereinigten Staaten von Nordamerika und Japan, die im Ersten Weltkrieg weitgehend von der englischen und französischen Flugzeugindustrie in bezug auf Konstruktionen abhängig gewesen waren, sahen jetzt die Möglichkeit, mit Hilfe deutscher Konstruktionen eigene Wege zu gehen.

In Gang gebracht hatte diese Angelegenheit der ehemalige Leiter der Seeflugstation Zeebrügge in Flandern, der Pour-le-Mérite-Flieger Friedrich Christiansen. Er hatte mit seinem Freund Karl Caspar ein kleines Werk in Travemünde aufgemacht. Mit Flugzeugbau war ja nichts zu machen. Das hatte auch Ernst Heinkel, bisher Technischer Direktor der Hansa- und Brandenburgischen Flugzeugwerke erfahren müssen. Caspar baute Grammophonkästen aus Holz, und Heinkel machte aus ehemaligen Heeresautos zivile Personenkraftwagen. »Krischan«, wie Christiansen von seinen

Freunden genannt wurde, hatte sich »draußen« etwas umgesehen und hatte in USA und Japan viel von Heinkels Ubootflugzeug Hansa-Brandenburg W 20 erzählt. Dafür war man in beiden Ländern schnell zu erwärmen. Krischan verkaufte, Heinkel konstruierte und Caspar baute. Die amerikanische Forderung lautete: Das Flugzeug muß sich in einem Druckbehälter von 6 m Länge und einem Durchmesser von 1,50 m unterbringen lassen. Heinkel und Caspar erfüllten diese Forderung. Je zwei Maschinen dieses Typs Caspar U 1 gingen nach USA und Japan. Der Anfang war gemacht. Heinkel lieferte die ersten deutschen Militärflugzeuge nach dem Krieg. Inzwischen war aber eine politische Entwicklung erfolgt, die die deutsche Wiederaufrüstung in der Luft erleichtern sollte.

Am 6. Mai 1921 war ein deutsch-sowjetisches Handelsabkommen unterzeichnet worden. Daraufhin fanden Ende September zwischen dem deutschen General Hasse und seinem Begleiter Major von Schleicher (1932 wurde er Reichswehrminister) und sowjetischen Stellen militärwirtschaftliche und militärtechnische Gespräche statt. Am 8. Dezember 1921 verhandelte Seeckt bereits mit dem sowjetischen Unterhändler Radek direkt über die Möglichkeiten des Aufbaus einer deutschen Luftbasis in der Sowjetunion.

Inzwischen war bei Heinkel ein größeres Auslandsgeschäft angelaufen. Auch diesmal war ein ehemaliger Marineflieger der Initiator gewesen. Sein Name war Clemens Bücker. (Er baute später selbst Flugzeuge in Deutschland. Noch heute gehören Bücker »Jungmann« und »Jungmeister« trotz ihres Alters zu den bewährten Sportflugzeugen.) Bücker war nach 1918 nach Schweden gegangen. Er flog bei der schwedischen Marine und suchte für diese ein Seeflugzeug, das die Qualitäten von Heinkels

berühmten Hansa-Brandenburg W 29, W 33 und W 34 haben sollte, natürlich in verbesserter Form. Heinkel sollte die Konstruktion erarbeiten, Caspar die Einzelteile fertigen. Die Endmontage sollte auf der schwedischen Marinewerft in Gashaga vorgenommen werden. So entstand das zweite deutsche Militärflugzeug, das verboten war, die Caspar S 1.

Aber noch ein Flugzeug sollte 1921 zum Militärflugzeug werden, das eigentlich das erste wirkliche Ganzmetallverkehrsflugzeug der Welt gewesen ist: Die Junkers F 13. Junkers lieferte nach Persien und der Türkei einige F 13, die hinter dem Führersitz einen MG-Stand erhielten. Heinkel entwickelte inzwischen die Caspar S 1 weiter zur S 2. Er war gerade mit dem Entwurf fertig, als am 5. Mai 1922 die Sperrfrist für die Herstellung und Einfuhr von Luftfahrtgerät aufgehoben wurde. Knapp drei Wochen vorher, am 16. April 1922 hatten der deutsche Außenminister Stresemann und der sowjetische Kommissar für Auswärtige Angelegenheiten, Tschitscherin einen äußerst großzügig gehaltenen Vertrag in Rappallo unterzeichnet, der in einer Geheimklausel Deutschland, wie von Seeckt gefordert, eine Luftbasis in der UdSSR sicherte, wo die Ausbildung der ersten deutschen Militärflieger nach dem Kriege und die Erprobung von Flugzeugen und Waffen erfolgen konnte. Heinkel hatte durch Bücker bereits von dieser Entwicklung Wind gekommen. So entschloß er sich, sich von Caspar zu trennen und ein eigenes Werk aufzubauen. Heinkel sollte diesen Entschluß nicht bereuen, denn er wurde der Hauptlieferant der Reichswehr-Fliegertruppe.

Die Aufhebung der Sperrfrist war zwar erfolgt, die Situation war aber sofort wieder eingeengt worden durch die sogenannten Begriffsbestimmungen. Es wurde darin nicht nur das Verbot des Baus von Militärflugzeugen wie-

14

derholt, sondern eine äußerst scharfe Leistungsbegrenzung verfügt. Die deutschen Flugzeuge durften nicht schneller als 170 km/h sein, die Reichweite durfte nur 300 km betragen, die Nutzlast durfte nicht höher als 600 kg sein und die Gipfelhöhe 4000 m nicht übersteigen. Damit hatten die Urheber der Begriffsbestimmungen sich aber selbst geschädigt. Denn ihre Verkehrsflugzeuge, die ja höhere Leistungen hatten durften das Reichsgebiet nicht überfliegen und auch nicht landen. Die Begrenzung der Motorenstärken aber brachte den entscheidenden Vorteil für Deutschland. Jeder Konstrukteur setzte seinen Ehrgeiz darin mit einem Minimum an PS die höchste Leistung zu erzielen.

In diesem Jahr 1922 entstand ein deutsches Flugzeug, das als eines der erfolgreichsten Flugzeuge seiner Zeit Geschichte machen sollte: der Dornier »Wal«. Dieses Flugboot ist in zahlreichen Staaten sowohl in ziviler als auch in militärischer Ausführung geflogen worden. Der erste Auftrag kam aus Spanien und umfaßte ausschließlich die militärische Ausführung für Fernaufklärung und Bombenwurf. Die Grundlage für die fliegerische Ausbildung der für die neue Fliegertruppe benötigten Flugzeugführer wurde aber dort gefunden, wo niemand sie stören konnte, weil man diese Sache bestenfalls als sportliche Spielerei ansah: beim Segelflug.

Der Segelflug war bereits vor dem Ersten Weltkrieg betrieben aber nie von der Öffentlichkeit ernst genommen worden. Jetzt nach dem verlorenen Krieg fanden sich junge Kriegsflieger zusammen, um in irgendeiner Form wieder fliegen zu können. Es ist eine unbestreitbare Tatsache, daß jeder, der irgendwie einmal mit der Fliegerei zu tun hatte, nie wieder ganz davon loskommt. So entstand die Akademische Fliegergruppe Darmstadt, wo die ehemali-gen Jagdflieger Hackmack, Böhning, Plauth und von Langsdorf sich zusammenfanden und erst einmal Modelle neuer Gleitflugzeuge entwarfen. Dann aber erließ der Flugtechnische Verein Dresden, der dem Verband deutscher Modell- und Gleitflugvereine vorstand, am 24. März 1920 einen Aufruf, in dem alle Interessierten aufgefordert wurden, sich an einem Gleit- und Segelflugwettbewerb in der Rhön zu beteiligen. Das Echo war überwältigend, denn nicht nur Flieger kamen, sondern auch die Fachleute, die Wissenschaftler wie die Professoren Prandtl, Hoff, von Parseval, Dr. Madelung, Roland Eisenlohr und andere. Georg Brütting, Deutschlands großer Segelflugfachmann schrieb darüber: »Mit diesem Aufruf ist die tatsächliche Mobilmachung für das Gleit- und Segelfliegen in der Rhön erfolgt. »Man stand erst am Anfang, aber man sah bereits, daß hier Hervorragendes geleistet wurde und Besseres folgen würde. Sieger dieses ersten Rhön-Wettbewerbs war Wolfgang Klemperer aus Dresden, der mit Erich Meyer zusammen den erwähnten Aufruf verfaßt hatte. Er flog am 4. 9. 1920 auf seinem »Schwarzen Teufel« 1830 Meter in 2 Minuten und 22 Sekunden. Bereits ein Jahr später flog Regierungsbaumeister Harth auf einem selbstgebauten flügelgesteuerten Eindecker 21 Minuten. Aber der wirklich große Erfolg kam erst 1922. Am 18. 8. 1922 flog Arthur Martens als erster Mensch über eine Stunde ohne Motor. Einen Tag später schaffte Hentzen 2 Stunden und 10 Minuten.

In Berlin hatte der Chef des TA(L) Hauptmann Wilberg, bereits seit Erscheinen des Aufrufs für den Rhön-Wettbewerb in der Zeitschrift »Flugsport« aufmerksam die Entwicklung der Segelfliegerei verfolgt und die in ihr liegenden Möglichkeiten erkannt. Er legte General von Seeckt am 31. 10. 1921 eine Denkschrift vor, in der es hieß: »Die militärischen Stellen sollten im Interesse der sportlichen Ertüchtigung unserer deutschen Jugend die Bestrebungen auf dem Gebiet des Segelflugs nach Möglichkeit fördern helfen.«

Seeckt hat sich den Ausführungen Wilbergs voll und ganz angeschlossen. Er erkannte klar, daß der Segelflug zwar nicht unmittelbar militärisch nutzbar war (Dies sollte sich erst nach 1935 ändern), er bot aber die Möglichkeit einer guten fliegerischen Ausbildung mit geringem Kostenaufwand. Bei vorhandenem Interesse förderte er die segelfliegerische Betätigung von Reichswehrangehörigen, so weit es möglich war. Er erschien selbst auf der Rhön und ließ sich an Ort und Stelle über den Segelflug und seine Möglichkeiten unterrichten.

Viele im Zweiten Weltkrieg berühmt gewordenen Luftwaffenkommandeure haben ihre Karriere als Segelflieger, damals noch freiwillig als flugbegeisterte Offiziere der Reichswehr, begonnen. Zu ihnen gehörte z. B. auch der Mann, der den Spruch geschaffen hat, den noch heute das Segelfliegerdenkmal auf der Rhön trägt: »Wir toten Flieger blieben Sieger durch uns allein. Volk, flieg Du wider, und Du wirst Sieger durch Dich allein!« Es war der damalige Oberleutnant der Reichswehr Ottfried Fuchs. Er starb 1957. Neben ihm waren noch zwei »Füchse« damals dabei: Otto Fuchs, nach 1945 Direktor der Deutschen Forschungsanstalt für Segelflug in München–Riem, und Oberst Fuchs, Kommodore des KG 26, des berühmten »Löwengeschwaders«. Auch der im Zweiten Weltkrieg berühmt gewordene Oberst Oscar Dinort, der Stukakommodore, gehörte dazu. Diese jungen Reichswehroffiziere zeigten auch hohe Qualitäten als Segelflieger: Otto Fuchs aus Darmstadt flog in reiner Thermik 156 km! Dinort segelte am 20. Oktober 1929 14 Stunden und 43 Minuten über der Kurischen Nehrung bei Rossitten.

Die Firma Junkers war inzwischen eigene Wege gegangen, um den Absatz ihrer Ganzmetallflugzeuge zu sichern. Bereits 1922 entstanden drei Flugzeugtypen, die aber nicht für die Reichswehr, sondern für die Rote Armee entworfen und auch später gebaut wurden. Es handelte sich um den Zweisitzer A 20, der in der Sowjetunion unter der Bezeichnung R 2 flog. Es folgte die H-21, im Gegensatz zum Tiefdecker A 20 ein Hochdecker, und der Jagdeinsitzer H 22. Während von A 20 und H 22 nur wenige Exemplare gebaut wurden, sind bis 1924 von der H 21 mindestens 100 Exemplare gebaut worden.

Die Auswirkungen des Vertrages von Rapallo boten dann aber erst die Möglichkeit zum Aufbau einer geheimen deutschen Fliegertruppe. Seeckt setzte es in Geheimverhandlungen, die sich dem eigentlichen Vertragsabschluß anschlossen durch, daß Deutschland die Möglichkeit zur Ausbildung von Militärfliegern und zur Erprobung von Militärflugzeugen erhielt. Es wurde ein Geschäft auf Gegenseitigkeit. Rußland stellte eine deutsche Luftbasis in der Sowjetunion zur Verfügung, erhielt aber das Recht, Einblick in alle neuen deutschen Entwicklungen auf dem Gebiete des Flugzeugbaus und der Luftwaffentechnik zu nehmen. Es steht außer Frage, daß beide Teile aus dieser Vereinbarung ihre Vorteile gezogen haben.

Daneben flogen aber noch deutsche Flugzeuge des Ersten Weltkrieges, teils Originale, teils Nachbauten, fast in der ganzen Welt umher. Besonders der Fokker D VII erfreute sich größter Beliebtheit. In Holland flog der D VII bei der Luchtvaartafdeling (LVA), in Belgien flogen einige, in den USA flogen insgesamt 142 D VII. Hansa-Brandenburg-Schwimmerflugzeuge, z. T. von der Firma Van Berkel nachgebaut, flogen in Holland beim Marineluchtvaartdienst (MLD), auch in Niederländisch-Indien, in

Segelflugbetrieb auf der Rhön 1925 (Schulgleiter „Zögling")

Frankreich, in Finnland und in Japan. Dornier DI flogen in USA, AEG G IV in Frankreich. In Schweden und Norwegen flogen Albatros und Flugzeuge der Marinewerft Lübeck-Travemünde. Ein besonderes Schicksal erlitt der letzte Jagdeinsitzer der Pfalzwerke D XV. Er wurde von Ernst Udet nach Argentinien gebracht und dort an einen ehemaligen bayrischen Jagdflieger Max Holtzem übergeben, der ihn dort in seinen Flugzirkus einreihte, mit dem er durch Amerika zog. Mit diesem Pfalz D XV wurde dann das gemacht, was man in den USA als »Stunt-Flying« bezeichnet. Die beiden Pour le Mérite-Flieger Udet und Robert Ritter von Greim führten im Herbst 1919 auf Initiative des

Direktors der Bayrischen Rumpler-Werke, Dr. Ing. e. h. Otto Meyer, Kunstflüge mit Pfalz D XV, Fokker D VII und Rumpler D I unter größter Anteilnahme der Bevölkerung durch. Eine besonders spektakuläre Leistung aber vollbrachte der bayrische Militärflieger Major a. D. Franz Hailer, als er mit einem Rumpler C I am 19. März 1922 auf dem Schneeferner unter dem Zugspitzgipfel landete. Wegen eines Schlechtwettereinbruchs wurde ein Rückstart unmöglich. Aber diese Leistung mit einem Flugzeug des Jahres 1916 war nur eine der vielen Unternehmungen, die von den alten Fliegern unternommen wurden, um den fliegerischen Gedanken in Deutschland am Leben zu erhalten.

3. Die Anfänge der Reichswehr-Fliegertruppe

Mit Beginn des Jahres 1923 trat der Artikel 320 des Versailler Vertrages in Kraft. Das bedeutete nicht mehr und nicht weniger als daß die Lufthoheit wieder an das Deutsche Reich zurückfiel. Aber zum gleichen Zeitpunkt war ein Ereignis eingetreten, das es Seeckt leicht machte, den sozialdemokratischen Reichspräsidenten Ebert und die Reichsregierung für die Gründung einer geheimen Fliegertruppe zu gewinnen. Die Franzosen besetzten das Ruhrgebiet, um die Zahlung ihrer exorbitanten Reparationsforderungen durchzudrücken. Dies war nach den Kämpfen um Oberschlesien der zweite Beweis, wie schutzlos das total abgerüstete Deutschland jedem militärischen Zugriff seiner Nachbarn ausgeliefert war. Daß unter diesen Umständen das deutsche Volk in seiner Masse ebenfalls eine Wiederaufrüstung wünschte, ist unter den genannten Umständen kein Wunder.

Erstaunlich ist nun die Tatsache, daß die Reichswehr als erste Flugzeuglieferanten zwei Firmen heranzog, von denen die eine in Deutschland 1918 einen schlechten Namen hinterlassen hatte, die andere aber erst gerade gegründet worden war. Der Holländer Antony Fokker, hatte vor 1914 bei Jacob Goedecker den Flugzeugbau erlernt, dann in Johannisthal eine kleine Werkstatt gehabt und schließlich im eigenen großen Werk in Schwerin-Görries Flugzeugbau im großen Stil durchgeführt. Seine Erfindung der MG-Steuerung für Militärflugzeuge hatte ihm Millionen eingebracht. Er hatte dabei zwar die Patentrechte des Konstrukteurs Franz Schneider von LVG verletzt, aber das störte ihn weiter nicht. Schneider gewann den Prozeß, aber Fokker setzte sich 1918 schnell aus Deutschland ab, wo er seine Millionen verdient hatte, packte alle noch vorhandenen Flugzeuge, darunter Deutschlands beste Jagdeinsitzer Fokker D VII, auf einen Güterzug und verschwand nach Holland. Er verkaufte seine Flugzeuge an die holländische Regierung und baute so ein neues Werk auf. Bei ihm wurden nun 100 Jagdeinsitzer Fokker D XIII bestellt.

Die andere Firma gehörte Heinkel. Er hatte sich von Caspar getrennt und nahm seine Mitarbeiter trotz Caspars Protest mit. Es waren die Männer, die in den kommenden Jahrzehnten mit Heinkel zusammen dessen Weltruf begründen sollten: Schwärzler, Kleinemeyer und »Jupp« Köhler. Am 1. Dezember 1922 wurde dann in der Gastwirtschaft Wegener in Travemünde in einem Nebenzimmer die Firma Ernst Heinkel-Flugzeugwerke gegründet. Als Werkhalle diente eine alte Halle des ehemaligen Seeflugzeug-Versuchskommandos in Warnemünde. Hier entstand ein kleines zweisitziges Sportflugzeug HE 3, das dann unter großen Schwierigkeiten zum Seeflugzeugwettbewerb nach Göteborg gebracht wurde und dort unter Bückers Führung Sieger wurde.

Kurz nach dem Erfolg von Göteborg erschien bei Heinkel in Zivil und ohne Namensnennung der Leiter des fliegertechnischen Referats der InWG, Hauptmann Student. Er war noch sehr vorsichtig und fragte erst einmal, ob Heinkel bereit sei, einen Land-Doppeldecker mit einer Höchstgeschwindigkeit von 220 km/h und einer Gipfelhöhe von 6000 m zu konstruieren, der nachträglich mit einem Waffeneinbau von einem starren und einem beweglichen MG sowie einer Bombenabwurfvorrichtung bzw. einem Reihenbildgerät ausgerüstet werden könne.

Mit der Entwicklung dieses ersten Mehrzweckflugzeuges für die Reichswehr begann Heinkel ein Spiel gegen die ILuK, das zwar sehr gefähr-

Drei Hauptakteure in der geheimen deutschen Luftrüstung: v. li.: Adolf Rohrbach, Ernst Heinkel, Antony Fokker

lich war, das er aber geradezu meisterhaft durchhielt. Hierbei kamen ihm aber die Beziehungen, die er anläßlich der Entwicklung des Ubootflugzeugs U 1 bei Caspar mit den USA und Japan angeknüpft hatte, zugute. Es ist wenig bekannt, daß das Mehrzweckflugzeug, das Student für die Reichswehr gefordert hatte, in USA bei der Firma Cox-Klemin als XCO-1 und CO-2 nachgebaut wurde. Die deutsche Typenbezeichnung war HD 17. Wenn man in Rechnung stellt, daß Heinkels erster Entwurf im eigenen Werk die Nummer HE 3 hatte, dann muß man feststellen, daß zwischen 1923 und 1924 bei Heinkel außerdem noch zwölf Projekte durchgearbeitet worden sind (HE 13 wurde nie

entworfen. Ernst Heinkel war nämlich abergläubisch!)

Aber auch in anderen Konstruktionsbüros arbeitete man fieberhaft. Besonders bei Caspar, wo man durch das Geschäft mit Heinkels S 1 und S 2 weitere Verdienstmöglichkeiten sah. Karl Caspar hatte als Nachfolger Heinkels den jungen E. von Loessl als Konstrukteur eingestellt, der kurzfristig mehrere Projekte entwickelte, von denen aber vorerst nur die Jagdeinsitzer CS 14 und CI 14, sowie der Aufklärer C 30 gebaut werden sollten. Das Torpedoflugzeug CC 15 und der Jäger CSt 18 blieben Projekte.

Auch Dornier arbeitete an zwei Entwürfen. Es

waren der Aufklärer-Bomber Do C und das Aufklärungsflugboot Do E. Die Firma Albatros hatte inzwischen offiziell von der Deutschen Versuchsanstalt für Luftfahrt (DVL), den Auftrag erhalten, ein Höhenflugzeug zu entwikkeln. Aber der im Konstruktionsbüro von Albatros übriggebliebene Chefkonstrukteur Schubert hatte keine glückliche Hand. Das von Albatros herausgebrachte Höhenflugzeug erwies sich als absoluter Fehlschlag.

Inzwischen waren bei Heinkel nach Student, dem Vertreter der Reichswehr, auch die Japaner wieder aufgetaucht. Kapitän Kaga, Angehöriger der Japanischen Marine, und der Ingenieur Yonezawa von der Firma Aichi Tokei Denki, boten Aufträge zur Entwicklung von Hochleistungsflugzeugen für die Japanische Marine an. Die Prototypen sollten bei Heinkel gebaut und abgenommen werden, der Nachbau dann bei Aichi in Japan erfolgen. Als Heinkel auf das Bauverbot und die Überwachung durch die ILuK hinwies, erklärten ihm die Japaner freundlich lächelnd, das wäre kein Problem. Sie würden rechtzeitig Alarm geben, wenn die ILuK im Anmarsch wäre, in der sie selbst einen Vertreter hatten. Das Verfahren klappte ausgezeichnet und so konnte Heinkel, der zu diesem Zweck noch eine zweite Halle gemietet hatte, fast ungestört Militärflugzeuge für die Reichswehr und für seine ausländischen Kunden herstellen. Die Zusammenarbeit mit der japanischen Marine und der Firma Aichi dauerte übrigens bis 1945! Bei der Reichswehr waren inzwischen die Vorbereitungen für den Aufbau der geheimen Fliegertruppe in vollem Gange.

Im Februar 1923 fuhr eine Kommission des Reichswehrministeriums unter Führung des Chefs des TA General Hasse, der auch Hauptmann Student angehörte, nach Moskau — streng geheim, in Zivil und unter Decknamen.

Oberst a. D. von der Lieth-Thomsen, Chef der Zentrale Moskau

Hier wurde die Einrichtung einer deutschen Verbindungsstelle in Moskau vereinbart, der »Zentrale Moskau (ZMo)«. Sie hatte keinerlei Verbindung zur diplomatischen Vertretung des Deutschen Reichs in der Sowjetunion. Chef der ZMo wurde Oberst Thomsen, der ehemalige Stabschef des Kogenluft. Er residierte unter dem Namen eines Herrn von der Lieth und blieb bis 1928 dem Chef der Heeresleitung direkt unterstellt. Dann wurde ZMo der Abteilung T 3 »Fremde Heere« im TA unterstellt. Thomsen wurde aufgrund seines Augenleidens 1929 von Major Dr. Oskar Ritter von Niedermayer, dem ehemaligen Adjutanten des Reichswehrministers Gessler, abgelöst. Dessen Nachfolger

20

wurde 1932 Oberst Hartmann. Niedermayer wurde nach Kriegsende 1945 im Range eines Generalmajors als Gefangener in die Sowjetunion gebracht. Ort und Zeit seines Todes sind unbekannt.

Die Reichswehr beschränkte sich aber nicht nur auf die Einrichtung einer Flugbasis in der Sowjetunion, sondern richtete in Saratow auch eine Gaskampfschule und in Kasan eine Panzertruppenschule ein. Die Reichsmarine zeigte sich an einer gemeinsamen Fliegerbasis für Heer und Marine uninteressiert. Die Marine legte in fliegerischen Fragen immer auf eine »Splendid Isolation« Wert. (Dies zeigte sich sogar noch nach dem Zweiten Weltkrieg, als die Kameradschaft der Marineflieger eine Zusammenlegung mit den »Alten Adlern« strikt ablehnte.)

Nach der Abweisung durch die Reichsmarine wählte dann die Reichswehr als deutsches Fliegerzentrum einen Flugplatz bei Lipezk, etwa 230 km ostwärts von Orel.

Die Marine ging also ihren eigenen Weg zu einer eigenen Marinefliegertruppe. Dies hat sich übrigens bei allen Marinen als richtige Lösung erwiesen. Die Unterstellung der Marineflieger unter die Luftwaffe nach 1935 war einer der großen Organisationsfehler der deutschen Luftwaffenführung.

Der damalige Referent für Seeflugwesen in der Flottenabteilung der Reichsmarine, Kapitänleutnant Faber, war zügig an die Arbeit gegangen: Bereits 1922 fand der erste Lehrgang für Fähnriche zur See auf dem Gebiete der Luftfahrt in Stralsund in Zusammenarbeit mit der Firma Luftfahrzeug-Gesellschaft (LFG) statt, deren Leiter der Marinebaumeister a. D. Gotthold Baatz war. Die LFG, deren Hauptsitz in Berlin gewesen war, hatte wirtschaftlich schwer zu kämpfen, um den Flugzeugbau überhaupt in Gang halten zu können. Man baute Schifferkähne, um das nötige Geld zu verdienen.

Durch die Zusammenarbeit mit der Reichsmarine besserten sich die Verhältnisse aber bald, so daß man bereits 1926 zum Deutschen Rundflug einige Wettbewerbsflugzeuge bereitstellen konnte. Als im Januar 1923 die Franzosen als Repressalie für die Eintreibung ihrer Reparationsforderungen das Ruhrgebiet besetzten, verstärkte Faber seine Bemühungen um den Aufbau einer Kaderluftwaffe für die Reichsmarine. Anfang Februar begann bereits der zweite Fähnrichslehrgang. Außerdem wurden die ersten Seekampfflugzeuge bestellt. Es waren dieselben, die Heinkel bei Caspar für Schweden als S.1 gebaut hatte, die jetzt in Einzelteilen in seinem eigenen Werk als HE 1 gebaut und in Stockholm montiert und eingeflogen wurden. Dann wurden die Maschinen in Großbauteile zerlegt und vorläufig erst einmal auf Rechnung der Firma Bücker im Freihafen von Stockholm eingelagert. Faber übergab dann sein Amt an Kapitänleutnant Ritter, den späteren General der Luftwaffe, ab. Ritter schaffte dann noch sechs Schwimmerflugzeuge an, die dann lange Jahre hindurch in Kiel-Holtenau und Norderney für die verschiedensten Zwecke eingesetzt waren. Es handelte sich um Flugzeuge des Typs FF 49, den man nach Ausbau der militärischen Ausrüstung und Einbau von zusätzlichen Sitzen, teilweise sogar mit Kabinenabdeckung, als Passagierflugzeug FF 71 hatte auf den Markt bringen wollen. Die Maschinen wurden für den neuen Verwendungszweck hergerichtet. Die letzte dieser Maschinen ist erst 1934 außer Dienst gestellt worden.

Ritter erhielt 1923 als Hilfskräfte die Oberleutnants zur See Cesar und Goette und den Oberflugmeister Wachsmuth.

Bei der Reichswehr baute man planmäßig weiter aus. Aus dem Fliegerstab der Heeresleitung

TA(L) entstand eine Gruppe mit vier Referaten. Referat I: Hauptmann Sperrle, der spätere Generalfeldmarschall, Referat II: Hauptmann Reinecke, Referat III: Rittmeister Bäumker, später Ministerialrat, Referat IV: Amtmann Wichterich. 1925 kam dann noch das Referat V unter Hauptmann Kühl, der später als General der Flieger Chef des Ausbildungswesens der Luftwaffe wurde. (Er ist auf Weisung Hitlers 1944 abgelöst worden und in sowjetischer Gefangenschaft verschollen) und schließlich das Referat VI unter Hauptmann Ritter von Pohl.

Das Jahr 1924 kann man in der Geschichte der Reichswehrfliegertruppe als das eigentliche Gründungsjahr bezeichnen, denn zu diesem Zeitpunkt konnte man mit der planmäßigen Fliegerausbildung beginnen. Diese wurde bei kleinen privaten Fliegerschulen, hauptsächlich aber bei der »Sportflug GmbH« betrieben. Grundelement der Ausbildung waren alte Schulflugzeuge aus dem Ersten Weltkrieg, die man der Vernichtung hatte entziehen können, z. B. Albatros B IIa und LVG B III. Die Bayern pflegten ihren bekannten Partikularismus durch eine selbständige bayrische »Sportflug GmbH«, die dem Hauptmann Wimmer von der 7. (bayrischen) Infanterie-Division zur Betreuung anvertraut war. Ihre Schulen befanden sich in Schleißheim, der »Wiege der Bayrischen Militärfliegerei« und Würzburg. Die Leitung der Schule in Würzburg unterstand dem späteren Generalfeldmarschall Robert Ritter von Greim, dessen tragisches Ende 1945 als bekannt vorausgesetzt werden kann.

Die »Sportflug GmbH« hatte Schulen in Königsberg/Ostpreußen, Stettin-Altdamm, Berlin-Staaken, Warnemünde, Schkeuditz zwischen Halle und Leipzig, Böblingen, Hannover und Osnabrück.

Die Marine schulte hauptsächlich bei der Firma »Aerosport« in Warnemünde und »Severa GmbH« in Kiel und Norderney. Bekannteste Männer der »Severa« waren der spätere Generalmajor Theo Osterkamp und der ehemalige Flandern-Jagdflieger Eberhard Cranz.

Im Jahre 1924 begann auch der tatsächliche Aufbau und Ausbau der Flugbasis Lipezk. Wie alles, mußte auch diese Stelle getarnt werden. Offiziell lief Lipezk unter der Bezeichnung »Wivupal«. Diese merkwürdige Bezeichnung bedeutete nichts anderes als »Wissenschaftliche Versuchs- und Prüfanstalt für Luftfahrzeuge«. Lipezk war also die Urzelle für die spätere Erprobungsstelle der Luftwaffe in Rechlin. Die fliegerische Ausbildung in Lipezk begann im Sommer 1925. Ursprünglich wurden dort Reichswehroffiziere, die bis 1918 der Fliegertruppe angehört hatten, praktisch zur Auffrischung ihrer Kenntnisse, ausgebildet. Später kamen dann Reichswehroffiziere mit zivilem Pilotenschein und auch Offiziersanwärter dazu. 1928 wurden dann geeignete Offiziere zur Beobachterausbildung herangezogen. Ende 1931 schuf man in Braunschweig eine Beobachterschule, die der dortigen Verkehrsfliegerschule (DVS) beigeordnet war. Es sei bei dieser Gelegenheit bemerkt, daß die Beobachter auch nach 1935 Heeresangehörige waren, bei der Marine Seeoffiziere. Kommandeur von Lipezk waren 1924–1930 Major a. D. Stahr und von 1931–33 Major Müller. 1925–33 wurden in Lipezk etwa 120 Jagdflieger ausgebildet. Beobachter wurden bis 1931 dort etwa 100 ausgebildet. Weitere 80 dann bis 1933 in Braunschweig. Erster Ausbilder der Jagdflieger war Carl-August Freiherr von Schönebeck, 1917 noch Leutnant in Manfred von Richthofens Stammstaffel 11, ein Techniker par excellence, später selbst Jagdstaffelführer, in der neuen Luftwaffe Generalmajor und nach 1945 deutscher Vertreter der Bendix-Aviation Co.

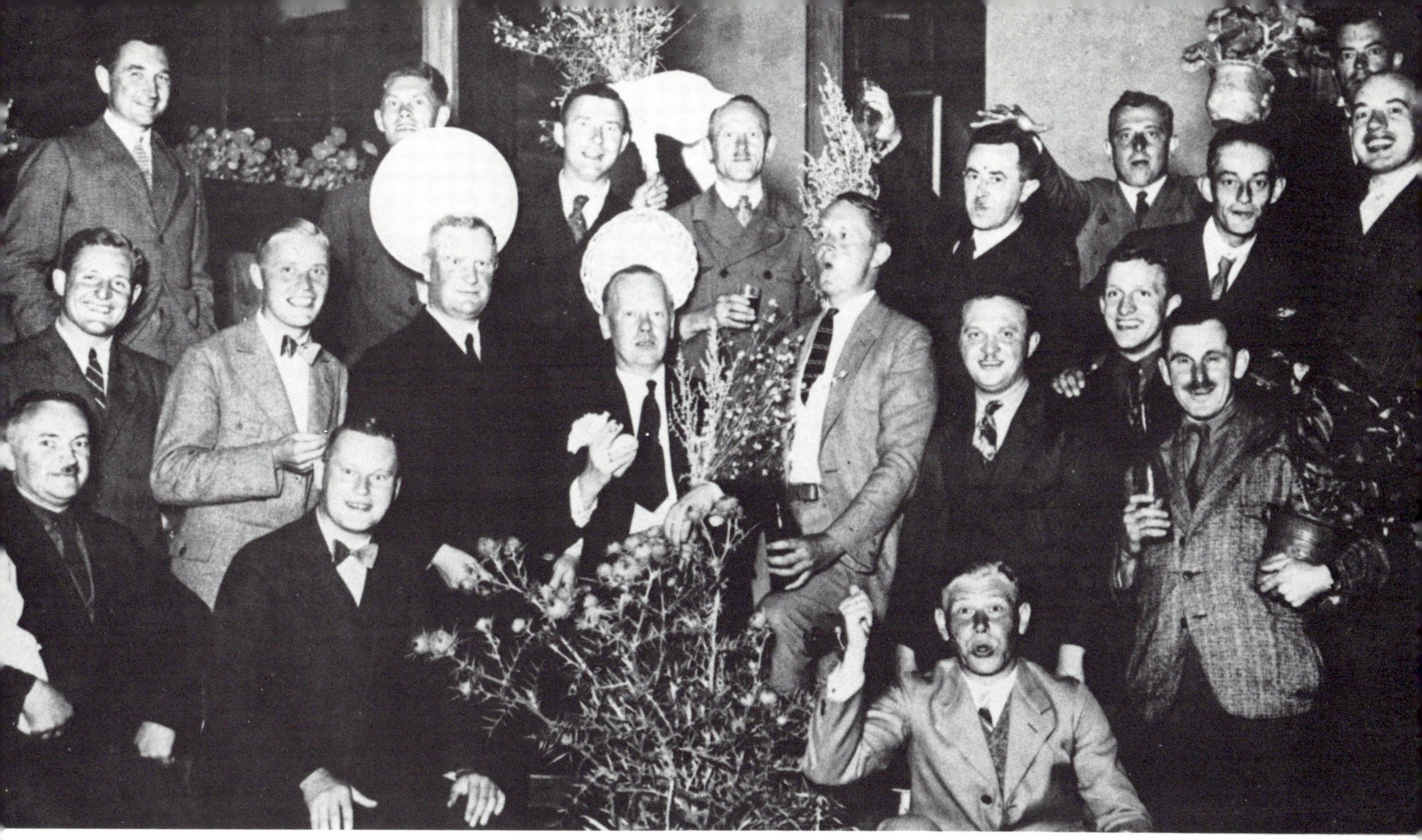

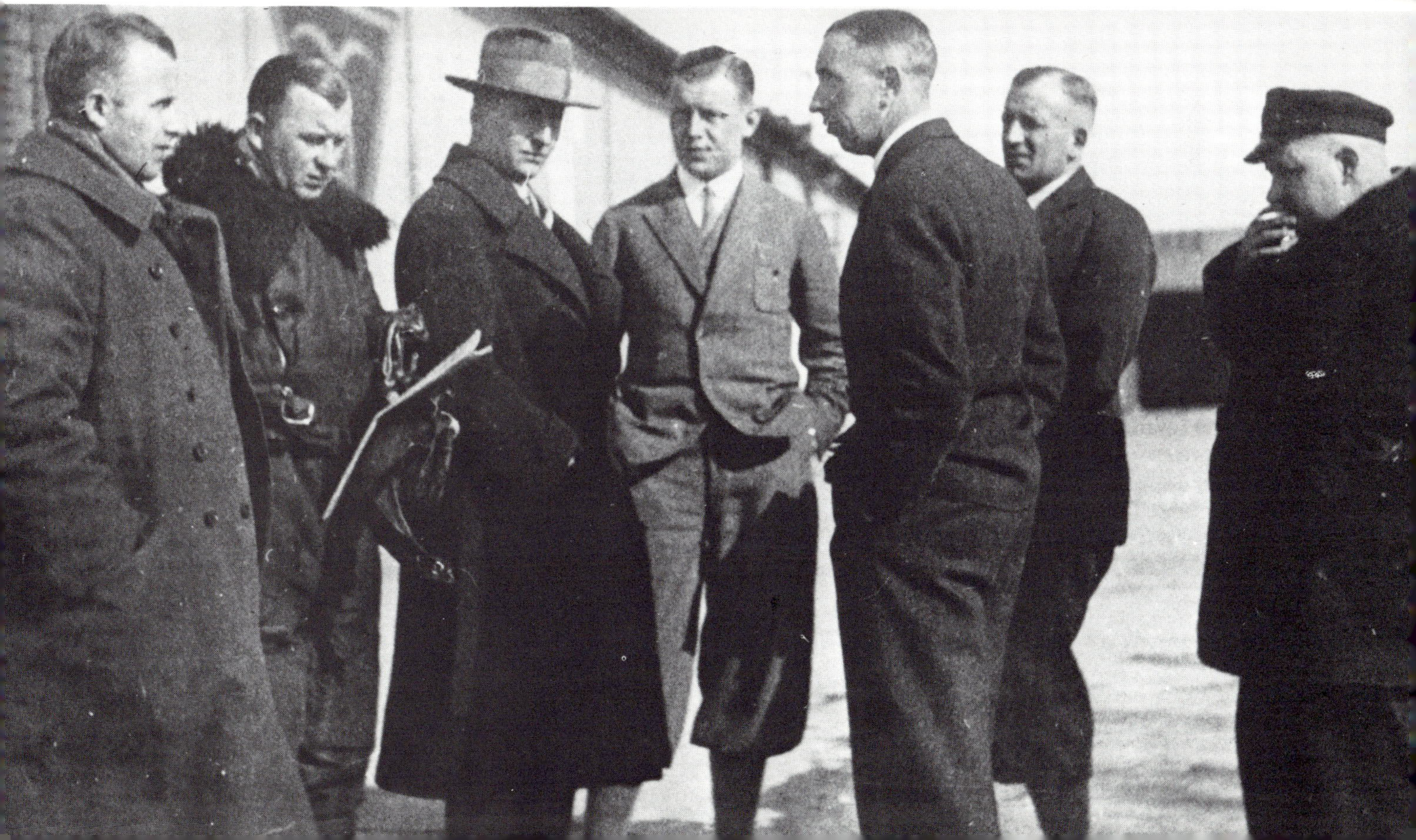

Die durchschnittliche Belegung von Lipezk schwankte zwischen 200 und 300 Mann. In Lipezk wurde grundlegende Arbeit für den späteren Aufbau der Luftwaffe gelegt. So sind dort z. B. die Luftwaffen-Dienstvorschriften (L.Dv.) für Jagdflieger und Artillerieflieger entstanden.

Den größten Beitrag aber für alle diese geheimen Aufbauarbeiten an einer neuen deutschen Fliegertruppe (Der Ausdruck »Luftwaffe« war damals noch ungewohnt) leistete aber ein Mann, der trotz schwerer Körperbehinderung beinah Übermenschliches leistete: Ministerialdirigent Ernst Brandenburg. Brandenburg war als Beobachter 1917 Kommandeur des Bombengeschwaders 3 der Obersten Heeresleitung (BOGOHL) geworden und hatte mit diesem die ersten Bombenangriffe gegen London geflogen, Tagesangriffe! Den Engländern zeigten diese Angriffe zum ersten Male »die furchtbaren Möglichkeiten des Massenangriffs mit schnellen Bombenflugzeugen auf eine große Stadt bei hellem Tageslicht« (Morrison, War on Great Cities, 1937). Im Juni 1917 erlitt Brandenburg bei einem Absturz schwerste Verletzungen. Er flog mit Krücken weiter! Aufgrund einer Einflußnahme Seeckts wurde Brandenburg nach dem Kriege Leiter der Abteilung Luftfahrt im Reichsverkehrsministerium. Von hier aus schuf er die Möglichkeiten der Finanzierung der geheimen Luftrüstung. Die späteren Generale Felmy und Wilhelm Speidel haben wiederholt auf die gut funktionierende Zusammenarbeit zwischen der Reichswehr und Brandenburg hingewiesen.

Kurz vor Brandenburgs Ernennung war der Hauptmann i. G. Felmy Referent für Fliegerfragen in der Führungsabteilung T 1 des Truppenamts in der Heeresleitung. Er war damit Vertreter der fliegerischen Belange im »Generalstab« des Heeres, während der erwähnte Hauptmann Wilberg für die Ausbildung und Organisation der Heeresfliegerei verantwortlich war. Felmy wurde später als Nachfolger von Sperrle von 1929–1933 Chef der Spitzenorganisation der Heeresfliegerei der Reichswehr und damit der bedeutendste Mann für die Entwicklung der Fliegertruppe der Reichswehr. (Was Seeckt, Wilberg, Felmy und Sperrle für den Aufbau der Luftwaffe vorausgearbeitet hatten, war für die mit Göring 1933 kommenden neuen Männer eine ungeheure Überraschung.)

Anfang 1925 verfügte der Chef der Heeresleitung, daß die Gruppe III – T 2 als Zentralstelle für alle Luftfahrtangelegenheiten innerhalb der Reichswehr zu fungieren hatte. Als Unterlage hierfür diente die geheime Stabssache Nr. 42/25 T 2 III(2) des Chefs HL im RWM. Im Rahmen des vorliegenden Berichts sind folgende Referate von besonderem Interesse: WaPrüf 6 F unter Hauptmann Student, zuständig für Entwicklung, Fabrikation und Erprobung der Flugzeuge, und Wa B 6 F unter Hauptmann Volkmann zuständig für die Beschaffung. Volkmann ist später als zweiter Chef der Legion Condor in Spanien bekannt geworden.

Für das Gerät war also gesorgt. Die wenigen in Lipezk auszubildenden Flugzeugbesatzungen reichten aber für eine Kader-Luftwaffe nicht aus. Aus diesem Grunde wurde am 1. April 1925 die »Deutsche Verkehrsflieger-Schule« (DVS) in Berlin-Staaken gegründet, die für den fliegerischen Nachwuchs für Luftverkehr und Fliegertruppe sorgen sollte. Direktor der DVS wurde der ehemalige Kommandeur des BOGOHL 1, (BOGOHL = Bombengeschwader der Obersten Heeresleitung) Alfred Keller. Die Belange der Marineflieger in der DVS vertrat Oberleutnant zur See a. D. Wolfgang von Gronau. Die Marine unterhielt ihre Schulen in Warnemünde, Stettin-Altdamm und in List auf Sylt. Chef in Warnemünde wurde Korvettenkapitän

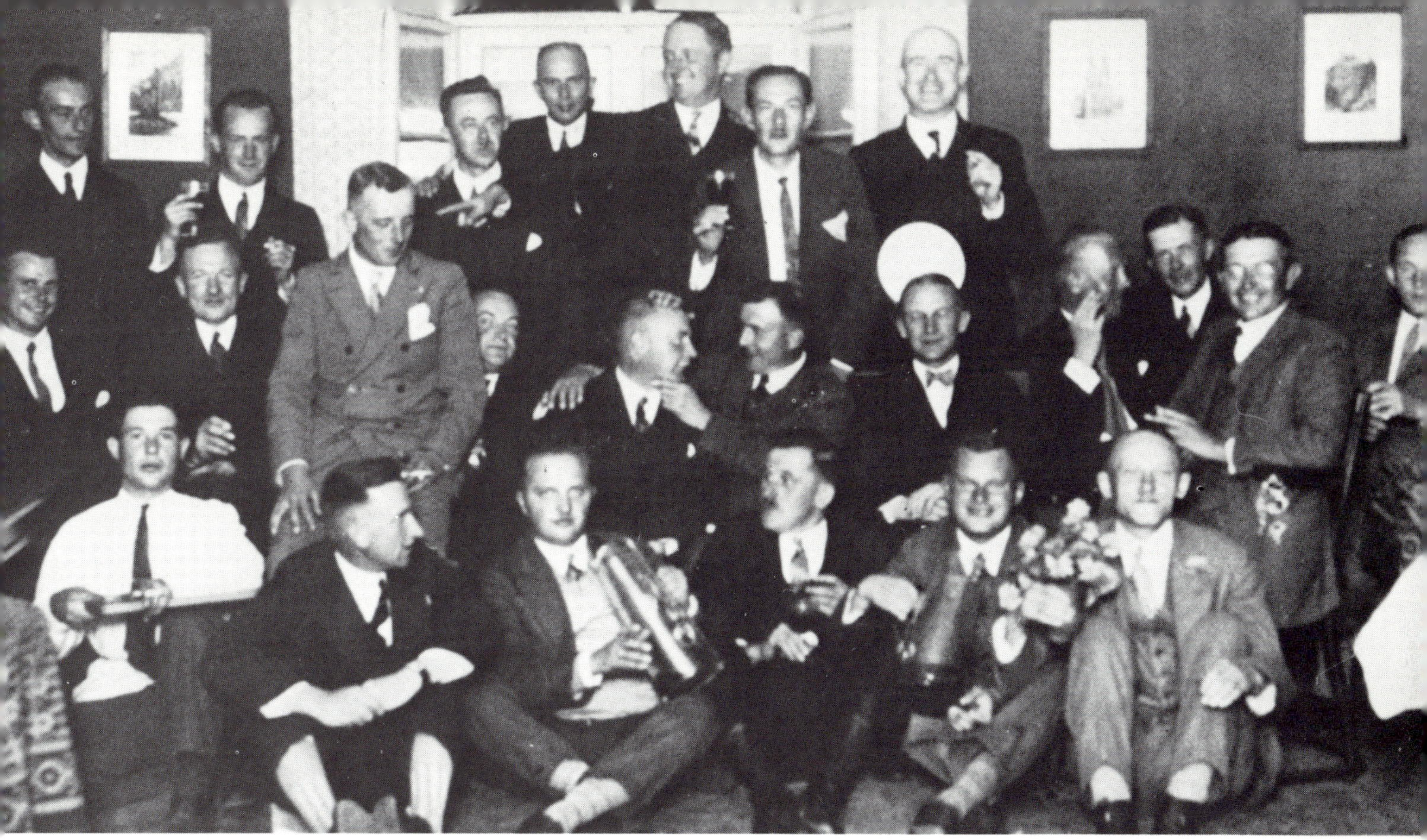

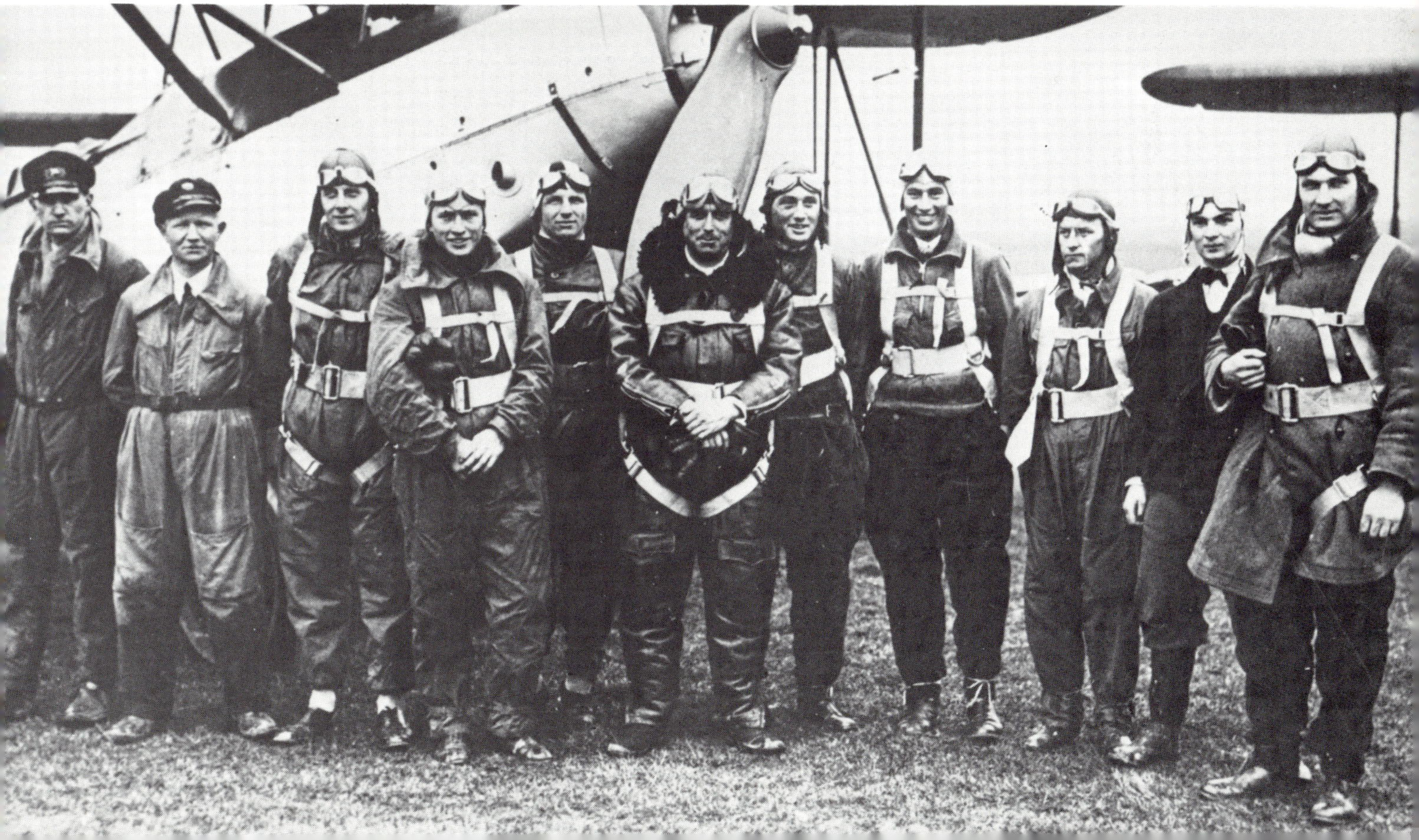

Ernst Brandenburg

Wolfgang von Gronau

a. D. Goltz, in List Kapitänleutnant a. D. Scheurlen. Filialen der DVS wurden in Schleißheim und Braunschweig eingerichtet.

Zu dieser Zeit (Ende 1923) betrug der Gesamtbestand an Flugzeugen in Deutschland 128, im Bau waren 64. Ein Beauftragter der Interalliierten Militär-Kontroll-Kommission (IMKK) stellte dazu fest, daß keins dieser Flugzeuge für Kriegszwecke brauchbar gewesen sei. Man sieht, die Tarnung war recht gut. Trotzdem muß doch einiges zur IMKK durchgesickert sein, denn T 2 III(L) mußte aufgelöst werden, bestand aber als TA(L) weiter, bis sie als Gruppe »Luftschutz« T 2V(L) am 1. 4. 1927 gebilligt wurde.

Dem deutschen Flugzeugbau wurden aber weiterhin – wenn auch etwas gelockerte – Fesseln in der Entwicklung auferlegt. Diese sogenannten »Begriffsbestimmungen« legten die Nutzlast pro Flugzeug auf 900 kg, die Geschwindigkeit auf 180 km/h und die Gipfelhöhe auf 4000 m fest. Dies waren für Militärflugzeuge absolut unzureichende Werte. Trotzdem wurden trotz der »Begriffsbestimmungen« mit deutschen Flugzeugen auch damals Höchstleistungen erzielt.

4. Die Fesseln
werden gelockert, das Verbot bleibt.
1926—29

Die am Ende des vorigen Abschnitts erwähnten »Begriffsbestimmungen« wurden zwar durch das Pariser Luftfahrtabkommen vom 21. 5. 1926 aufgehoben. Die Förderung des Luftsports durch die Reichsregierung aber wurde verboten, was das Ende der »Sportflug GmbH« bedeutete. Der Militärflugzeugbau blieb verboten. 72 Angehörigen der Reichswehr und der Reichsmarine wurde die private fliegerische Ausbildung gestattet. Die Jahresquote der Neuausbildung betrug ab 1926 fünf Reichswehr- und einen Reichsmarine-Angehörigen!

Ab 1. Februar 1926 verhandelte Oberstleutnant Wilberg mit Min.Dir. Brandenburg, wie man die fliegerische Ausbildung junger Männer, die Offizier werden wollten, fördern könnte. Diese fliegerischen Neulinge, als »Jungmärker« bezeichnet, sollten also erst fliegen lernen und dann militärisch ausgebildet werden. Hierdurch hoffte, so Wilberg, man das Offizierskorps der aufzubauenden Luftwaffe, das schon damals überaltert war, zu verjüngen. Trotzdem ist festzustellen, daß immerhin 78 Generale der Luftwaffe von 1945 aus dem Kreis der Männer gekommen waren, die vor 1933 bereits leitende Stellen der Reichswehrfliegertruppe oder der Reichsmarine bekleideten. Die für die Ausbildung vorgesehenen ersten vierzig »Jungmärker« wurden nach Vorlage der elterlichen Einwilligung und intensiver psychologischer und medizinischer Eignungsprüfung am 1. April 1926 *nicht* bei der Truppe sondern bei der DVS einberufen. Die Reichsmarine stellte zusätzlich jährlich 12 Seekadettenanwärter für das fliegende Personal ein.

Eine weitere Förderung der geheimen Luftrüstung bedeutete die am 6. Januar 1926 gegrün-

dete Deutsche Lufthansa. Aus der Sportflug GmbH war eine »Luftfahrt GmbH« geworden. DVS und Luftfahrt GmbH sorgten nun für die Ausbildung des fliegerischen Nachwuchses. Die Ausbildung erfolgte an folgenden Stellen:

DVS-Schleißheim: Reichswehrflugzeugführer(Land)

DVS-Braunschweig: Beobachter

Lipezk: Taktische Heeresflieger-Ausbildung

DVS-List/Sylt: Marineflieger und -Beobachter

DVS-Warnemünde: Marineflieger und -Beobachter

Severa Kiel/Holtenau: Marineflieger und -Beobachter

Luftfahrt GmbH, Würzburg: Training für Jungmärker und Aktive

Luftfahrt GmbH, Böblingen: Training für Jungmärker und Aktive

Bis 1923 hatte die Reichsregierung keine aktive Militärluftfahrt geduldet. Erst 1926 wurde eine Prüfstelle für die Entwürfe und Berechnungen der getarnten Luftrüstungsbetriebe unter dem Namen »Fertigungs GmbH« als zivile Firma gegründet. Ein Serienbau war aber wegen fehlender Mittel noch nicht möglich. Die Industrie arbeitete immer noch auf eigenes Risiko. Hauptmann Student, WaPrüf 6 F, hatte bis 1926 aufgrund der Forderungen von TA(L) Ausschreibungen für vier Flugzeugformen festgelegt, wonach 1927 bis 1929 das erste Flugzeugprogramm der zukünftigen Fliegertruppe entstand. Dies waren:

Heitag	Heimatjagdeinsitzer
Erkudista	Nahaufklärer-Heer
Najaku	Nacht-Jäger und -Erkunder
Erkunigros	Fernerkunder und mittlerer Bomber

Die ersfgenannten Bezeichnungen sind Decknamen.

Heitag wurde die Arado SD I, Erkudista Albatros L 76, 77, 78; Najaku BFW M 22 und Erkunigros Heinkel HD 41.

Als Minimalforderungen galten 1929:

Bomber	220 km/h
Aufklärer	250 km/h

Hauptmann Kurt Student 1921

Admiral a. D. Lahs

Bezüglich der Typenbezeichnung der Heinkel-Werke hier noch eine Erläuterung: Bis zur Einführung der Typenliste des Technischen Amtes (LC) des Reichsluftfahrtministeriums (RLM) unterschied man bei Heinkel zwischen HE = Heinkel-Eindecker, und HD = Heinkel-Doppeldecker. Die Typen, die vor 1934 entstanden und noch diese alten Bezeichnungen hatten, wurden nun erst mit der generellen Bezeichnung für Heinkelflugzeuge »He« bezeichnet. So wurde z. B. aus HD 45 He 45. Da im vorliegenden Bericht über die Zeit vor 1935 berichtet wird, werden bis 1932 die alten Bezeichnungen verwendet.

Die Erprobung der von der Flugzeugindustrie entwickelten Flugzeuge erfolgte an drei Stellen:

Für die reine Flugzeugerprobung wurde der alte Versuchsplatz Rechlin am Großen Müritzsee in Mecklenburg unter dem Decknamen »Erprobungsstelle Rechlin des Reichsverbandes der deutschen Luftfahrtindustrie« eingerichtet, wo später die Erprobungsstelle der Luftwaffe ihren Platz haben sollte.

Die Erprobung der Waffen, Bordgeräte, Funkausrüstungen usw. fand ausschließlich in Lipezk statt.

Die Erprobung der Marineflugzeuge erfolgte in Travemünde in den ehemaligen Anlagen des alten Seeflugzeug-Versuchs-Kommandos

(SVK). Nach 1919 hatten die Caspar-Werke sich dort eingerichtet, hatten sich aber nach Heinkels Weggang nicht halten können. Diese Stelle hieß zuerst »Seeflugzeug-Erprobungsstelle (SES), wurde dann aber, ähnlich wie Rechlin, in »Erprobungsstelle Travemünde des Reichsverbandes der deutschen Luftfahrtindustrie« umbenannt.

An der Spitze dieses Reichsverbandes stand jahrelang der Admiral a. D. Lahs, in allen Fliegerkreisen damals als »Papa Lahs« beliebt und bekannt. Die Flugzeuge, die in Rechlin und Travemünde erprobt wurden, trugen aus Tarnungsgründen das Kennzeichen des Reichsverbandes »RDL«.

Heinkel, der ja der rührigste unter den deutschen Luftrüstungsfabrikanten war, entwickelte für die Reichsmarine die Schulflugzeuge HD 22 und HD 24, die Seeaufklärer HE 5 und HE 9 und den Jäger HD 38, der katapultfähig war und sowohl als Land- als auch als Seeflugzeug verwendet werden konnte. Im Grunde genommen war die Entwicklung dieses Jägers von der Sowjetunion bezahlt worden, denn HD 38 war aus dem Jäger HD 37 hervorgegangen, der für die Sowjetunion entwickelt worden war und als I-7 (Istrebitelj = Jagdeinsitzer) dort gebaut und geflogen wurde. Da HD 38 für jeden als schneller Einsitzer zu erkennen war, und die IMKK ihre Augen überall hatte, wurden die HD 38-Einsitzer offiziell als »Versuchsflugzeuge für Höhenflüge« bezeichnet.

Die Marine-Fliegergruppe, aus Traditionsgründen mit BS x bezeichnet, da im Kaiserlichen Reichsmarineamt diese Kurzbezeichnung für die Luftabteilung gegolten hatte, veranstaltete 1926 einen Seeflugzeugwettbewerb, an dem sich Dornier, Rohrbach, Heinkel, Junkers und LFG beteiligten. Sieger wurde Wolfgang von Gronau mit der HE 5a. Für die See-Fernaufklärung blieb man aber beim Dornier »Wal«.

Junkers arbeitete inzwischen wieder auf seiner eigenen Linie weiter. Man baute in Dessau unbewaffnete Versuchsmuster, die dann mit Bewaffnung mit geänderter Nummer exportiert oder deren Lizenzbau ins Ausland vergeben wurde. Eine Ausnahme bildeten die Typen W 33 und W 34. Beide Typen wurden noch bis nach 1935 als Reise- und Schulflugzeuge, aber auch zu Versuchszwecken verwendet. Insbesondere sind mit der W 34 in Lipezk umfangreiche Versuche mit Bombenabwurfgeräten, Nachtbombenwürfe mit Leuchtbomben und Bordwaffenversuche durchgeführt worden. Die W 33 ist bei der Marine nur als Schleppflugzeug für Schießscheiben bei Flakübungen verwendet worden. Alle übrigen Militärflugzeugtypen, die Junkers in diesen Jahren herausbrachte, wurden nach demselben Schema getarnt. Das Kurierflugzeug A 32 hieß als leichter Bomber K 39, das Postflugzeug S 36 wurde der Bomber K 37, aus der W 34 wurde das Mehrzweckflugzeug K 43, ja sogar als Junkers das erste Großraumverkehrsflugzeug G 38 herausbrachte, wurde daraus der schwere Bomber K 51, und das Kurierflugzeug A 35 wurde der Aufklärer K 53.

Die Reichsmarine erteilte Dornier auch den Auftrag für ein riesiges Flugboot, das als Langstreckenfernerkunder, Minenleger und Großraumtransporter für Landunternehmen gedacht war. Der Rund-um-die-Welt-Flug dieses Flugboots Dornier Do X war im Grunde nur die Truppenerprobung unter Führung des Kapitänleutnants d. R. a. D. Friedrich Christiansen, dem 1917/18 von den Engländern gefürchteten »Flieger von Zeebrügge«. Der Ordnung halber muß aber gesagt werden, daß Christiansen die Maschine gar nicht fliegen konnte. Flugzeugführer waren der ehemalige Marinejagdflieger und Flugkapitän der Lufthansa Dipl.-Ing. Horst Merz, der Deutschamerikaner Clarence Schildhauer und Cramer von Clausbruch vom »Condor-Syndicat«, dem brasilianischen Tochterunternehmen der Lufthansa. Wir sehen an diesem Fall wie eng die Verflechtung der Deutschen Lufthansa damals mit der geheimen Luftaufrüstung gewesen ist. Auch der Rund-um-die-Welt-Flug des Oberleutnants zur See a. D. von Gronau, des Leiters der Marineflugstation List auf Sylt war im Grunde nur eine Truppenerprobung des durch Dornier immer wieder verbesserten Dornier »Wal«.

Auf der anderen Seite war der Ozeanflug der Junkers W 33 »Bremen« unter Führung von Köhl, Fitzmaurice und von Hünefeld ein rein ziviles Unternehmen im Interesse der Erforschung von Möglichkeiten für einen transatlantischen Luftverkehr.

Heinkel hatte aufgrund seiner Arbeiten für die japanische Marine genügend Erfahrung in der Entwicklung von Bordstartvorrichtungen. 1927 fanden die ersten Versuche mit dem Katapult K 1 statt. Die damit gewonnenen Erfahrungen führten dann zum K 2, das auf dem Schnelldampfer »Bremen« des Norddeutschen Lloyd eingebaut wurde. Als Katapultflugzeug diente eine zum Postflugzeug umfunktionierte HE 9 mit der Typenbezeichnung HE 12. Der erste Einsatz, der absolut erfolgreich verlief, fand am 22. Juli 1928 statt. Dieser Erfolg führte dann zum Bau des K 3 für die Reichsmarine, das ausschließlich für die Erprobung der Katapultflugzeuge der Reichsmarine diente.

Erster katapultfähiger Einsitzer war HD 38, erster katpultfähiger Zweisitzer HD 30. Bei der Reichsmarine arbeitete man auch bereits an der Entwicklung moderner Funkgeräte. In Travemünde wurde das Peilverfahren für den Flugsicherungsdienst in Zusammenarbeit mit den Firmen Lorenz und Telefunken bereits betriebsreif gemacht. Es darf daran erinnert

werden, daß die Marine auch in der Entwicklung von Funkortungsgeräten bedeutend fortschrittlicher war als das Heer.

Die Reichsmarine hatte es bedeutend leichter, ihre geheimen Rüstungsvorhaben zu tarnen, als die Reichswehr. Mit welchen Schwierigkeiten man dort besonders durch die Arbeiten in Lipezk zu kämpfen hatte, sei nur an einem Beispiel erläutert. Die Napier »Lion« Motoren für die Fokker D XIII der Jagdgruppe konnten nur in England überholt werden. Sie mußten über Leningrad auf dem Seeweg hin und zurücktransportiert werden. Landtransporte von Waffen, Bomben oder Geräten auf dem Landweg war unmöglich. Man charterte kleine Segelboote und schipperte dann über die Ostsee nach Leningrad. Von dort ging es dann per Bahn nach Lipezk. Besonders wichtige Dinge wurden auf dem Luftwege mit Junkers F 13 und W 33 nach Lipezk gebracht. Obwohl man bei Arado und Heinkel bereits Jagdflugzeuge als Versuchsmuster baute, sind die Fokker D XIII in Lipezk bis zum Schluß 1933 das Ausbildungsgerät für die Jagdflieger geblieben.

Bei der für Luftfahrtfragen zuständigen Abteilung der Reichswehr beschäftigte man sich natürlich nicht nur mit der Organisation, der Ausbildung und der Rüstungsvorbereitung für die geplante Fliegertruppe. Es war auch wichtig zu wissen, wie man sich im Ausland, das zu diesem Zeitpunkt immer noch feindliches Ausland war, die Führung des Luftkrieges vorstellte, um sich darauf einstellen zu können. Der Ruhreinbruch der Franzosen, die Annektionsbestrebungen Polens in Oberschlesien, sowie die umfangreiche Aufrüstung der Tschechoslowakei und Jugoslawiens, größtenteils mit französischer Hilfe, hatten gezeigt, daß das Deutsche Reich mit Agressionsabsichten seiner Anliegerstaaten rechnen mußte. So hatte die Abteilung T 1 im Mai 1926 die sogenannten

Fokker D XIII über Lipezk. Luftkampfübungen mit Fokker D XIII (eingeklinktes Bild) in Lipezk

»Richtlinien für die Führung des operativen Luftkriegs« aufgestellt, die aus den Veröffentlichungen ausländischer Luftmächte zusammengestellt worden waren.

Somit waren alle Vorbereitungen zum Aufbau einer, wenn auch begrenzten Fliegertruppe getroffen worden. Es kam nun darauf an, die Luftrüstung immer in getarnter Form, durchzuführen. So gab das Reichswehrministerium »Technische Forderungen« an die in Frage kommenden Industriezweige, die im Laufe der Zeit immer wieder auf den neuesten Stand gebracht wurden. Daraufhin entstanden dann immer neue Versuchsmuster, die für einen Serienbau Vorbild sein sollten.

Nun sah es schon damals so aus, daß man 1–2 Jahre für Konstruktion und Musterbau und noch einmal für die Vorbereitung des Serienbaus, d. h. Vorrichtungs- und Gerätebau usw. brauchte. Bei den Motoren brauchte man bis zum Serienbau sogar sechs Jahre. Dazu kam die fehlende Produktionskapazität und die fehlende Lagerungsmöglichkeit. Das erste Problem ließ sich lösen, nicht aber das zweite. Die Lagerhaltung fliegerischen Geräts blieb verboten. Erst am 3. 12. 1930 machte der damalige Reichswehrminister Groener eine Aktennotiz, aus der hervorging, daß er mit dem Außenminister Curtius, dem Verkehrsminister von Guérard in Anwesenheit von Min. Dir. Brandenburg und General von Mittelberger vereinbart habe, einen geheimen Bestand an Militärflugzeugen zu schaffen. Bisher hatte man einen Teil dieser Flugzeuge in den Beständen der Deutschen Lufthansa geführt.

Es wurde nun ein Luftrüstungsprogramm beschlossen, das in zwei Intervallen von je vier Jahren, 1925–29 und 1929–33, durchgeführt werden sollte. Das erste Intervall ermöglichte nur die Aufstellungsvorbereitung von Jagd-, Aufklärungs- und Kurierstaffeln aus den Beständen der Fliegerschulen (DVS u. a.), der Lufthansa und der Gruppe Lipezk. Für die zweite Phase gingen die Ausschreibungen für einen Nahaufklärer, einen Fernerkunder, einen Jagdeinsitzer und einen Nachtbomber erst Ende 1929 der Industrie zu. Es ist bemerkenswert, daß das TA, also der »Generalstab« der Reichswehr, bis dahin grundsätzlich die Entwicklung eines Bombers abgelehnt hatte. Man kann also der Reichswehrführung keinesfalls eine Angriffsabsicht unterstellen. Man dachte dort nur an die Verteidigung des deutschen Luftraums. Genaue Zahlen liegen nicht vor, es steht aber fest, daß rings um Deutschland Luftstreitkräfte von mehr als zehntausend Flugzeugen bestanden, denen Deutschland nur ein paar Fla-Geschütze, kaum mehr als 100, entgegenzustellen hatte. Die Schaffung einer ganz auf Verteidigung eingestellten Fliegertruppe war also eine absolute Notwendigkeit.

Die nunmehr in Angriff genommene Luftrüstung konnte also nur Notlösungen bringen. So waren die Flugzeuge der Lufthansa, wie z. B. die dreimotorige Junkers G 24 (in Schweden als Bomber R 42 gebaut) als Behelfsbomber bereits in einer Übersicht über die Flugzeug-Rü-Typen und ihre Ausrüstung der WaPrw 8 Va enthalten. Zum ersten echten zweimotorigen Nachtbomber wurde das Frachtflugzeug Dornier Do F, später als Do 11 bezeichnet.

Im übrigen war man bestrebt, Flugzeuge zu entwickeln, die in der Lage waren, möglichst viele verschiedene Aufgaben durchzuführen. So entstand der Begriff des »Mehrzweckflugzeugs«, der auch nach 1933 die gesamte deutsche Flugzeugentwicklung beherrscht hat und dazu führte, daß man von einem Grundmuster unzählige Varianten baute, statt Spezialflugzeuge für jeden Zweck zu bauen. Die Dornier Do 11 war aber auch aus einem anderen Grund bemerkenswert: Es war der erste freitragende Eindecker für die Fliegertruppe. Bei allen für Fliegerfragen zuständigen Stellen der Reichswehr stand man auch noch nach 1933 auf dem Standpunkt, daß der Doppeldecker *das* Flugzeug sei. Es waren ja alles Männer, die den Ersten Weltkrieg mitgemacht hatten und als Militärflugzeug nur den Doppeldecker kannten. Die Ideen der freitragenden Ganzmetall-Eindecker fanden erst viel später Eingang in diese Führungsstellen. Ähnlich lief es bei der Marine. Man wollte immer noch Jagdeinsitzer auf Schwimmern haben, obwohl sich bereits 1917 beim Marine-Korps in Flandern gezeigt hatte, daß Schwimmer-Jäger gegen küstengebundene Landjagdeinsitzer keine Chancen hatten. So wurden jetzt noch die Schwimmer-Jagdeinsitzer HD 38, HD 49 und später He 51 gebaut, deren Wertlosigkeit sich dann schon etwa 1936 herausstellte. Am 1. April 1930 wurde dann endgültig ein Aufstellungsplan (A-Plan) für den Mobilmachungsfall in Kraft gesetzt. Die Arbeit der verantwortlichen Männer im Reichswehrministerium (RWM) war durch das Pariser Luftfahrtabkommen von 1926 und die Einstellung der Kontrollen durch IMKK und andere alliierte Stellen vereinfacht worden. Trotzdem blieb noch viel Arbeit zu leisten. Um einen fliegenden Verband im Mobilmachungsfall einsetzen zu können, bedurfte es einer mühsamen Vorbereitung: Ausbildung des fliegenden und

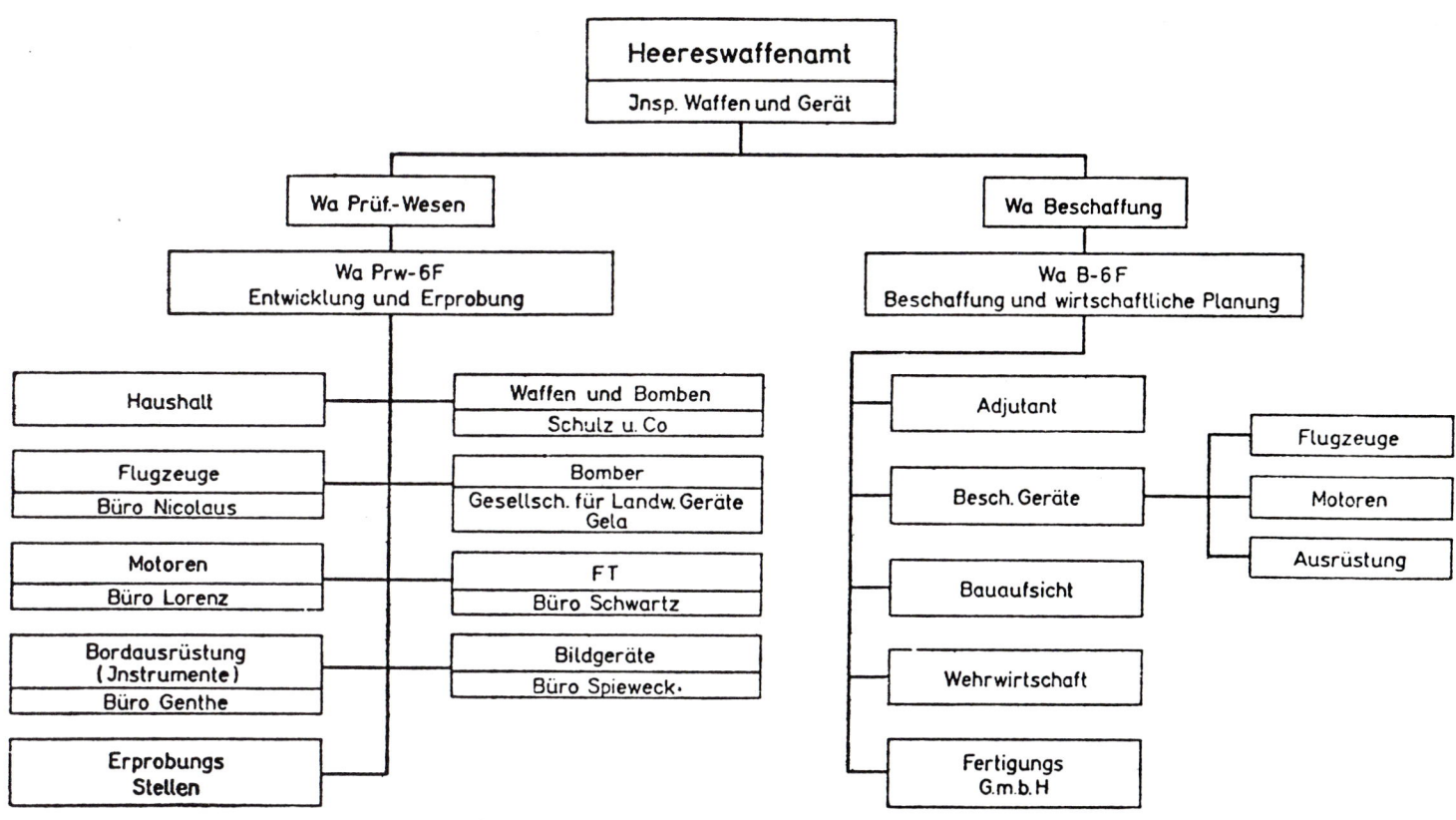

Organisationsplan der für die getarnte Luftrüstung verantwortlichen Stellen im Reichswehrministerium

des technischen Personals, Entwicklung, Erprobung und Bau der Flugzeuge, der Waffen und des Bordgeräts. Der damalige Major Kesselring (der spätere Generalfeldmarschall) wollte bereits eine »Fliegerinspektion« schaffen um das alles zentral bearbeiten. Der 8. Oktober 1926 versetzte den zarten Anfängen einer aufblühenden Fliegertruppe plötzlich einen schweren Schlag. Der Mann, der mit seinem Namen die geheime Luftrüstung gedeckt hatte, war entlassen worden: Äußerer Anlaß dieser Maßnahme war die Tatsache gewesen, daß Seeckt es geduldet hatte, daß ein Sohn des ehemaligen Kronprinzen in die Reichswehr eingetreten war. Wahrscheinlicher

ist allerdings, daß linksgerichtete Kreise den Mann beseitigen wollten, der heimlich die Wiederaufrüstung Deutschlands betrieb. Sein Nachfolger wurde Generaloberst Heye, der Seeckts Linie in gemäßigterer und vorsichtigerer Weise weiter verfolgte.

Am 31. Januar 1927 beendete die IMKK ihre Tätigkeit in Deutschland. Am 1. April 1927 wurde die Gruppe T 2 V(L) als Zentralstelle für Luftfahrtangelegenheiten innerhalb der Reichswehr eingerichtet. Am 1. Februar 1928 übernahm Major Felmy diese Dienststelle. Am 30. 9. 1929 verfügte Generaloberst Heye die Überführung der T 2 V(L) in die Inspektion der Waffenschulen (In 1). Chef In 1 war General von

Dienstgrad	Name	Dienstalter	Planstelle	Bemerkungen
Gen.Major	Ritter von Mittelberger	1. 3. 30 (1)	RwMin.	
"	Streccius	1. 2. 30 (1)	IR. 17	
Oberst	Wilberg	1. 10. 29 (13)	Kdtr. Breslau	
Oberstleutnant	Hoth	1. 2. 29 (26)	St.Gr.Kdo. 1	
"	Quade	1. 4. 30 (9)	IR. 2	
"	Schweickhard	1. 11. 30 (16)	IR. 14	
Major	Klepke	1. 7. 26 (4)	IR. 15	
"	Sperrle	1. 10. 26 (7)	IR. 8	
"	Felmy	1. 1. 27 (3)	RwMin.	
"	Mohr	1. 2. 27 (26)	RR. 18	
"	Kühl	1. 4. 27 (6)	IR. 1	
"	Frhr. v. Freyberg-Eisenberg-Allmendingen	1. 5. 27 (4)	Kdtr. Döberitz	
"	Holdermann	1. 2. 28 (8)	IR. 2	
"	Grauert	1. 2. 28 (23a)	RwMin.	
"	Volkmann	1. 2. 28 (28b)	Arfü II	
"	Wimmer	1. 2. 28 (38a)	RwMin.	
"	Bieneck	1. 4. 29 (3)	RR. 14	
"	v. Kotze	1. 11. 29	RR. 14	kdt. z. Inf. Schule
"	Student	1. 1. 30 (1)	IR. 2	
ch. "	Schubert		RR. 8	
"	Cranz	1. 4. 30 (11)	RR. 14	kdt. z. RwMin.
"	Reinecke	vorl. Pat.	RwMin.	
Hauptmann	Krocker	16. 9. 17 (2)	Kdtr. Breslau	
"	Doerstling	20. 6. 18 (5)	IR. 10	Ref. z. b. V. 4. Div.
"	Erdmann	15. 7. 18 (14)	NA. 6	
"	Seldner	18. 8. 18 (8)	RwMin.	
Rittmeister	Pflugbeil	18. 8. 18 (25)	RR. 11	
Hauptmann	Koch	18. 10. 18 (5)	IR. 18	
Rittmeister	Sommé	18. 10. 18 (6)	RR. 7	Ref. z. b. V. 6. Div.
"	Desaloch	18. 10. 18 (45)	RR. 17	Ref. z. b. V. 7. Div.
Hauptmann	Hartmann	1. 12. 21 (1)	AR. 4	
"	Behrla	1. 1. 22 (9)	Stb.Gr.Kdo. 2	kdt. z. Inf.- Schule
Rittmeister	Martini	1. 6. 22 (3)	Kav.Schule	
Hauptmann	Putzier	1. 6. 22 (7)	AR. 2	Ref. z. b. V. 2. Div.
Rittmeister	Barlen	1. 10. 22 (2)	RR. 18	Ref. z. b. V.
Rittmeister	Kieffer	1. 12. 22 (10)	FA. 7	
Hauptmann	Müller (Kurt)	1. 1. 23 (1)	RwMin.	
Rittmeister	Müller (Angelo)	1. 2. 23 (7)	FA. 7	
Hauptmann	Gandert	1. 8. 23 (1)	IR. 1	
"	Lorenz	1. 11. 23 (4)	IR. 17	
"	Zoch	1. 12. 23 (2)	Kdtr. Döberitz	Ref. z. b. V. 3. Div.
"	Hanesse	1. 1. 24 (5)	AR. 1	Ref. z. b. V. 1. Div.
Rittmeister	von Wühlisch	1. 2. 24 (2)	RR. 5	
Hauptmann	Ritter v. Pohl	1. 6. 24 (12)	AR. 5	
Rittmeister	Schultheiß	1. 11. 24 (5)	RR. 3	kdt. z. RwMin.
Hauptmann	Krüger (Ehrhard)	1. 11. 24 (4)	IR. 1	
"	Keiper	1. 11. 24 (8)	IR. 15	
Rittm. Dipl.-Ing.	Hilgers	1. 2. 25 (17)	FA. 2	
"	Sperling	1. 2. 25 (18)	FA. 5	
Hauptmann	Frhr. v. Biedermann	1. 2. 25 (19)	IR. 10	
"	v. Harbou	1. 4. 25 (10)	IR. 2	
"	Baumbach	1. 5. 25 (2)	AR. 2	
Rittmeister	Bonatz	1. 2. 26 (10)	RR. 7	Ref. z. b. V. 2. Kav.Div.
Hauptmann	Löb	1. 2. 26 (33)	Pi. 6	
"	Sturm	1. 3. 26 (7)	IR. 8	
"	Schläger	1. 4. 26 (11)	AR. 6	kdt. z. T. H. Hannover
"	Speidel	1. 4. 26 (18)	RwMin.	
"	Drum	1. 4. 26 (19)	RwMin.	
Rittmeister	Schroth	1. 2. 27 (8)	RR. 11	
Hauptmann	Mai	1. 2. 27 (28)	KrA. 5	
Rittmeister	Biwer	1. 4. 27 (7)	RR. 16	Ref. z. b. V. 3. Kav. Div.
Hauptmann	Fischer	1. 2. 28 (32)	IR. 2	
"	Funcke	1. 2. 28 (33)	IR. 18	
Rittmeister	Fink	1. 2. 28 (43)	RR. 1	kdt. z. T.H. Charlottenburg
Hauptmann	Veith	1. 2. 28 (50)	AR. 7	
"	Schwabedissen	1. 3. 28 (2)	RwMin.	
"	Friedel	1. 3. 28 (4)	IR. 15	
" Dipl.-Ing.	Riesch	1. 4. 28 (14)	RwMin.	
"	Tschoeltsch	1. 4. 28 (15)	IR. 10	
" Dipl.-Ing.	Ploch	1. 4. 28 (31)	RwMin.	
"	Seywald	1. 4. 28 (43)	KrA. 4	
"	Müller (Gottlob)	1. 5. 28 (5a)	KrA. 7	
Rittmeister	v. Chamier-Gliscinski	1. 1. 29 (1a)	RR. 16	BO. 3. Div.
Hauptmann	Fütterer	1. 1. 29 (2a)	IR. 17	
"	v. Heyking	1. 1. 29 (5)	SA. 4	
Rittmeister	Pfeiffer	1. 2. 29 (24a)	FA. 6	
Hauptmann	Abernetty	1. 2. 29 (33a)	IR. 5	
Hauptmann	Sattler	1. 2. 29 (35)	Kdtr. Küstrin	
"	Stapelberg	1. 2. 29 (40a)	IR. 15	
"	Buchholz	1. 2. 29 (42)	IR. 8	
"	Frhr. v. Richthofen	1. 2. 29 (43)	AR. 5	kdt. z. RwMin.
"	Pistorius	1. 4. 29 (9a)	Pi. 2	
Rittmeister	v. Gerlach	1. 4. 29 (12)	RR. 11	
Hauptmann	Mälzer	1. 7. 29 (1)	AR. 4	kdt. z. T.H. Charlottenburg
ch. "	Rieke		IR. 16	
Rittmeister	Plaschke	1. 10. 29 (14a)	RR. 3	Ref. z. b. V. 1. Kav.Div.
Hauptmann	Conrad	1. 2. 30 (17)	IR. 6	kdt. z. RwMin.
"	Fuchs	1. 2. 30 (22)	Kdtr. Berlin	kdt. z. T.H. Charlottenburg
"	Aschenbrenner	1. 2. 30 (32)	Kdtr. Küstrin	
ch. "	Baier		AR. 3	
"	Weiner	1. 2. 30 (39)	KrA. 2	kdt. z. T. H. Charlottenburg
"	Lohmann	1. 4. 30 (5)	AR. 1	kdt. z. Artl.- Schule
Rittmeister	Gaze	1. 4. 30 (13)	RR. 8	BO. 6. Div.
Oberleutnant	Berger	1. 4. 25 (175)	IR. 4	BO. 2. Div.
"	Kammhuber	1. 4. 25 (180)	RwMin.	
ch. Hauptmann	v. Massow		IR. 9	kdt. z. RwMin.
Oberleutnant	Reinshagen	1. 4. 25 (218)	IR. 5	
"	Raithel	1. 4. 25 (226)	IR. 20	kdt. z. T.H. Charlottenburg
"	Meister	1. 4. 25 (250)	IR. 4	
"	Volkmann	1. 4. 25 (256)	IR. 10	
"	Korten	1. 4. 25 (280)	Pi. 4	BO. 1. Div.
"	Weber	1. 4. 25 (281)	IR. 14	
"	Becker	1. 4. 25 (289)	RR. 1	kdt. z. T.H. Charlottenburg

Dienstgrad	Name	Dienstalter	Planstelle	Bemerkungen
Oberleutnant "Dipl.-Ing.	Schwartzkopff	1. 4. 25 (308)	IR. 6	
"	Bassenge	1. 4. 25 (310)	IR. 6	
"	Wieland	1. 4. 25 (325)	IR. 5	BO. 4. Div.
"	Cartun	1. 4. 25 (327)	IR. 7	
"	v. Oheimb	1. 4. 25 (354)	RR. 11	
"	Jordan	1. 4. 25 (360)	AR. 5	
"	Schimpf	– 1. 4. 25 (373)	IR. 21	kdt. z. T. H. Charlottenburg
"	Meyer (Wilhelm)	1. 4. 25 (380)	IR. 5	
"	Jeschonnek	1. 4. 25 (386)	RR. 6	Führ. Geh.
"	Heusinger	1. 4. 25 (417)	St.Infü. II	kdt. z. RwMin.
"	Ibel	1. 4. 25 (436)	Pi. 7	
"	Pregler	1. 4. 25 (463)	AR. 7	BO. 7. Div.
"	Holle	1. 4. 25 (477)	IR. 16	
"	Hoffmann v. Waldau	1. 4. 25 (487)	St. 7. Div.	Führ. Geh.
Oberleutnant	Deichmann	1. 4. 25 (524)	IR. 3	
"	Notz	1. 4. 25 (589)	IR. 20	
"	Krüger (Adolf-Friedrich)	1. 4. 25 (616)	IR. 4	BO. 5. Div.
"	Macht	1. 4. 25 (656)	AR. 1	kdt. z. T.H. Charlottenburg
"	Boenicke	1. 7. 25 (2)	FA. 5	
"	Herhudt v. Rohden	1. 11. 25 (1)	FA. 6	
"	Kösters	1. 2. 26 (12)	IR. 6	kdt. z. T.H. Charlottenburg
"	Kleinrath	1. 2. 26 (22)	AR. 2	
"	Frhr. v. Houwald	1. 2. 26 (41)	RR. 6	
"	Kriesche	1. 3. 26 (3)	AR. 2	
"	v. Scheel	1. 4. 26 (8)	IR. 11	
"	Wilke	1. 8. 26 (1)	AR. 1	
"	Knoke	1. 9. 26 (3)	IR. 16	
"	Viek	1. 10. 26 (4)	III. AR. 3	
"	Platz	1. 3. 27 (18)	Pi. 4	
"	Evers	1. 3. 27 (21)	IR. 18	
"	Koester	1. 4. 27 (1)	SA. 2	
"	Frhr. v. Wichtingen	1. 5. 27 (4)	RR. 11	
"	de Salengre-Drabbe	1. 5. 27 (6)	IR. 12	
"	Emminghaus	1. 6. 27 (9)	SA. 5	
"	Plocher	1. 8. 27 (3)	IR. 13	
"	Seidemann	1. 8. 27 (4)	IR. 9	
"	v. Cramon	1. 11. 27 (11)	RR. 7	
"	v. Wurmb	1. 1. 28 (1)	IR. 7	
"	Schnarrenberger	1. 1. 28 (7)	IR. 14	
"	Witt	1. 1. 28 (8)	IR. 5	
"	Mehnert	1. 1. 28 (10)	IR. 11	
"	Schulz-Heyn	1. 1. 28 (13)	AR. 1	
"	Dinort	1. 2. 28 (9)	IR. 2	
"	Meyer (Hans)	1. 2. 28 (17)	IR. 1	
"	Krahl	1. 2. 28 (25)	IR. 10	
"	Korte	1. 2. 28 (51)	IR. 14	
"	Berchtenbreiter	1. 4. 28 (20)	IR. 20	
"	Nielsen	1. 4. 28 (52a)	IR. 6	
"	Boner	1. 4. 28 (62)	NA. 3	
"	Pusinelli	1. 4. 28 (75)	IR. 10	
"	Hessel	1. 8. 28 (14)	IR. 21	
"	Hill	1. 8. 28 (15)	IR. 3	
"	Kreipe	1. 9. 28 (6)	AR. 6	
"	von Detten	1. 11. 28 (21)	RR. 3	
"	Petzold	1. 11. 28 (26)	IR. 4	
"	Schmidt v. Altenstadt	1. 2. 29 (37)	RR. 4	
"	v. Hoffmann	1. 4. 29 (30)	RR. 4	
"	Dybwad	1. 7. 29 (6)	AR. 2	
"	Doench	1. 8. 29 (2)	III/AR. 3	
... "	Börner		AR. 4	

Dienstgrad	Name	Dienstalter	Planstelle	Bemerkungen
ch. Oberleutnant	v. Koppelow		RR. 11	
"	Lerche	1. 4. 30 (5)	IR. 157	
Leutnant	Küster	1. 4. 29 (3)	RR. 14	
"	Meinecke	1. 9. 29 (2)	AR. 3	
Ober-Arzt	Dr. v. Diringshofen	1. 2. 29 (1)	SA. 7	

LISTE DER MARINEOFFIZIERE MIT „SONDERAUSBILDUNG" (FLIEGEROFFIZIERE)

Dienstgrad	Name	Dienstalter	Dienststelle
Kapitän z. S.	Zander	1. 10. 28 (1)	Marineleitung
F.-Kapitän	Faber	1. 10. 29 (1)	z.V. d. Chefs d. Marineleitung
K.-Kapitän	Geislpr	1. 1. 28 (1)	z.V. d. Chefs d. Marineleitung
"	Schüz	1. 1. 28 (4)	Schiffsstammdivision Ostsee
"	Krueger	1. 10. 29 (2)	Schiffsstammdivision Nordsee
"	Busse	1. 10. 29 (3)	Marinedepotinspektion
"	Siburg	1. 7. 30 (2)	Marineleitung
"	Lech	1. 10. 30 (7)	Kommandantur Borkum
"	Bruch	1. 11. 30 (1)	Marineleitung
Kapitänleutnant	Schirlitz	1. 4. 23 (3)	Marineleitung
"	Coeler	1. 1. 24 (1)	Linienschiff „Schleswig-Holstein"
"	v. Frankenberg und Proschlitz	1. 2. 25 (2)	Marinestation der Nordsee
"	Horstmann	1. 4. 25 (6)	Insp. d. Torpedo- u. Minenwesens
"	Goette	1. 1. 28 (3)	Kreuzer „Köln"
"	Köchy	1. 10. 28 (5)	Marinestation der Ostsee
"	Czech	1. 12. 28 (2)	Torpedoboot „Jaguar"
Oberleutnant z. S.	Schroeder-Zollinger	1. 4. 25 (5)	Marinestation der Ostsee
"	Geisse	1. 4. 25 (12)	z.V. d. Chefs d. Marinestation der Ostsee
"	Ferber	1. 4. 25 (16)	z.V. d. Chefs d. Marinestation der Ostsee
"	v. Blessingh	1. 4. 25 (17)	z.V. d. Chefs d. Marinestation der Ostsee
"	v. Holleben	1. 4. 25 (23)	Torpedoboot „T. 190"
"	Metzner	1. 4. 25 (26)	Kreuzer „Karlruhe"
"	Edert	1. 7. 25 (7)	z.V. d. Chefs d. Marinestation der Nordsee
"	Jordan	1. 7. 25 (10)	Marinestation der Nordsee
"	Bischoff	1. 7. 25 (11)	Kreuzer „Emden"
"	Pahl	1. 7. 25 (12)	Marineschule Flensburg-Mürwik
Oberleutnant z. S.	Mettig	1. 7. 28 (2)	z.V. d. Chefs der Marinestation der Nordsee
"	Minner	1. 7. 28 (18)	Marinestation der Nordsee
"	Busch (Hermann)	1. 7. 29 (15)	Marinestation der Ostsee

Flugzeugbestandsliste der deutschen Fliegerschule in Lipezk/Rußland
1. 10. 1929

Anlage zu L.Nr. 3636/29. Abt. II
Z.B., H.-Stelle L vom 2. Oktober 1929
Bestand an Flugzeugen am 1. Oktober 1929
A. Kampfeinsitzer
1. 43 Stck. Fokker D XIII (Zellennummern: 4599, 4600, 4601, 4603 bis einschl. 4610 bis einschl.
      4625, 4627, 4687 bis einschl. 4690, 4692 bis einschl. 4696, 4698, 4700, 4702 bis einschl.
      4706 und 4865)
2. 2 Stck. Fokker D VII (ohne Zellennummern)
B. Mehrsitzer
3. 1 Stck. Heinkel HD 21 (Zellennummer 6)
4. 6 Stck. Heinkel HD 17 (Zellennummern: 239 bis einschl. 244)
5. 1 Stck. Junkers A 20/35 (Zellennummer 878)
6. 1 Stck. Junkers F 13 (Zellennummer 572)
7. 6 Stck. Albatros L 76 (Zellennummern: 10102, 10103, 10122 bis einschl. 10125)
8. 6 Stck. Albatros L 78 (Zellennummern: 10151 bis einschl. 10156)

1. Oktober 1929

Mittelberger, sein Stabschef Major Felmy. Das Referat Technik übernahm jetzt Hauptmann Wimmer als Nachfolger von Hauptmann Volkmann. Ursprünglich sollte Hauptmann Paul Jeschonnek, ein Bruder des späteren Generalstabschefs der Luftwaffe Hans Jeschonnek, das Amt übernehmen. Er stürzte aber im Juni 1929 tödlich ab. Das neue Referat hieß jetzt WaPrw 8 und war für Entwicklung, Erprobung und Beschaffung zuständig. Bei der Reichsmarine bestanden jetzt fünf Referate. I: Korvettenkapitän Geisler, II: Kaptlt. Keßler, III: Korvettenkapitän Coeler, dessen Nachfolger Korvettenkapitän Siburg wurde, IV: Oberinspektor Maaske und Marine-Oberzahlmeister Schmeißer, schließlich V: Redaktion der »Marine-Luftflottenrundschau«. Diese ganze Gruppe wurde von Kapitän z. S. Lahs, dem späteren Chef des Reichsverbandes der Deutschen Luftfahrtindustrie geleitet, der am 1. 10. 1929 durch Kapitän z. S. Zander abgelöst wurde. Korvettenkapitän Ritter führte jetzt das Admiralstabsreferat.

Die Organisationsabteilung im TA hatte bereits am 30. 6. 1927 einen ersten Entwurf für den Aufbau einer rein defensiven Streitmacht fertiggestellt. Jetzt hatte die Fliegergruppe im TA die Aufgabe dafür zu sorgen, daß den Heeresverbänden die notwendige Unterstützung durch Fliegerkräfte gewährt wurde. Es mußten Luftheimatverbände, Flieger-Ersatzabteilungen, eine Artilleriefliegerschule, eine Flugmeldeschule und Fliegerfachschulen für nichtfliegendes Personal aufgebaut werden. Als fliegende Verbände standen zunächst nur die »Fliegerkurierstaffeln« zur Verfügung, die aus fliegendem und Bodenpersonal der Lufthansa und deren Flugzeugen aufzustellen waren. Die letzteren galten praktisch als vom Staat gemietet. Diese Kurierstaffeln sollten wie folgt stationiert werden:

Wehrkreis I	Königsberg/Ostpr.
Wehrkreis II	Stettin
Wehrkreis III	Berlin-Tempelhof und Breslau
Wehrkreis IV	Dresden
Wehrkreis V	Böblingen
Wehrkreis VI	Dortmund
Wehrkreis VII	München

Zur Aufstellung dieser Kurierstaffeln ist es nicht gekommen. Dafür entstanden die sogenannten »Reklamestaffeln«, deren fliegendes Personal aus Jagdschülern aus Lipezk bestand. Als Flugzeuge wurden Arado S I, S III, SC I und SC II verwendet. Offiziell gehörten diese Staffeln der »Deutschen Luftfahrt GmbH (DLG) und wurden für Werbungszwecke verwendet. Tatsächlich unterstanden sie nach ihrer Stationierung in Königsberg, Berlin und Nürnberg-Fürth den Fliegerreferenten der Wehrkreiskommandos I, II und VII.

In 1 und Fliegergruppe im TA planten 1930 die Aufstellung von 13 Aufklärungsstaffeln, sechs Jagdstaffeln und drei Nachtbomberstaffeln mit einer Gesamtstärke von 150 Flugzeugen und 50 Reserveflugzeugen. Das TA hielt dies nicht für ausreichend und forderte zusätzlich zwei Fernaufklärungsstaffeln, vier Nahaufklärungsstaffeln, sechs Jagdstaffeln und sechs Bomberstaffeln. Dazu sollten noch vier Reservestaffeln aufgestellt werden. Schon rein personell war dies nicht durchzuführen. Die Geheime Fliegerliste der Reichswehr vom 1. 11. 1930 umfaßte 168 Namen! Die Namen dieser ersten Angehörigen der geheimen Fliegertruppe sind der Liste, die auf der vorangegangenen Doppelseite abgedruckt ist, zu entnehmen.

5. Die letzten Aufbauarbeiten vor der Machtübernahme durch Hitler am 30. 1. 1933

Am 19. Mai 1930 legte der inzwischen zum Oberstleutnant beförderte Chef des Stabes der In 1, Felmy, den Entwurf TA Nr. 500/30 In 1 V die »Geheime Kommandosache« Fliegerrüstung 1931/32 und Vorschau 1933–37« im RWM vor. Er blieb bei einer Bereitstellung von 22 Staffeln für den A-Fall (Mobilmachung): 13 Aufklärungsstaffeln, 6 Jagdstaffeln und 3 Nachtbomberstaffeln. Die Ausstattung dieser Verbände mit modernsten Flugzeugen und vollwertig ausgebildeten Besatzungen war vorgesehen. Bis Ende des Jahres waren auch die »Richtlinien für die Ausbildung der Reichswehr auf dem Gebiet der Luftwaffe« im Entwurf fertig. Über fliegende einsatzfähige Verbände verfügte die Reichswehr immer noch nicht. Die »Kurierstaffeln« und die »Reklamestaffeln« dienten nur zur Zieldarstellung und zur Zusammenarbeit mit den Erdverbänden. Die »Reklamestaffeln« bestanden meist aus zweisitzigen Schulflugzeugen von Heinkel oder Arado. Am 20. Januar 1931 wurden diese Staffeln als »Fliegerkurierstaffeln« für den Fall eines Notstandes freigegeben. Sie waren praktisch die ersten militärischen Fliegerverbände der Reichswehr. In Lipezk wurde mit Hochdruck gearbeitet. Dort waren jetzt insgesamt 300 Mann bei der Arbeit. Die ersten Versuche mit Sturzbombenangriffen schlugen fehl. Das von Junkers für diesen Zweck angebotene Flugzeug K 47 (A 48) erwies sich als ungeeignet. Dagegen stellte man fest, daß man mit den Jägern Fokker D XIII Bomben-Tiefangriffe fliegen konnte. Der Jagdbomber (»Jabo«) war geboren. In diesem Jahr gab Hauptmann Stahr das Kommando in Lipezk an Major Müller ab. Am 19. Dezember 1931 erschienen die von der In 1 erarbeiteten »Grundsätze für den Einsatz der Luftstreitkräfte«, die neben einem Einleitungsheft Organisation, Gliederung, Aufgabenstellung und Ausrüstung für Aufklärungsflieger, Jagdflieger, Bombenflieger, Nachrichtenübermittlung, Bodenorganisation und Wetterdienst schilderten.

In seiner Planung vom 1. Februar 1932 sah Oberstleutnant Felmy folgende Verbände vor:

Heeresleitung: 2 Fernaufklärungsstaffeln

4 Feld-Oberkmdo's: 4 Fernaufklärungsstaffeln

Zusammen 54 Flugzeuge, dazu weitere 18 als Reserve

Heeresleitung: 5 Nahaufklärungsstaffeln (Reserve)

7 Armeekorps: 7 Nahaufklärungsstaffeln (Reserve)

2 Kavalleriekorps: 2 Nahaufklärungsstaffeln (Reserve)

Zusammen 126 Flugzeuge, dazu 42 als Reserve

6 Jagdgeschwader mit 162 Flugzeugen, dazu 54 in Reserve

14 Bombengeschwader mit 378 Flugzeugen, dazu 126 in Reserve

Das bedeutete die Aufstellung von 80 Staffeln mit 720 Flugzeugen und 240 in Reserve, insgesamt also 960. Dazu sollten noch 96 Schulflugzeuge kommen, so daß 1938 die Reichswehr über insgesamt 1056 Flugzeuge aller Art verfügen sollte. Damit hatte Felmy bereits das erarbeitet, was 1933 dann als »1000 Flugzeugprogramm« von den neuen Machthabern als ihr Plan herausgestellt wurde.

Felmy beschäftigte sich damals auch bereits intensiv mit dem Gedanken des Bombenkrieges. Er wies in einer Planstudie darauf hin, daß die Tendenz insbesondere in Frankreich und den ihm nahestehenden Staaten (Polen, Jugoslawien, Tschechoslowakei) zum Großbomber lief. Frankreich plante damals allein vier Staffeln Dyle & Bacalan AB 20 mit einer Bewaffnung von neun MG, einer Bombenlast von 1000 kg und einer Reichweite von 2000 km. Eine Bekämpfung dieser »Großbomber« sei

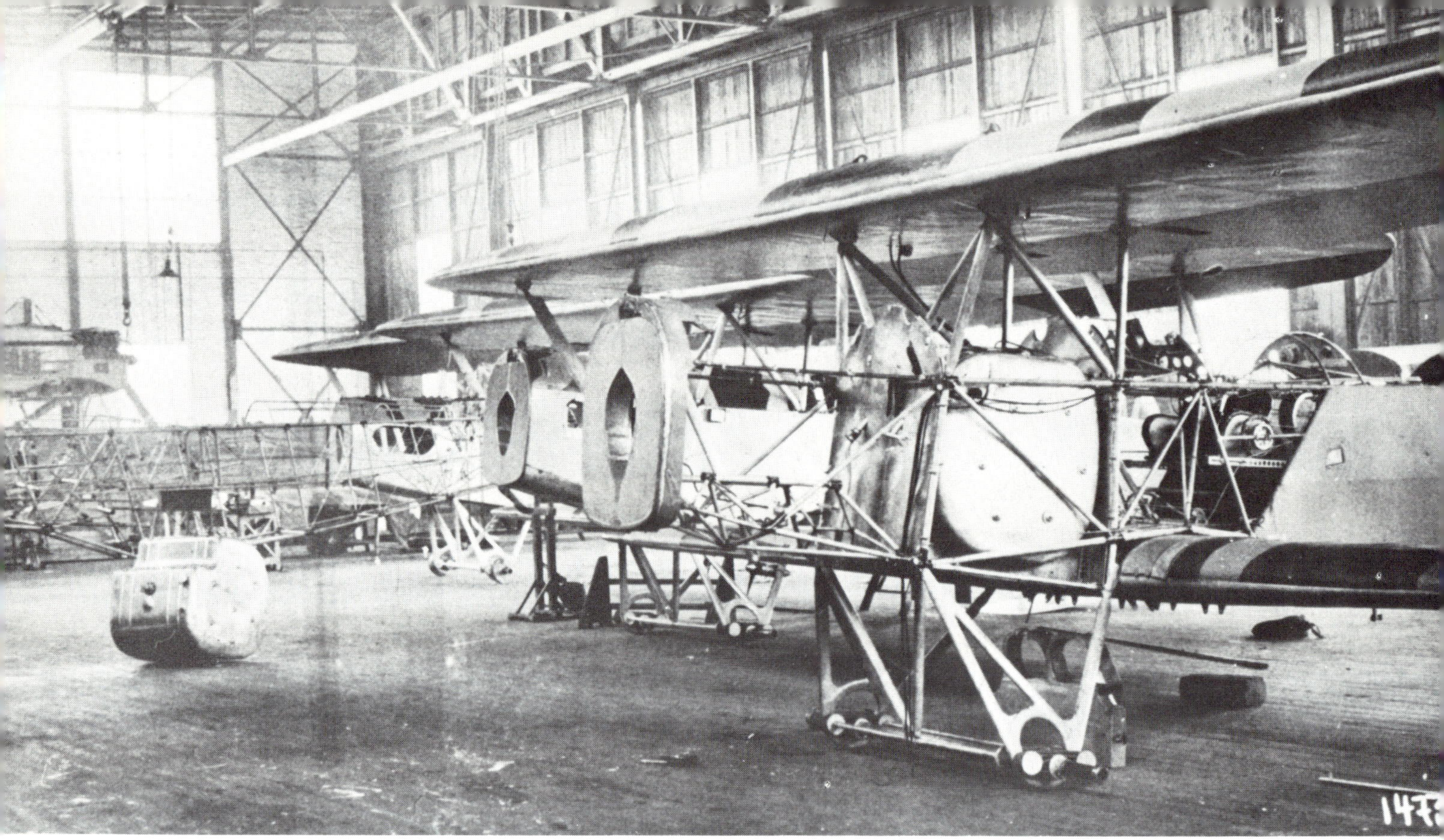

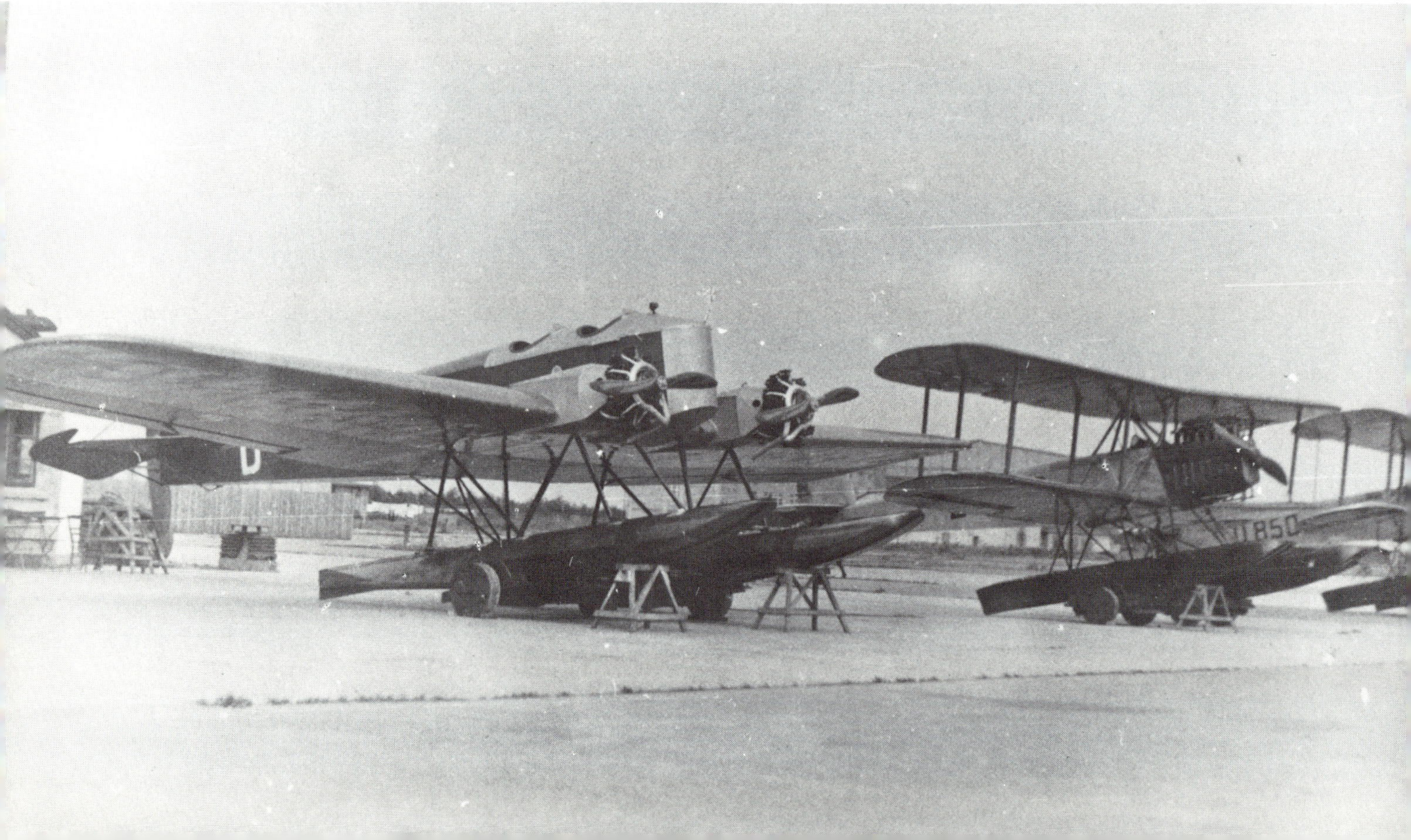

Die Ankunft des Rohrbach „Roland" in Lipezk. 3. v. r. Ing. R. Scholz

Linke Seite:

Oben: Mehrzweckflugzeuge HD 17 im Bau im Heinkel-Werk Warnemünde

Unten: Marine-Seeflugstation List auf Sylt. Im Vordergrund Arado W 2

Albatros L 75 der DVS Schleißheim über den Bayrischen Alpen

So wurden bei Nacht Militärflugzeuge zur Erprobungsstelle Rechlin gebracht: Arado-Jagdeinsitzer. 3. v. li. Ing. R. Scholz

39

mit herkömmlichen Jägern nicht möglich. Diese müßten durch eigene Bomber bereits rechtzeitig festgestellt und vor dem Abflug zerstört werden. Damit lehnte sich Felmy an die Theorien des italienischen Generals Douhet an, die dann später General Wever ebenfalls akzeptierte und die zum Bau der deutschen Großbomber Do 19 und Ju 89 führten.

6. Die Suche nach der Organisationsform der neuen Waffe

Alle im Aufbau der immer noch im Planungsstadium befindlichen Fliegertruppe Beteiligten war sich darüber klar, daß man für die neue Waffe die Führungsspitze vollkommen neu aufbauen mußte, denn die 1914–18 entstandene Form hatte sich als nicht ideal erwiesen. Am 1. April 1930 war man für die In 1 zur folgenden vorläufigen Organisation gekommen:

Referat 1
Verwendung und Vorschriften für die Fliegerwaffe
Ausbildung des Heeres in Luftwaffenfragen
Hptm. Schwabedissen

Referat 2
Personalien und Tradition der Luftwaffe, Luftpolitik
Major Grauert

Referat 3
Technik der Fliegerwaffe
Hptm. Drum, Dipl.-Ing. Pank

Referat 4
Verwaltungsangelegenheiten der Luftwaffe
Ministerialamtmann Wichterich

Referat 5
Organisation und Haushalt
Hauptmann Wilhelm Speidel

Referat 6
Nachrichtenbeschaffung und Auswertung
Major a. D. v. Bülow

Referat 7
Luftschutz
Major Bogatsch

Referat 8
GeKdos-Registratur, Bürodienst
Hptm. a. d. v. Karmainsky

Referat 9
Ausbildung der Fliegertruppe
Hauptmann Keiper
Im Referat 9 arbeitete noch Dr. Habermehl als meteorologischer Sachbearbeiter

Bereits zu dieser Zeit begann die Diskussion über die Schaffung einer selbständigen Luftwaffe. Das TA, d. h. der »Generalstab« wollte die Luftwaffe als Unterstützungswaffe des Heeres und der Marine getrennt unter der eigenen Einflußnahme behalten. Oberst Geyer, Chef T 1 und Oberstleutnant Keitel, Chef T 2, lehnten auch Zusammengehörigkeit von Fliegern und Flak ab. Die Flak gehörte ihrer Meinung nach zur Artillerie. Der Kampf um die Lösung dieser organisatorischen Fragen zog sich zunächst bis zum Herbst 1931 hin. Am 27. Oktober 1931 kam man dann zu folgender neuen Lösung: unter Leitung des Stabschefs der Inspektion 1 (In 1) Oberstleutnant Felmy waren die neun Referate jetzt wie folgt aufgeteilt:

Referat I
Operation-Taktik-Ausbildung
Oblt. Hans Jeschonnek

Referat II
Personal-Luftpolitik
Hptm. Schultheiß

Referat III
Technik
Hptm. Drum

Referat IV
Verwaltung
Min.Amtm. Wichterich

Oben: Arado SC I der DVS-Schleißheim über dem „Wilden Kaiser"

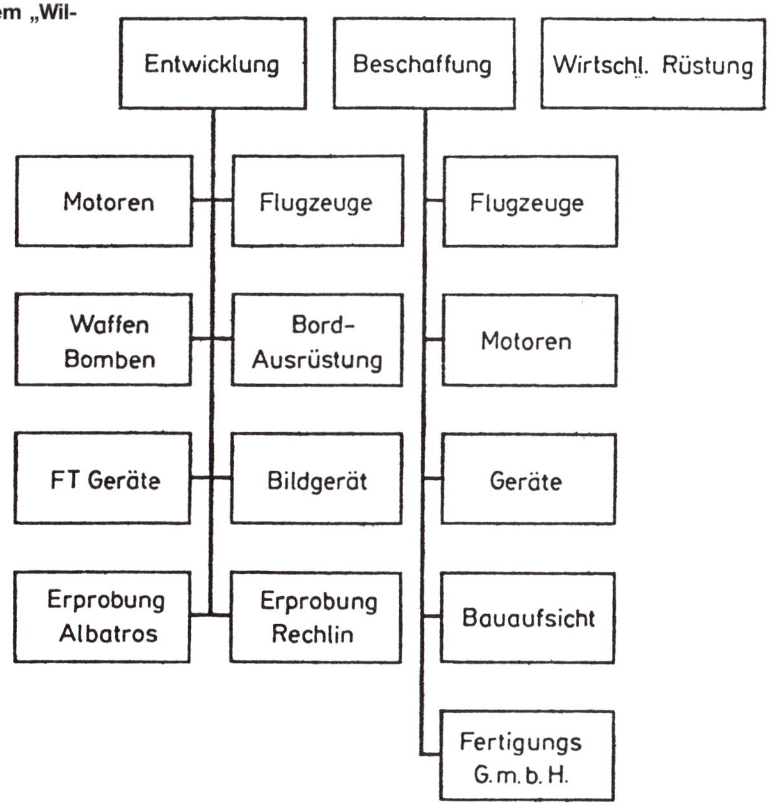

Entwicklung	Beschaffung	Wirtschl. Rüstung
Motoren	Flugzeuge	Flugzeuge
Flugzeuge		
Waffen Bomben	Bord-Ausrüstung	Motoren
FT Geräte	Bildgerät	Geräte
Erprobung Albatros	Erprobung Rechlin	Bauaufsicht
		Fertigungs G.m.b.H.

Organisatorischer Aufbau der für die geplante Luftrüstung verantwortlichen Stellen im Reichswehrministerium 1928/29

Waffenamt Gruppe L (Wa L)

41

Referat V
Organisation-Fliegerrüstung und Rüstungshaushalt
Hptm. Wilhelm Speidel

Referat VI
Fremde Luftwaffe
Maj. a. D. von Bülow

Referat VII
Luftschutz
Major Bogatsch

Referat VIII
Büro-Offizier
Hptm. a. D. v. Karmainsky

Refererat IX
Flugzeugführerausbildung
Oberstlt. a. D. Frhr. v. Freyberg

Überblickt man diesen Aufbau, so muß man feststellen, daß die Entscheidung in allen Luftfahrtfragen immer in den Händen von Heeresoffizieren lag, die selbst zwar ausgezeichnete Generalstäbler waren, die Fliegerkräfte aber immer nur als Hilfskräfte des Heeres ansahen und von den Eigenheiten, insbesondere den technischen Möglichkeiten, überhaupt nicht berührt wurden. So befand sich unter diesen fähigen Offizieren nicht ein einziger Ingenieur. Der Chef T 2, Oberstleutnant Keitel, der spätere Generalfeldmarschall, legte in einem neuen Entwurf fest, daß eine selbständige Luftwaffe oder eine Stelle »Kommandierender General der Luftwaffe« unzweckmäßig in organisatorischer und taktischer Beziehung seien. Luftstreitkräfte und Luftschutztruppen sollten sich im Rahmen der Gesamtoperation dem Kampf des Heeres und der Marine einfügen. Man sieht, daß bereits 1931 die Weichen von Heeresoffizieren in dieser Richtung gestellt wurden, die den Aufbau einer selbständigen, operativen Luftwaffe im Sinne des späteren Chefs des Generalstabs der Luftwaffe Generalleutnant Wever wieder zunichte machten. Es rächte sich, daß die Luftwaffenoffiziere, die wirklich Generalstabsausbildung und Truppenerfah-

rung hatten (Wilberg, Felmy, Thomsen, Sperrle) keinerlei Einfluß auf die Führungsorganisation der zukünftigen Luftwaffe hatten. Dies sollte nach der Führungsübernahme durch Nationalsozialisten noch schlimmer werden.

7. Die Flugzeugindustrie erfüllt die Forderungen der Reichswehrfliegertruppe

1931 wurde in Lipezk mit Hochdruck gearbeitet. Die deutsche Flugzeugindustrie lieferte immer neue Erprobungsmuster, die dort auf Herz und Nieren geprüft wurden. Noch regierte der Doppeldecker. Dies zeigte sich besonders bei dem Nahaufklärer Heinkel HD 46. Beide Prototypen waren Doppeldecker. Erst die Erkenntnis, daß der Unterflügel den Bobachter bei der Sicht behinderte, führte dazu, daß aus der HD 46 eine HE 46 wurde. Aus HD 41 hatte sich nach mehrfachen Änderungen der Doppeldecker HD 45 als Mehrzweckflugzeug für Fernaufklärung und leichter Bomber herauskristallisiert. Dagegen war man beim Jagdeinsitzer von der gedrungenen Fokker D VII-Konzeption der HD 37, 48, 43 abgegangen und hatte einen aerodynamisch günstiger gestalteten schlanken Doppeldecker HD 49 entworfen. In Lipezk fand man, daß man ihn noch mehr verfeinern und damit seine Leistungen weiter steigern könnte. So entstand dann der in Serie gebaute Jagd-Doppeldecker HD 51. Auch bei Arado hatte man den ersten Jagdeinsitzer SD I weiter entwickelt. SD II und SD III führten zur Ar 64. Daneben lief aber für die Marine die Entwicklung des katapultfähigen See-Jagdeinsitzers SSD-I. Dieser statt mit Sternmotor mit

BMW VI ausgerüstete Jäger wurde dann auch mit Radfahrwerk getestet und führte zum zweiten Serienjäger der Luftwaffe Ar 65. Die Entwicklung der Dornier Do F zum Bomber Do 11 verlief befriedigend, führte dann aber, wie noch geschildert wird, weiter über Do 13 zur Do 23. Focke Wulf hatte bisher nur zwei Aufklärungsflugzeuge W 4 für die Marine und W 7 für die Reichswehr entworfen, die aber keinen Anklang fanden. Jetzt entstanden zwei Nahaufklärer als Konkurrenz zur HD 46. Beide aber bereits als Hochdecker konstruiert. Die längere Erfahrung Heinkels im Militärflugzeugbau führte schließlich zur Annahme der HD 46, obwohl die Focke-Wulf S 40, später Fw 40 von der HD 46 kaum zu unterscheiden war.

Auch bei der Reichsmarine fielen jetzt die Entscheidungen darüber, welche Flugzeuge in den Serienbau gehen sollten. Die Marine lebte entwicklungsmäßig immer noch in der »splendid isolation«, in die sie sich selbst versetzt hatte, als sie die Teilnahme an den Möglichkeiten einer Erprobungsstelle in der UdSSR abgelehnt hatte. Nur einige Marineflugzeuge wie Arado SSD-1, Heinkel HD 59, 49, 51 und 50 sind mit Radfahrwerk für die Marine in Lipezk erprobt worden. Bis Ende 1930 stand das Marineflugzeugprogramm fest:

Heinkel HD 60 als Küstenaufklärer und katapultfähiges Bordflugzeug
Heinkel HD 38c als Jagdflugzeug auf Schwimmern, wurde durch HD 49 und HD 51 abgelöst
Heinkel HD 59 für mittlere Fernaufklärung und Torpedowurf
Heinkel HD 42 als Seeschulflugzeug.

Auf die Verwendung der Fokker D XIII als Jabo im Jahre 1931 wurde bereits hingewiesen. Bei dieser Übersicht vermißt man den Namen Junkers. Dies liegt an der Tatsache, daß man bei Junkers, verkörpert durch den Direktor

Gotthard Sachsenberg, im Gegensatz zu allen anderen Firmen, die auf eine gutnachbarliche Zusammenarbeit mit der Reichswehr und der Reichsmarine größten Wert legten, nicht daran dachte, sich den Forderungen der Reichswehr anzupassen, sondern nur Flugzeuge bauen wollte, die in das Junkers-Programm paßten. Junkers-Flugzeuge waren zwar äußerst stabil und widerstandsfähig, entsprachen aber in keiner Weise den militärischen Anforderungen, die die Reichswehr an sie stellte. So wurde z. B. der Jagdzweisitzer K 47, den Pohlmann und Plauth entwickelt hatten, trotz guter Eigenschaften abgelehnt, da er in der Herstellung viel zu teuer war. Ein Teil der Abneigung gegen Junkers-Flugzeuge mag davon herrühren, daß viele Fliegeroffiziere, die im RLM saßen und selbst 1914–18 geflogen waren, einfach kein Zutrauen zu freitragenden Tiefdeckern hatten. Diese Erfahrung mußte auch Messerschmitt, der ja unbedingter Anhänger der Eindecker-Idee war, machen.

Als 1929 die technische Fliegergruppe der Reichswehr Wa(L) unter Hauptmann Volkmann die technischen Forderungen aufstellte, nach denen die verschiedenen Flugzeugtypen entwickelt werden sollten, verfaßte Direktor Sachsenberg eine Denkschrift »Gedanken und Vorschläge zur deutschen Luftfahrtpolitik unter Berücksichtigung der Wehrfragen«, die im Grunde eine Wiederholung und Untermauerung seiner 1928 verfaßten Denkschrift »Luftkrieg-Friedenszwang« darstellte. Die darin enthaltenen Gedankengänge gipfelten in der Feststellung, daß Jagdflugzeuge vollkommen überflüssig wären. Das Idealflugzeug wäre ein kombiniertes Fracht-Bombenflugzeug mit starker Abwehrbewaffnung, mit anderen Worten die Junkers G 24/K 30, die in Schweden als R 42 gebaut wurde. Durch die Junkers H 22 war bereits bewiesen worden, daß Junkers kein

Deutsche Luftfahrtfachleute als Berater in Moskau. Rechts Flugkapitän Otto Brauer

Jagdflugzeugbauer war. Das Junkersunternehmen in Moskau war eine Fehlplanung gewesen. Dornier's »Falke« hatte als Ganzmetalljäger in den USA starke Beachtung gefunden. Heinkels HD 37 wurde als I-7 in der UdSSR geflogen. Und nur weil Junkers keine Jäger bauen konnte, wollte Sachsenberg einen Typ verkaufen, der zwar ein gutes Verkehrsflugzeug, aber noch lange kein Bomber war. Später sollte sich Sachsenbergs Theorie in Spanien am Beispiel der Ju 52 als Bomber als falsch erweisen.

Dazu kam die Tatsache, daß Junkers vom Reichsverkehrsministeriums erheblich subventioniert wurde, aber durch die ehrgeizigen Pläne im interkontinentalen Luftverkehr immer

mehr in die roten Zahlen kam. Daß der finanzielle Zusammenbruch von Junkers vor der Tür stand, war allen, die die Lage kannten, klar.

In den Jahren 1929 bis 1933 sollte nun endlich die Aufstellung der Fliegerkräfte für den Mobilmachungsfall erfolgen. Das Heereswaffenamt sah bis 1932 einen ersten Bestand von 120 Flugzeugen vor. Die finanzielle Lage ließ auch dieses Ziel in unabsehbare Ferne rücken. Am 4. 4. 1932 notierte man anläßlich eines Berichtes der In 1 beim TA:

»Dieser Zustand ist doch völlig unmöglich. Was kann geschehen? Wir stecken doch jedes Jahr unendliches Geld in die Lufthansa pp . . .« (T 1 Ib) Dieser Bericht der In 1 hatte eine ausführli-

44

Der Chef des Truppenamts
Nr. 1845/32 gch.Kdos. In 1, Chef/V.

Berlin, den 28. 7. 1932
12 Ausfertigungen
2. Ausfertigung

Bezug: 1. T 2 Nr. 549/32 gch.Kdos. III B v. 15. 7. 32
2. Wehramt Nr. 5855/32 gch.Kdos. Wehr A. I a v. 21. 7. 32
3. Der Chef des Truppenamts Nr. 562/32 gch.Kdos. T 2 Chef/III v. 14. 7. 32

Betr.: Ausbau des Friedensheeres.

Für die Aufstellung von Luftstreitkräften im Rahmen des neuen Friedensheeres ordne ich an:
Die Aufstellung der nach der früher genehmigten Gliederung vorgesehenen Verbände ist im Rahmen eines 3-Jahres-Planes wie folgt vorzusehen:

33/34 Ausbildungsverbände (nach besonderer Gliederung)

34/35 1 Brig.Kommandeur der Flieger
    Fl.Gruppenkommando Ost:
    1 Aufkl.Staffel
    1 Jagdstaffel
    Fl.Gruppenkommando Mitte:
    1 Aufkl.Staffel
    1 Jagdstaffel
    Fl.Gruppenkommando Süd:
    2 Aufkl.Staffeln zus. 6 Staffeln

35/36 Für Fl.Gruppenkommando Ost:
    1 Aufkl.Staffel
    1 Stab Jagdgeschwader
    1 Jagdstaffel
    Für Fl.Gruppenkommando Mitte:
    1 Aufkl.Staffel
    1 Stab Jagdgeschwader
    1 Jagdstaffel
    Für Fl.Gruppenkommando Süd:
    2 Aufkl.Staffeln zus. 6 Staffeln

36/37 Für Fl.Gruppenkommando Ost:
    1 Aufkl.Staffel
    1 Jagdstaffel
    Für Fl.Gruppenkommando Mitte:
    3 Aufkl.Staffeln
    1 Jagdstaffel
    Für Fl.Gruppenkommando Süd:
    1 Aufkl.Staffel
    1 Stab Bombengeschwader
    vielleicht
    3 Bombenstaffeln zus. 10 Staffeln

Eine Verteilung der Aufstellung der Verbände auf eine längere Zeitdauer als 3 Jahre kann befohlen werden.
Die Überführung der Erprobungsstellen in das militärische Verhältnis und die Aufstellung von Sonderdienststellen (Abnahmekommission, Bauaufsichten, Fl.Zeugamt, Fl.Hochschule) wird jeweils besonders angeordnet werden.
Für die Übergangsjahre ist Verwendung von zivilem technischen Personal in den Frontverbänden vorzusehen.

che Übersicht über den Leistungsstand der deutschen Luftfahrtindustrie gegeben. Zum Serienbau waren nur Junkers und Heinkel fähig, aber nur Heinkel war auch finanziell dazu in der Lage. Heinkel war immer ein erstklassiger Geschäftsmann gewesen. Die anderen Firmen konnten nur Einzelanfertigungen durchführen, d. h. teuer produzieren. Die Werkstoffvorräte bei den Firmen, abgesehen von Heinkel, reichten gerade für sechs Flugzeuge. Sollte der Ernstfall eintreten, dann konnte bei Anspannung aller Kräfte erreicht werden, daß nach einer Anlaufzeit von neun Monaten monatlich 100 Flugzeuge gefertigt werden konnten.

Im einzelnen sah es so aus: Junkers hatte noch kein einziges brauchbares Flugzeug für die Reichswehr hergestellt und stand vor dem Zusammenbruch. Verhandlungen über eine Sanierung schwebten zwischen Reichsfinanzministerium und Reichsverkehrsministerium. Bei Dornier sah es trübe aus: 0,7 Millionen waren an Subventionen gezahlt worden. Aber Dornier hatte drei brauchbare Flugzeugtypen entwickelt: Do C II, C III, Do F und Do P. Nachdem die Erprobung des Dornier-Superwal II mit Kanonenbewaffnung erfolgreich verlaufen waren, hatte Dornier daraus einen viermotorigen Landbomber Do P entwickelt. Bei Heinkel war die Lage befriedigend. Heinkel verkaufte Lizenzen nach Japan, lieferte Flugzeuge in andere Länder und konnte seinen Serienbau selbst finanzieren. Im Augenblick hatte Heinkel in Arbeit: 7 HD 45, 5 HD 38, 2 HD 59. Daneben lief noch die Entwicklung HD 46 und HD 63 und noch einiger Schulflugzeuge für die DVS. Auch bei Arado lief alles glatt: 6 Ar 64 im Bau, 2 Ar 65 dazu, im nächsten Jahr sollten weitere 7 Ar 64 und 10 Ar 65 gebaut werden. Die Ar 68 war in Entwicklung. Albatros hatte zwar nicht viel Arbeit. Die Produktionsanlagen waren aber für

die Planung wichtig. Focke-Wulf sollte die Firma übernehmen. Besonders ungünstig war die Lage in der Motorenindustrie. Die vier Firmen Argus, BMW, Siemens Apparate- und Maschinenbau (SAM) und Junkers-Motorenwerke (Jumbo) besaßen zwar gut eingerichtete Werkstätten, hatten aber Rohstoffschwierigkeiten. Tatsächlich standen an PS-starken deutschen Flugmotoren nur der luftgekühlte Sternmotor SAM 22 B und der BMW VI mit seinen verschiedenen Versionen zur Verfügung. So war im großen und ganzen die Lage der deutschen Luftrüstung, vom militärischen Standpunkt gesehen, mehr als unzulänglich.

8. Das letzte Jahr vor der Machtübernahme durch die Nationalsozialisten

War man bisher immer bei allen Planungen für die Luftrüstung vom sogenannten A-Plan, dem Notplan, der die Aufstellung von 21 Divisionen nebst den dazugehörigen Fliegerformationen vorsah, ausgegangen, so schufen die politischen Vorgänge des Jahres 1932 eine neue Lage. Nach dem Sturz des Kabinetts Brüning im Mai 1932 hatte der Reichspräsident von Hindenburg Franz von Papen mit der Regierungsbildung beauftragt. Reichswehrminister wurde General von Schleicher. Bereits am 14. Juli 1932 trug der Chef des TA, also des »Generalstabs« der Reichswehr, Generalleutnant Adam, seinem Minister Vorschläge zum »Ausbau eines Friedensheeres« vor. Der Chef der Heeresleitung General von Hammerstein-Equord war zugegen. Bereits 14 Tage später unterschrieb General Adam eine von Oberst-

30. 1. 1933: Hitler und sein Kabinett

leutnant Felmy ausgearbeitete Aufstellungsverfügung der Fliegerverbände im Rahmen dieses neuen »Friedensheeres«. Weitere zwei Wochen später lagen bereits fertige »Organisatorische Grundlagen für die Aufstellung von Luftstreitkräften im Rahmen des Neuen Friedensheeres« von In 1 auf dem Tisch. Danach sollten unter anderem der Brigadekommandeur der Flieger und der Brigadekommandeur der Fliegerschulen der Heeresleitung direkt unterstellt sein, ebenso die Erprobungsstellen, Bauaufsichten, Abnahmekommandos, das Fliegerzeugamt und die Fliegerhochschule. Dem Kommandeur der Flieger (der der Heeresleitung unterstand) unterstanden danach die

drei Fliegergruppenkommandos Ost, Mitte und Süd mit sechs Jagdstaffeln, dreizehn Aufklärungsstaffeln, drei Bomberstaffeln mit insgesamt 200 Flugzeugen, davon 150 1. Linie und 50 in Reserve. Das Kommando der Fliegerschulen sollte 80 Schul- und Übungsflugzeuge erhalten.

Bevor es aber zu alledem kommen sollte, verzettelte man sich im RWM in erbitterten Kleinkämpfen um Kompetenzen, Zuständigkeiten, Befehlsbereiche usw., ohne zu einer wirklichen Regelung zu kommen, da keiner auf irgend etwas verzichten wollte, insbesondere wollte das Heer die Fliegertruppe in seinem Befehlsbereich behalten. So wie bei der Marine sollte

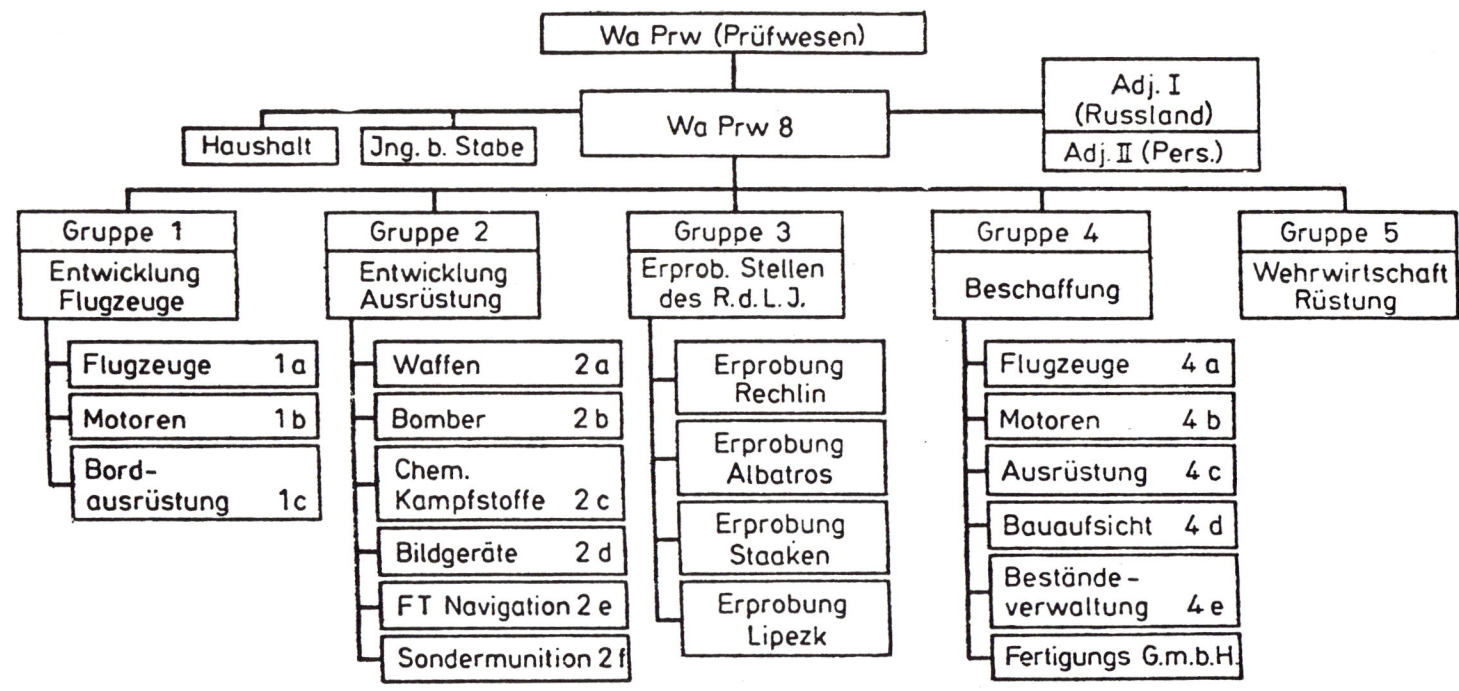

Letzte Organisationsformen der für die technische Entwicklung der Luftrüstung der Reichswehr zuständigen Gruppe im Reichswehrministerium 1932

es eine Heeresfliegertruppe geben. Daß es immer mehr Stimmen gab, die eine Zentralisierung der Luftfragen forderten, ist nicht zu verwundern. Etwa im Herbst 1932 reichte der inzwischen zum Hauptmann aufgerückte Hans Jeschonnek, der spätere Generalstabschef der Luftwaffe, und zu diesem Zeitpunkt Leiter des Führungsreferates der In 1 eine Denkschrift ein mit dem Titel »Begründung der Notwendigkeit, die gesamte deutsche Luftfahrt unter dem Reichswehrminister zusammenzufassen.« Wie nicht anders zu erwarten, lehnte T 1 Jeschonneks Vorschläge ab. Für T 1 war die Fliegertruppe eine Waffe wie Infanterie, Kavallerie oder Artillerie und hatte dem TA zur Verfügung

zu stehen. Ein Luftfahrtamt der Reichswehr wurde strikt abgelehnt. Die Besonderheiten einer technisch so diffizilen Waffe wie der Fliegerei interessierten nicht.

Seltsamerweise war man bis Ende Oktober 1932 doch zu neuen Erkenntnissen bei T 1 gelangt. Jetzt wollte man auch ein Luftfahrtamt im Reichswehrministerium. Generalleutnant Adam erließ am 8. 11. 1932 entsprechende Weisungen. Aber die innenpolitische Lage spitzte sich gerade in dieser kritischen Zeit zu. Hitler lehnte den Posten als Vizekanzler in einem Kabinett Papen ab. Papen trat am 17. 11. 32 zurück. General von Schleicher wurde jetzt in einer Person Reichskanzler, Reichswehrminister und Reichskommissar für das aufmüpfige Preußen. Unter all diesen Querelen litt natürlich die Arbeit an der Luftrüstung. Keiner wußte, was kommen würde, und traute sich dementsprechend nicht, echte Entscheidungen zu treffen. General von Mittelberger, Chef von In 1, stellte in einem umfassenden Bericht am 11. 11. 32 fest, daß eine Einsatzbereitschaft von Fliegerverbänden der Notrüstung noch nicht gegeben sei.

Der Grund hierfür lag, was allen Beteiligten klar war, in der Unzulänglichkeit des Luftrüstungsetats. Der In 1 standen alles in allem pro Jahr zehn Millionen Reichsmark zur Verfügung. Die Ausgestaltung der Fliegertruppe im Rahmen des neuen »Friedensheeres« erforderte auch bei vorsichtigster Schätzung ein Mehrfaches dieses Betrages. In Mittelbergers Bericht steht noch vieles andere, was aus heutiger Sicht interessant ist. Das MG 15 ist danach bereits 1930 entwickelt worden, war aber 1932 noch nicht im Serienbau. Folgende Fliegerbomben waren fertig entwickelt und serienreif: SD 10, SC 50, SC 250 und die Brandbombe B 1 E. An Funkgeräten waren serienreif: FuG III, IV, V, VI VII und Peil G I. Für die Aufklärung standen die Handkamera 13 × 18 cm und das Rb 21/18 zur Verfügung. Traurig sah es mit den bis 1932 geforderten Flugzeugen aus. Der monatliche Nachschubbedarf war angesetzt auf:

39 Aufklärungsflugzeuge	HD 45 b
17 Jagdeinsitzer	Ar 64 c
7 Nachtbomber	G 24he/K30
2 Nachtbomber	Do 11
5 Nahaufklärer	HE 46 b
15 Übungsflugzeuge	HE 46 b
10 Schulflugzeuge	Ar 66 c
14 See-Aufklärer	HD 60
11 See-Jagdeinsitzer	HD 38 c
7 Mehrzweckseeflzg.	HD 59
6 Seeschulflugzeuge	HD 42

Demnach betrug die gesamte monatliche Nachschubquote 143 Flugzeuge. An die Erfüllung dieses Solls war nicht zu denken!

8. Die neuen Machthaber kommen

Am 4. Januar trafen sich im Hause des Bankiers Kurt von Schröder in Köln Franz von Papen, Hitler, dessen Sekretär Rudolf Hess und Heinrich Himmler, um sich über die Beteiligung der Nationalsozialisten an einer zukünftigen Regierung zu unterhalten. Die Landtagswahl in Lippe am 15. Januar 1933 zeigte, daß ohne die Nationalsozialisten nichts mehr ging. Am 28. Januar verlangte General von Schleicher von Hindenburg die Auflösung des Reichstages ohne Ausschreibung von Neuwahlen. Dies wurde vom Reichspräsidenten verweigert. Damit war die Stunde Hitlers gekommen. Am 30. Januar 1933 ernannte Hindenburg Hitler zum Reichskanzler, Papen zu dessen Stellvertreter und den Hauptmann a. D. Hermann Göring zum Reichskommissar für den Luftverkehr. Reichswehrminister wurde Generalleutnant Werner von Blomberg. Der Name Göring war ein Programm für sich: Die Nationalsozialisten wollten eine Luftrüstung und an die Spitze der neuen selbständigen Luftwaffe einen ihrer führenden Männer. Der neue Reichskommissar rückte bereits am 28. April zum Reichsminister der Luftfahrt auf, am 5. Mai wurde ein Luftfahrtministerium errichtet. Natürlich konnte man nicht von heute auf morgen offen sagen, daß man trotz aller Verträge von 1919 und 1926 eine deutsche Luftwaffe hinstellen werde, aber die Tarnung, die man jetzt anwandte, war gegenüber der bisherigen weitgehend gelockert.

Im Reichswehrministerium merkte man sehr bald, wo der Hase lang lief. Der neue Staatssekretär im Reichskommissariat für Luftfahrt, Erhard Milch, bisher Direktor der Lufthansa, gab zu verstehen, daß sein Chef Göring sich bereits als Minister der Luftfahrt fühle und beabsichtige, sich auf dem Gebiet der Landesverteidigung, soweit es die Luftfahrt betraf, ernsthaft zu engagieren. Die Reichswehrführung machte sich also Sorgen um die weitere Entwicklung, die, wie sich zeigen sollte, nicht unberechtigt waren.

Am 10. Mai 1933 befahl der Reichswehrminister General von Blomberg, daß das Luftschutzamt der Reichswehr, das alle Stellen der Reichswehr umfaßte, die mit Fliegerfragen zu tun hatten, mit Wirkung vom 15. 5. 1933 in das neu geschaffene Reichsluftfahrtministerium (RLM) zu überführen sei. Der Chef des LS-Amtes sollte diesen Posten auch im RLM behalten. Im TA hatte man sofort starke Bedenken gegen die neue Regelung. T 1 und T 4 forderten weiterhin Unterstellung der Fliegereinheiten unter den Chef der Heeresleitung. Aber Oberst Keitel, T 2, der bisher auch zu dieser Auffassung neigte, begann sich vorsichtigerweise den neuen Verhältnissen anzupassen. Es ist derselbe Oberst Keitel, der später als Chef des Oberkommandos der Wehrmacht jeden Befehl Hitlers ohne Widerspruch guthieß und durchführte.

Die Umgestaltung des Reichskommissariats für den Luftverkehr in das RLM brachte dann eine erste Organisationsform des Luftfahrtwesens überhaupt. Es gab jetzt zwei Ämter im RLM, das Luftschutzamt, bisher LS, jetzt LA, und das Allgemeine Luftamt LB, daneben eine Verwaltungsabteilung und die Abteilung für den Zivilen Luftschutz.

Die Umbenennung von LS in LA, ab 1. 9. 1933 als Luftkommando-Amt bezeichnet, trennte formell alle für Luftfahrtfragen zuständigen Stellen der Reichswehr vom Heeresbereich ab und überführte sie in den Kommandobereich des RLM. Man kann ohne weiteres das Luftkommando-Amt (LA) als den neuen Generalstab der Luftwaffe bezeichnen.

Anfang Mai 1933 waren die Diskussionen über die Verteilung der neuen Luftwaffenverbände abgeschlossen. Der Chef der Heeresleitung unterzeichnete am 9. 5. 1933 einen Befehl über die Regelung der Standorte für die Friedensfliegertruppe für die Zeit 1933–1935. Diese sah vor:

Beobachterschule	Braunschweig
Flugzeugführerschule	Schleißheim
Technische Schule	Döberitz
Reserve-Beobachterschule	Hildesheim
Aufklärungsstaffel 1	Königsberg/Ostpr.
Aufklärungsstaffel 3	Döberitz
Aufklärungsstaffel 4	Großenhain
Aufklärungsstaffel 5	Böblingen
Jagdgeschwader 1	Leipzig-Mockau
Stab + 2 Staffeln	Nürnberg-Fürth

Man ließ aber im neuen RLM erkennen, daß man das Tempo der Luftrüstung erheblich erhöhen würde. Am 19. Juni traf Staatssekretär Milch mit Oberst von Reichenau als Vertreter von Blombergs zusammen und legte fest, daß bis Herbst 1935 eine Luftflotte mit 600 Flugzeugen stehen würde. Es erwies sich, daß Milch der geborene Organisator war, der durchaus in der Lage war, ein solches Programm durchzupeitschen. Zu dieser Zeit lief bei LA bereits die Arbeit an einem »1000 Flugzeug-Programm«. Man erinnert sich, daß Oberstleutnant Felmy bereits zwei Jahre früher ein solches Programm geplant hatte. Die bereits erwähnten Flugzeugtypen, die für den Serienbau vorgesehen waren, die Funkgeräte, die Bomben, die

Der neue Reichskommissar für Luftfahrt Göring besichtigt die Heinkel He 70.

Dornier Do F (eingeklinktes Bild); der erste deutsche zweimotorige Bomber nach 1918

Bordwaffen, die Luftbild-Geräte, dies alles war, wie aus dem bisher Berichteten klar hervorgeht, bereits vor der Machtübernahme durch die Nationalsozialisten soweit vorbereitet, so daß die neuen Machthaber nur das Geldventil aufzudrehen brauchten, um die Aufstellung der von der Reichswehr sorgfältigst vorgeplanten neuen »Luftwaffe« durchzuführen. Die Beauftragung Görings mit der Durchführung dieser Aufgabe war eine rein politische Entscheidung. Die Männer, die die Vorbereitungen durchgeführt hatten und jetzt das Rüstungsprogramm durchführen sollten, hatten mit der NSDAP nichts zu tun. Sie hatten auch vorher keinerlei Kontakt mit der NSDAP gehabt. Als Göring

einige Zeit vor der Machtübernahme im »Haus der Flieger« in Berlin Am Blumeshof erschien, er war immerhin letzter Kommandeur des Jagdgeschwaders 1 »Richthofen« gewesen, nahm man von ihm nur wenig Notiz. Daß weder Göring, noch ein anderer Angehöriger der NSDAP von der bisher geleisteten Arbeit der Reichswehr eine Ahnung hatte, wird durch folgendes Ereignis bewiesen: Ende März 1933 besuchte Göring zum ersten Mal die Erprobungsstelle des »Reichsverbandes der Deutschen Luftfahrtindustrie« in Rechlin in Gegenwart des Generals von Blomberg, des Admirals Raeder und anderer hoher Offiziere von Heer und Marine. Hier wurden ihm die neuesten

Befehl des Reichsministers der Luftfahrt für den 1. Aufstellungsabschnitt (1934)
12. 7. 1933

Der Reichsminister der Luftfahrt
L.A. Nr. 1565/33 geh. Kdos. A 2 I.

Berlin, den 12. 7. 1933
22 Ausfertigungen
3. Ausfertigung

Betr.: Aufstellungsprogramm der Friedensluftwaffe
      1.) Dem Herrn Chef der Heeresleitung
      2.) Dem Herrn Chef der Marineleitung

1. Unter Aufhebung aller bisherigen Programme für den Aufbau der Friedensluftwaffe ist nunmehr für den *1. Aufstellungsabschnitt* (1934) die Aufstellung folgender Stäbe und Verbände befohlen worden:

    A) *Landverbände einschl. Stäbe:*
      2 Fliegergruppenkommandos
      3 Fernaufklärungsstaffeln
      2 Aufklärungsstaffeln
      2 Stäbe Jagdgeschwader Eins.
      6 Jagdstaffeln Eins.
      2 Stäbe Bombengeschwader
      5 Bombenstaffeln
      5 behelfsm. Bombenstaffeln
      21 Staffeln

    B) *See- und Küstenverbände:*
      1 Stab Befehlshaber der Flottenluftstreitkräfte
      1 Aufklärungsstaffel
      1 Jagdstaffel Eins.
      1 Mehrzweckstaffel
      1 Fernaufklärungsstaffel (materiell)
      1 Behelfsstaffel
      5 Staffeln

2. Die Aufstellung dieser Verbände – ab 1. 7. 34 beginnend – wird unter möglichster Wahrung der *Tarnung*, zugleich aber mit dem Ziel grösstmöglicher Einsatzbereitschaft in *ziviler Form* erfolgen.
Militärische Verbände werden nach aussen nicht in Erscheinung treten.
Die Verbände werden in Anlehnung an schon bestehende, bezw. neu zu schaffende Einrichtungen der zivilen Luftfahrt (wie Fl.Schulen) aufgestellt, oder in dem öffentlichen Luftverkehr eingesetzt, bezw. an geeigneten Plätzen stockiert (Bombenverbände).
Planmässige Friedensunterbringung und Aufstellung in voller Stärke ist daher zunächst nicht möglich.

3. *Standorte sowie äussere Formen* der Verbände 1934 werden mitgeteilt werden, sobald sie endgültig feststehen.

4. Das sich auf dem 1. Aufstellungsabschnitt aufbauende *2. Jahresprogramm* (1935) sieht *vorläufig* vor die Aufstellung von:
Landverbände   2 Fernaufkl.Staffeln
                5 Aufklärungsstaffeln
                17 aktive und Behelfsbombenstaffeln
Seeverbände   1 Aufklärungsstaffel.

Für die Richtigkeit:
Speidel
(Hauptmann)

I.V.
gez. Milch

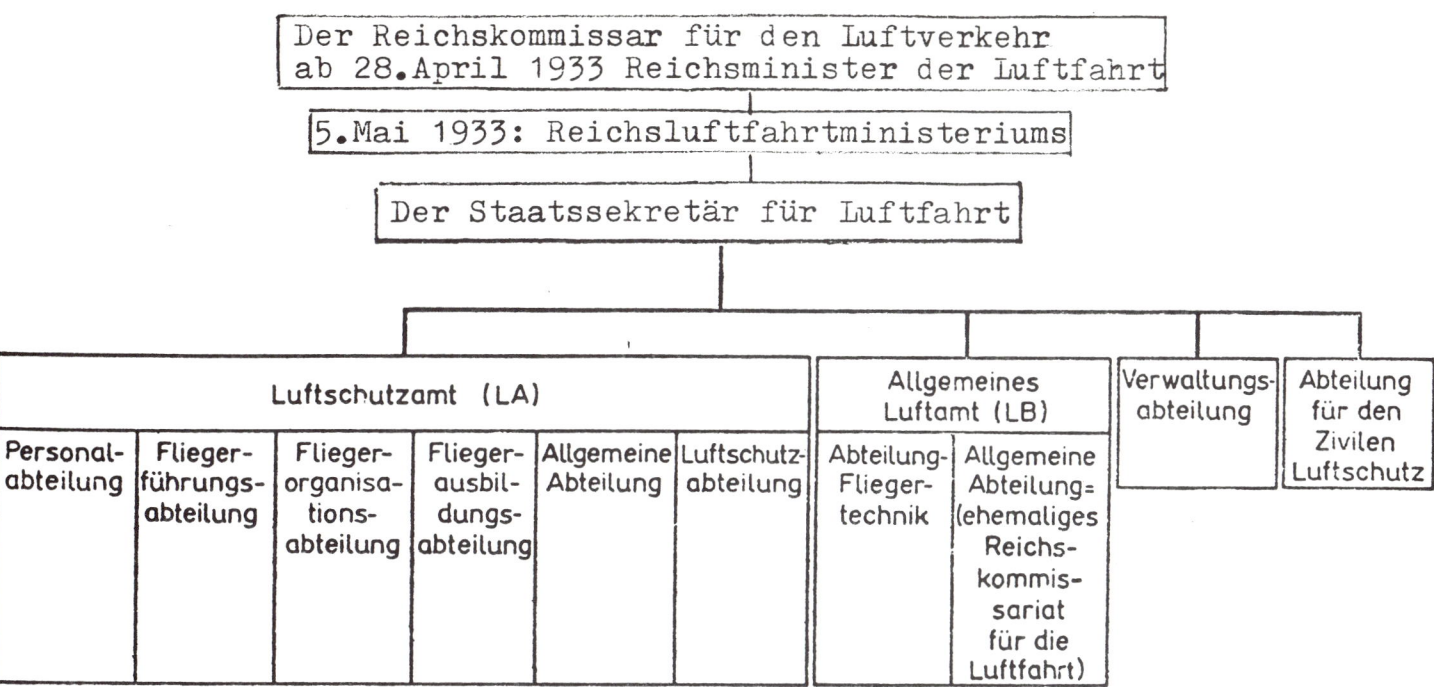

Der Reichskommissar für den Luftverkehr ab 28.April 1933 Reichsminister der Luftfahrt										
5.Mai 1933: Reichsluftfahrtministeriums										
Der Staatssekretär für Luftfahrt										
Luftschutzamt (LA)							Allgemeines Luftamt (LB)		Verwaltungs-abteilung	Abteilung für den Zivilen Luftschutz
Personal-abteilung	Flieger-führungs-abteilung	Flieger-organisa-tions-abteilung	Flieger-ausbil-dungs-abteilung	Allgemeine Abteilung	Luftschutz-abteilung		Abteilung-Flieger-technik	Allgemeine Abteilung= (ehemaliges Reichs-kommis-sariat für die Luftfahrt)		

Erste Organisationsform der noch getarnten Luftwaffe.

Flugzeuge und deren Ausrüstung vorgeführt und Bericht über die Produktionsvorbereitungen erstattet. Görings Verblüffung war für jeden sichtbar. Er äußerte: »Ich habe nicht geahnt, daß Sie soweit sind. Um so besser!« Für Felmy und seine Mitarbeiter bedeutete dies eine Anerkennung. Auf der anderen Seite führt diese Äußerung Görings die spätere Behauptung, der Nationalsozialismus habe die Luftwaffe in zwei Jahren »aus dem Boden gestampft«, ein für alle Mal ad absurdum!

10. Die Aufstellung der Luftwaffe beginnt, wenn auch noch getarnt

Die Umorganisation, die mit der Umbenennung des LS-Amtes in Luftkommando-Amt (LA) begonnen hatte, setzte sich im Laufe des Jahres 1933 fort. Die Flugabwehr erhielt den Tarnnamen »Luftschutzamt« und trat als »Inspektion des Luftschutzes (InLS)« am 1. Oktober 1933 zur Heeresleitung zurück. Vom Allgemeinen Luftamt wurde die Abteilung Fliegertechnik als selbständiges Technisches Amt abgetrennt (LC). Die Personalabteilung von LA wurde als Luftwaffenpersonalamt (LP) eben-

Liste der Tarnbezeichnungen der aufzustellenden Verbände der Luftwaffe

LC   12. 4. 1934
Nr. 1594/34 z. b. V. geh.Kdos.

Betr.: Schriftverkehr   Zur Ausfertigung Nr. 63

Im Nachtrag zu obiger Nr. vom 5. 4. 34 anbei Auszug aus Schreiben LC 302/34 v. 23. 1. 34 (Tarnung der aufzustellenden Verbände), das bei den Abteilungen im Umlauf war.

Ort:	Bezeichnung:
1 Fassberg	Hanseatische Fliegerschule
2 Tutow	Funkpeilversuchsinstitut d. Reichsstandes der Industrie, Gr. 9
3 Brandenburg	Reparaturwerkstatt u. Ersatzteillager d. Reichsbahn (Frachtflugstrecken)
4 Querfurt	Lufttransportzentrale der Reichsautobahn
5 Magdeburg	Reichsbahnfrachtflugzentrale
6 Seligenstadt	Erprobungsstelle d. DVL
7 Gotha	Reklame-Abteilungsschule
8 Döberitz	Reklamestaffel Mitteldeutschland
9 Kitzingen	DLV
10 Neuhausen	Reklamestaffel Ostdeutschland
11 Prenzlau	Forst- u. landw. Flugvers. Institut
12 Celle	DLV
13 Fürth	Reklamestaffel Süddeutschland
14 Cassel	Luftbildlandesvermessung Westdeutschland
15 Cottbus	DLV
16 Gotha	wie 7
17 Neuhausen	wie 10
18 Prenzlau	wie 11
19 Göppingen	Luftbildvermessung
20 Münster	Flugwetterdienst Westdeutschland
21 Gersthofen	Süddeutsche Lufthansa G.m.b.H. (Gebirgsschule)
22 Quedlinburg	Fliegerlager d. Freiw. Arbeitsdienstes
23 Braunschweig	DVS
24 Hildesheim	Deutsche Luftfahrt G.m.b.H.
25 Prenzlau	wie 11
26 Lechfeld	Höhenflugzentrale d. Deutschen Flugwetterdienstes
27 Fassberg	wie 1
28 Tutow	wie 2
29 Brandenburg	wie 3
30 Schleissheim	DVS
31 Lechfeld	wie 26
32 Schleissheim	wie 30
33 Jüterbog	Technische Schule
34 Cottbus	wie 15
35 Gotha	wie 7
36 Celle	wie 12

Ort:		Bezeichnung:
37 Kitzingen		wie 9
38 Neuruppin		DVS
39 Göppingen		wie 19
40 Fürth		wie 13
41 Quedlinburg		wie 22
42 Würzburg		Deutsche Luftfahrt G.m.b.H.
43 Jüterbog		Ersatzteillager der D.V.S. GmbH
44 Wustrow		Truppenübungsplatz
45 Holtenau		Luftdienst e.V.
46 Norderney		Luftdienst e.V.
47 List		DVS
48 W-haven / Stralsund		Küstenwetterdienstzentrale — Nordsee / Ostsee
49 Holtenau		Luftdienst e.V. (Gruppe J)
50 Norderney / Holtenau		wie 45/46
51 Warnemünde		DVS
52 Bug		Nautische Vermessungsabteilung
53 Warnemünde		DVS
54 Königsberg	Lager	Luftverkehr Ostpreußen G.m.b.H.
55 Neu-Brandenburg	der	Luftverkehr Pommern G.m.b.H.
56 Treuenbrietzen Jüterbog		
57 Stendal	Depot	Luftverkehrs-Ges. Brandenburg
58 Pattensen	der	Luftverkehrs A.G. Niedersachsen
59 Ingolstadt	Lager	Süddeutsche Lufthansa A.-G.
60 Ulm	der	Süddeutsche Lufthansa A.-G.
61 Liegnitz	Depot	Schlesische Luftverkehrs A.G.
62 Erfurt	der	Luftverkehrs A.G. Niedersachsen
63 Holtenau		Luftverkehr Schleswig-Holstein G.m.b.H.

Verteiler wie bei LC Nr. 1394/34 z.b.V. g.Kdos. vom 5. 4. 34.

I.A.
Unterschrift

falls selbständig. Neu entstanden das Luftwaffenverwaltungsamt (LD) und die selbständige Zentralabteilung. Das Kommando der Fliegerschulen wurde zur »Inspektion der Schulen der Luftwaffe«.

Um schnell fliegende Verbände aufstellen zu können, wollte man in Italien bei Fiat Jagdeinsitzer CR 30 bestellen. Die Italiener konnten oder wollten nicht. Man mußte sich selbst helfen. Die Bomber sollte die Lufthansa mit ihren dreimotorigen Verkehrsflugzeugen stellen. Die Bomber blieben vorläufig auf dem Papier. Der Personalbestand war inzwischen auf rund 550 ausgebildete Fliegeroffiziere angewachsen. Das Netz der Flugplätze war geringfügig erweitert worden. Insgesamt standen von DVS, DLV und RDL folgende Flugplätze bis Ende 1933 einsatzbereit:

Königsberg-Neuhausen	Gotha
Berlin-Staaken	Schleißheim
Rechlin	Lechfeld
Tutow	Kitzingen
Kottbus	Kiel-Holtenau
Prenzlau	Warnemünde
Döberitz-Elsgrund	Norderney
Jüterbog	Travemünde
Braunschweig-Waggum	List/Sylt
Hildesheim	

Dann wurde die Reichsbahn herangezogen und der sogenannte »Fll-Ei-Verkehr« eingerichtet. Das bedeutete Flugzeug-Eisenbahn-Verkehr. Er diente der Bomberschulung auf mehrmotorigen Flugzeugen und im Nachtflug. Für die Ausbildung des fliegertechnischen Personals wurden die Lufthansa, die DVS und auch die Flugzeugwerke herangezogen. Der Ausbildungsapparat der Fliegertruppe mußte laufend erweitert werden. Als Aushängeschild galt immer noch die DVS.

Für die Truppe selbst wurde als Tarnorganisation der Deutsche Luftsport-Verband geschaffen, dessen Präsident Görings intimer Freund Bruno Loerzer wurde, 1918 Kommandeur des Jagdgeschwaders 3.

Die Mitglieder des Deutschen Luftsport-Verbandes (DLV) waren praktisch Angehörige der noch getarnten Luftwaffe. Die Rangbezeichnungen des DLV entsprachen militärischen Rängen gemäß folgender Aufstellung:

Generalleutnant	= DLV-Fliegerchef
Generalmajor	= DLV-Fliegervizechef
Oberst, Kapitän zur See	= DLV-Fliegerkommodore
Oberstleutnant, Fregattenkapitän	= DLV-Fliegervizekommodore
Major, Korvettenkapitän	= DLV-Fliegerkommandant
Hauptmann, Kapitänleutnant	= DLV-Fliegerkapitän
Oberleutnant, Oberleutnant zur See	= DLV-Schwarmführer
Leutnant, Leutnant zur See	= DLV-Kettenführer
Oberfeldwebel und vergleichbare Marine-Dienstgrade	= DLV-Obermeister (Oberflugmeister, Oberfunkmeister, Oberortermeister, Oberwerkmeister)
Feldwebel	= DLV-Meister
Unterfeldwebel	= DLV-Untermeister
Unteroffizier	= DLV-Flugzeugführer (Bordfunker, Oberwart)
Gefreiter	= DLV-Hilfsflugzeugführer (Hilfsbordfunker, Unterwart)
Oberflieger	= DLV-Oberflieger
Flieger	= DLV-Flieger

Was nun die Ausrüstung der Luftwaffe mit Flugzeugen betrifft, so sind die bereits bestehenden Werke und ihre Leistungsfähigkeit bereits geschildert worden. Es galt nun neue Produktionskapazitäten zu schaffen. Man mußte also die bereits bestehenden Werke ausbauen und neue Werke schaffen. Dies war die Hauptaufgabe des Majors Kesselring. Kesselring war an sich Artillerist, gehörte aber im Truppenamt bereits zu den wenigen Offizieren, die dreidimensional denken konnten, und war

Oberst Keller mit Offizieren des neuen KG 154 in Faßberg. Alle tragen noch Uniformen des Deutschen Luftsportverbandes (DLV)

Generaloberst von Blomberg zu Besuch beim KG 154 in Faßberg

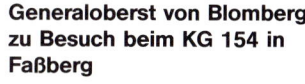

Unten: Ing. Haase-Berton (rechts) bei Besichtigung der Erweiterungsbauten bei BFW mit Dipl. Ing. Hentzen

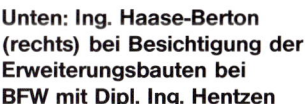

General von Blomberg bei der Fahnenübergabe an das Kampfgeschwader „Hindenburg"

bekannt als guter Organisator. In seinem Stabe arbeitete ein unscheinbar aussehender Mann, der aber insbesondere auf den Ausbau und die Gestaltung der Bauvorhaben der Luftfahrtindustrie maßgebend Einfluß ausüben sollte. Sein Name war Haase-Berton, ein alter Flieger aus dem Ersten Weltkrieg, der jetzt überall da auftauchte, wo man erweiterte oder neu baute. Besonders starke Erweiterungen erhielten die Bayrischen Flugzeugwerke, deren Chef Willy Messerschmitt mit Hitlers Stellvertreter in der Partei, Rudolf Hess, eng befreundet war. Hess war 1918 selbst Jagdflieger gewesen. Daneben entstanden neu die Henschel-Werke, erst in alten Hallen von Ambi-Budd in Johannisthal, dann auf dem gesamten Gelände der Domäne Schönefeld, auf dem sich heute der Zentralflughafen Berlin der DDR befindet. Focke-Wulf übernahm die Anlagen von Albatros. Die Deschimag gründete den Weserflugzeugbau, Friedrich Wilhelm Siebel gründete das Flugzeugwerk Halle (später Siebelwerke), und in Leipzig-Heiterblick, gegenüber dem Flughafen Mockau, entstanden die Erla-Maschinenwerke, die bisher nur Ultra-Leichtflugzeuge gebaut hatten. Dann entstanden in Leipzig noch in verschiedenen Stadtteilen Betriebe der Allgemeinen Transport-Anlagen AG (ATG). Wirklich neue, moderne Flugzeuge für die Luftwaffe entstanden noch nicht. Die neue dreimotorige Junkers Ju 52 sollte für die Lufthansa in Großserie gebaut werden. Sie konnte durch verhältnismäßig einfache Umbauten zum Behelfsbomber umgebaut werden. Dieser Bomberbau war also leicht zu tarnen.

Die große Junkers G 38, die Junkers als schweren Bomber K 51 bereits 1931 angeboten hatte, flog inzwischen als Mitsubishi Ki 20 Großbomber in Japan. Arado lieferte das Schulflugzeug Ar 66 bereits in größeren Stückzahlen. Die Gothaer Waggonfabrik, die im Ersten Weltkrieg

Bomber und Seeflugzeuge gebaut hatte, lieferte die Go 145 als Schulflugzeug, Dornier hatte aus der Do F die Do 11, Do 13 und in der Endlösung die Do 23 im Bau. Kurt Tank, der neue technische Chef von Focke-Wulf hatte die alten Albatros-Entwürfe L 101 und 102 verbessert und bot bereits einen leichten Jagdeinsitzer in Hochdeckerbauart an. Heinkel lieferte inzwischen HD 56 an Japan und HD 61 und 66 nach China. Die 61 war eine etwas geänderte HD 45 und die HD 66 eine verbesserte HD 50. Aber alle warteten auf die neuen Forderungen, die das RLM jetzt stellen würde. Der Hauptanstoß dazu sollte aber nicht von der Fliegertruppe kommen, sondern von der Flugzeugindustrie, in diesem Fall wieder einmal von Heinkel, denn sein neues Verkehrsflugzeug He 70 war schneller als der beste Jagdeinsitzer der Luftwaffe, die HD 51.

Die Reichsregierung hatte inzwischen andere Sorgen: aufgrund der den Alliierten bekanntgewordenen deutschen Aufrüstung mußte mit einem Präventivkrieg, einem Zweifrontenkrieg gerechnet werden. So forderte die von Hitler geführte Reichsregierung eine schnell realisierbare »Risiko-Luftflotte«. Wegen fehlender Produktionskapazität war nicht an die Schaffung der vom Chef des Kommando-Amts geforderten strategischen Luftflotte mit großen viermotorigen Bombern zu denken.

Oberst Wever, der Chef des Kommando-Amts war der Überzeugung, daß die Luftwaffe ein selbständiger Wehrmachtsteil sein müsse, der erst die gegnerische Luftwaffe zerschlagen müsse, bevor eine Unterstützung von Heer oder Marine in Betracht gezogen werden könne. Ein Kriegsspiel, das unter Wevers Leitung unter Teilnahme von Offizieren von Heer und Marine vom 6. bis 27. November 1934 in Berlin stattfand, schien die Richtigkeit von Wevers Gedankengängen zu bestätigen.

Am 1. April 1934 begann dann der Aufbau der neuen Organisation mit der Aufstellung von sechs Luftkreiskommandos. Die Besetzung dieser ersten regionalen Kommandostellen der Luftwaffe ist auffällig: an ihrer Spitze standen keine ehemaligen oder jungen Fliegeroffiziere, sondern fünf ehemalige Generale des Heeresbereichs und ein Admiral, die jetzt zur Luftwaffe übertraten:

Luftkreis I Königsberg/Ostpr.	General Wachenfeld
Luftkreis II Berlin	General Kaupisch
Luftkreis II Dresden	General Schweickhardt
Luftkreis IV Münster	General Halm
Luftkreis V München	General Eberth
Luftkreis VI Kiel	General Zander (ex-Adm.)

Gleichzeitig wurde in Berlin der Stab der 1. Fliegerdivision unter Führung von Oberst Sperrle und des Kommandeurs der Heeresflieger unter gleicher Führung aufgestellt. Sperrle war damit Kommandeur sämtlicher damals vorhandenen Landfliegerverbände.

Die Marine sträubte sich intensiv gegen eine Unterstellung der Marineflieger unter das Luftwaffenkommando. Aber Görings Position war stärker als die des Admirals Raeder. Ende Juni 1934 teilte die Marineleitung dem Reichsminister der Luftfahrt (RdL) mit, daß sie mit der friedensmäßigen Unterstellung der Marineflieger unter das RLM einverstanden sei. Am Rande sei erwähnt, daß die fliegenden Marineoffiziere sich mehr sträubten als ihre Führung. Sie ließen, um ihre Marinezugehörigkeit zu betonen, ihre Fliegermützen anders anfertigen. Als Göring dahinter kam, tobte er. Die Marinefliegermützen mußten verschwinden!

1934 wurde auch noch die Dienststelle des Luftzeugmeisters (LZM) geschaffen. Es ist bezeichnend, daß aus dieser Stelle, die man heute als zentrale Logistik bezeichnen würde, nicht der spätere Generalluftzeugmeister (GL) entstand, sondern das Nachschubamt (LE).

Damit war bis zum 1. Juni die vorläufige Kommandostruktur der immer noch getarnten Luftwaffe festgelegt, die auch bis zur Enttarnung im März 1935 beibehalten wurde:
Oberbefehlshaber der gesamten Wehrmacht und Reichsverteidigungsminister war General von Blomberg, Chef des Ministeramtes Generalleutnant von Reichenau. Chef der Heeresleitung war General Freiherr von Fritsch, Chef der Marineleitung Admiral Raeder. Reichsminister der Luftfahrt war Göring, sein Staatssekretär Erhard Milch. Göring konnte, da es offiziell noch keine Luftwaffe gab, nicht deren Oberbefehlshaber sein. Als RdL unterstanden ihm der Chef des Luftschutzamtes Oberst Bohnstedt und der Präsident des DLV Bruno Loerzer. Beide kamen aus der alten Fliegertruppe. Bohnstedt war 1916 Führer der Fliegerabteilung 23 gewesen, Loerzer 1918, Kommandeur des Jagdgeschwaders 3.

Göring hatte sich als Adjutanten den Major Bodenschatz geholt, der schon 1917/18 Adjutant des Jagdgeschwaders 1 unter Richthofen, Reinhardt und Göring gewesen war.

Adjutant Bohnstedts als Chef LA war Rittmeister Plaschke, Chef des Stabes Fregattenkapitän Wenninger, der ursprünglich von der Ubootwaffe kam.

Die Abteilungen des Luftschutzamtes (LA) waren wie folgt besetzt:

LA	Oberstleutnant Kühl
LA 2	Oberstleutnant Volkmann
LA 3	Fregattenkapitän Geisler
LA 4a	Oberstleutnant Bogatsch
Nachrichtengruppe	Major a. D. v. Bülow
Personalabtlg.	Major Schultheiß
Allgem.-Abteilg.	Major Doerstling
Nachschub-Gruppe	Hptm. a. D. Grosch
Geräte-Inspizient	Major Seidner
Luftschutztruppe	Oberst Ruedel
Büro-Offizier	Major a. D. v. Holwede

Dem Staatssekretär unterstand auch das Allgemeine Luftamt (LB). Sein Chef des Stabes in diesem Bereich war Major Reinecke. Leiter des Amtes Technik, aus dem später die Dienststelle GL/C entstehen sollte, war Oberstleutnant Wimmer. Verbindungsoffizier zwischen LB und Milch war Hauptmann Hans Jeschonnek.

Über die Zusammenarbeit zwischen dem neuen, offiziell noch nicht existierenden Wehrmachtsteil und Heer und Marine existierte bereits ein Entwurf, der später in der Luftwaffendienstvorschrift (LDv) 16 »Luftkriegführung« zusammengefaßt wurde und dann alle damit zusammenhängenden Fragen ausführlich behandelte.

Was nun die Führung der neuen Waffe betraf, so findet man, daß drei Gruppen von Offizieren an ihrer Spitze standen, die so unterschiedlicher Natur waren, daß eine wirklich harmonische Zusammenarbeit nur unter größten Schwierigkeiten zu erwarten war. Zur ersten Gruppe gehörten Göring und Milch, die beide aus politischen Gründen in ihre hohen Führungsstellen gekommen waren. Daß Göring rein sachlich seinem Amte nicht gewachsen war, sollte sich nur zu bald erweisen. Milch, war kein Generalstäbler, hatte aber Fronterfahrung von 1918 und hatte bereits bei der Lufthansa als Direktor sein organisatorisches Talent bewiesen. Die zweite Gruppe bestand aus höheren Offizieren, die von der Reichswehr, also aus dem Heeres- bzw. aus dem Bereich Marine kamen und sich nach bestem Wissen bemühten, sich in die Belange der Luftwaffe hineinzudenken, was nicht allen gelang. Die dritte Gruppe waren die Männer, die aus der alten Fliegertruppe 1914/18 kamen, in der Reichswehr in der Fliegergruppe gearbeitet hatten und damit den Kontakt zur Waffe nie verloren hatten. Aus diesen Gruppen einen homogenen Führungskörper zu bilden, war eine praktische Unmöglichkeit, wie sich aus der zukünftigen Entwicklung auch ergeben sollte.

Das Jahr 1934 brachte, nachdem man ja zwar lange geplant hatte, aber mangels Masse nicht aufstellen konnte, endlich den Aufbau der ersten einsatzfähigen Luftwaffenverbände. am 1. April 1934 wurde in Döberitz-Elsgrund mit der Aufstellung des Jagdgeschwaders 132 begonnen. Das Flugzeugmaterial bestand aus Doppeldeckern Arado Ar 65 und Heinkel He 51. Kommandeur wurde Major Robert Ritter von Greim, der 1918 die Jagdgruppe 9 »Greim« geführt hatte. 1924 bis 1927 war er Leiter der Militärfliegerschule in Kanton (China), führte dann die DVS-Schule in Würzburg und wurde später erster Inspekteur der Jagdflieger der Luftwaffe.

Anfang 1935 begann auch der Aufbau der Sturzbomber-Einheiten. Die ersten Sturzbomber waren Heinkel HD 50, jetzt bereits als He 50 bezeichnet. Die Bomberwaffe wurde mit Do 11 und Ju 52-3 m ausgerüstet. So entstanden in Faßberg die 1., 2. und 3. Staffel des Kampfgeschwaders 154 und in Tutow die 1. und 2. Staffel des Kampfgeschwaders 252, die 3. Staffel folgte 1935. Sie bildeten den Urstock für die spätere Flieger-Lehr-Division unter Oberst Förster.

Die Aufklärung begann mit der Aufstellung von drei Fern- und zwei Nahaufklärungsstaffeln:

1. (F) 121	Königsberg/Neuhausen
1. (F) 222	Prenzlau
1. (F) 324	Großenhain
1. (H) 113	Kottbus
2. (H) 114	Gotha

In Berlin-Staaken entstand 1934 die Flugbereitschaft des RLM, der auch eine kleine Gruppe Aufklärungsflugzeuge, die spätere Aufklärungsgruppe des Oberbefehlshabers der Luftwaffe (ObdL) angehörte.

Auch bei der Marine begann jetzt der tatsächliche Aufbau aus der Seeflieger-Übungsstaffel und der Severa.

Die ersten drei Staffeln waren folgende:

1./136	See-Jagdstaffeln	Kiel-Holtenau
1./286	Mehrzweckstaffel	List/Sylt
1./116	See-Aufklärerstaffel	Kiel-Holtenau

Was die Aufklärungsstaffeln betrifft, so waren die Beobachter keine Angehörigen der Fliegertruppe, sondern des Heeres bzw. der Marine.

Der Personalbestand der fliegenden Verbände betrug Anfang März 1935:

Offiziere:

Übernommen aus der Reichswehr	ca.	550
Von der DVS		70
Vom Heer		50
Von der Marine		30
Landesschutzoffiziere (ehem. Offz. a. D.)		200
Insgesamt	ca.	900

Unteroffiziere und Mannschaften:

20 Staffeln	3 000
20 Schulen	4 000
in Ministerium und Stäben	1 000
in Ersatzabteilungen	1 000
Luftnachrichten-Personal	1 000
Insgesamt	ca. 10 000

Was nun die Flugzeugausrüstung betrifft, so sah das Programm vom 1. Juli 1934 die Beschaffung von insgesamt 4021 Maschinen vor, wovon aber nur etwa die Hälfte als Einsatzflugzeuge anzusehen waren, der Rest waren Schul-, Übungs-, Reise- und Kuriermaschinen. Im einzelnen sollten bis 30. 9. 1935 fertiggestellt werden:

Dornier Do 11	150	Arado Ar 64	19
Do 13	222	Ar 65	85
Junkers Ju 52/3mK	450		

Heinkel He 51	141	Heinkel He 50	51
He 51 W	14	He 60	81
He 38 W	12	Dornier Do 15 Wal	21
He 45	320	Heinkel He 59	21
He 46	270		

Ferner sollten an neuen, modernen Typen 9 Do 17, 9 He 111 und 3 Ju 86 D, 72 He 70 C und 4 Do 18 D gebaut werden. Da diese erst nach dem 1. März 1935 herauskamen, wird über sie nicht weiter berichtet.

Was brachte die Flugzeugindustrie bis Ende 1934 wirklich heraus?

Dornier Do 11	77	Heinkel He 46	84
Junkers Ju 52 K	193	He 60	27
Arado Ar 64	19	He 38	12
Ar 65	80	He 59	14
Heinkel He 45	150	Dornier Do 15 Wal	16

Sogar die ersten vier He 70 C Aufklärer waren geliefert worden. Das Teilsoll per 31. 12. 1934 lag bei 2090 Flugzeugen. Einschließlich der Schul- und Reiseflugzeuge waren 1959 Flugzeuge geliefert worden. Damit war das Liefersoll um nur etwa 6% unterschritten worden! Am 16. März 1935 verkündete Hitler, daß er den Artikel 198 des Vertrages von Versailles außer Kraft setze und die Allgemeine Wehrpflicht wieder einführen werde. Auf seinen Befehl sei am 1. März 1935 eine neue Deutsche Luftwaffe gegründet worden.

Damit war die Enttarnung des geheimen Aufbaus der Luftwaffe erfolgt. Es gab keine »Verbotenen Flugzeuge« mehr. Jetzt gab es eine »Risiko-Luftflotte« von rund 800 Frontflugzeugen und 1700 Schul- und sonstigen Flugzeugen. Moderne Flugzeuge gingen in die Fertigung. Solange mußte mit der vorhandenen »Risiko-Luftflotte« geblufft werden. Der weitere Verlauf der Dinge hat bewiesen, daß dieser Bluff bis zum 31. 8. 1939 gelang. Dann hatte Hitler ausgebluft.

Arado SD II, einer
der ersten deut-
schen Jagdeinsit-
zer nach 1918

TEIL II

Deutsche Militärflugzeuge
November 1918 bis Juli 1920

Allgemeine Elektrizitätsgesellschaft (AEG) J II   1918

Bei Ende des Ersten Weltkriegs konnte die AEG noch eine Anzahl dieser gepanzerten Infanterie-Flugzeuge sicherstellen, die bei den bis 1920 bestehenden Fliegerabteilungen noch eingesetzt wurden. Als dann das generelle Militärflugzeugverbot erfolgte, wurden die noch einsatzfähigen Maschinen zu Passagierflugzeugen umgebaut, die teilweise weiter offen flogen, teils Windschutz für die Passagiere erhielten und dann bei der DLR noch lange in Dienst standen. Insgesamt sind neun dieser J II als solche, und 7 weitere mit Kabine eingesetzt gewesen. Es waren: ohne Kabine D 20, 21, 22, 23, 25, 26, 61, 124 und 479, mit Kabine D 9, 24, 66, 68, 74, 105, 151. Außerdem war noch eine AEG N I, die der J II ähnlich war, mit der Zulassung D 38 bei der DLR eingesetzt

Triebwerk	Benz 200 PS
Bewaffnung	2 starre und 1 bewegliches MG, Splitterbomben, gebündelte Handgranaten
Spannweite	13,0 m
Länge	7,9 m
Höhe	3,3 m
Leergewicht	1480 kg
Zuladung	280 kg
Fluggewicht	1760 kg
Höchstgeschwindigkeit	150 km/h
Reichweite	350 km
Gipfelhöhe	4500 m

AGO CI   1919

Als erstes Flugzeug zur Schulung der Fernaufklärer am Reihenbildgerät wurde eine aus dem Jahre 1915 stammende und infolgedessen als harmlos angesehene Doppelrumpfmaschine AGO C I, die ursprünglich mit einem 160 PS Mercedes ausgestattet war, mit einem BMW IIIa von 200 PS ausgerüstet, der Flughöhen um 6000 m ermöglichte. Zu diesem Zweck wurde eine Luftbild GmbH in Berlin gegründet. Die Maschine war unbewaffnet, war aber mit den letzten und modernsten Reihenbildgeräten jener Zeit ausgestattet. Sie wurde als D-118 zugelassen und ist noch einige Jahre für die Beobachterschulung eingesetzt gewesen. Es war ein dreistieliger Doppeldecker mit Druckschraubenantrieb.

Spannweite	15,00 m
Länge	9,00 m
Höhe	3,50 m
Flächeninhalt	41,5 qm

Gewichte und Leistungen waren nicht mehr zu ermitteln.

Albatros B IIA (L 30)   1918

Dieses von Ernst Heinkel vor dem Ersten Weltkrieg bei Albatros entworfene Arbeitsflugzeug der Fliegertruppe wurde von Robert Thelen verbessert und ab 1915 nur noch als Schul- und Übungsflugzeug verwendet. Die Maschine hatte sehr gutmütige Flugeigenschaften und war daher als Schulflugzeug sehr beliebt. Die Doppelsteuerung konnte leicht durch Einfachsteuerung ersetzt werden. Auch in ungünstigem Gelände war die L 30 gut zu landen. Die letzte von 16 nach 1918 noch vorhandenen Maschinen flog noch 1936 in Berlin-Tempelhof. Sie hatte das Kennzeichen D 931 und gehörte dem ehemaligen Marineflieger »Papa«

AEG J II noch mit militäri-
schen Balkenkreuzen und
Abzeichen der Deutschen
Luft-Reederei.

AGO C I Photo-Aufklärer

Albatros B IIA-Nachbau der
Firma Raab-Katzenstein,
Kassel

65

Raschke. Als Triebwerk dienten Mercedes-Motoren von 100 oder 120 PS oder 120 PS Argus.

Spannweite	12,96 m
Länge	7,63 m
Höhe	3,15 m
Flächeninhalt	40,2 qm
Leergewicht	720 kg
Fluggewicht	1070 kg
Nutzlast	347,5 kg
Geschwindigkeit	110/120 km/h
Steigzeit auf 1000 m Höhe	8,2 min
Startstrecke	80–90 m
Landestrecke	80–90 m

Anmerkung: Albatros gab den ehemaligen Militärmaschinen nach 1919 Zivilbezeichnungen, wie auch den danach entwickelten Typen. L bedeutete Landflugzeug, W Wasserflugzeug.

Albatros B III, CI, CIII, CVII, 1918

Offiziere, die den I. Weltkrieg als Flieger mitgemacht, hatten, benutzten zur Erhaltung ihrer Pilotenscheine gern einige ältere Baumuster, die den Krieg überlebt hatten. Die Waffen waren ausgebaut und die Maschinen überholt worden, so daß sie trotz ihres Alters noch ein

	C I	B III	C III	C VII
Triebwerk	Merc.	Merc.	Merc.	Benz
Leistung (PS)	100	160	160	200
Spannweite (m)	12,5	11,0	11,0	12,78
Länge (m)	7,02	7,8	6,85	8,67
Flächeninhalt (qm)	40	–	–	–
Höhe (m)	3,15	2,80	2,80	3,60
Höchstgeschwindigkeit (km/h)	135	140	132	170
Steigzeit auf 1000 m (min)	8,2	11,2	11	5,5

wenig dem Mangel an Übungsflugzeugen abhelfen konnten. C I entsprach weitgehend der B II (L 30). B III und C III erhielten jetzt die Zivilbezeichnung L 5, und C VII wurde L 18. Nach 1920 flogen noch: C I D-132 und D-142, L 5 D 140, D-173 und D 535, sowie schließlich L 18 D-137.

Albatros D Va 1917

Die Albatros-Jagdeinsitzer gehören zu den meistgebauten Flugzeugen des Ersten Weltkriegs. Der Typ D Va war bei einigen Jagdstaffeln und Heimatschutzstaffeln bis Kriegsende in Dienst. Von den letzteren sind noch einige 1919 in Mitteldeutschland und in Schlesien geflogen. In Österreich sind im Kärntner Abwehrkampf sogar die älteren Albatros D III geflogen worden. Einige D V flogen noch längere Zeit in der Tschechoslowakei.

Triebwerk	Mercedes 160 PS
Bewaffnung:	2 MG
Spannweite	9,5 m
Länge	8,26 m
Höhe	2,7 m
Leergewicht	680 kg
Zuladung	235 kg
Fluggewicht	165 kg
Steigzeit auf 4000 m	26 min
Höchstgeschwindigkeit	165 km/h
Reichweite	350 km
Gipfelhöhe	5000 m

Oben: Albatros C VII, darunter
Albatros B III

Albatros D III nach 1919 in
der Tschecho-Slovakei

67

Albatros C XV (L 47)   1918

Von diesem Aufklärungsflugzeug überlebten fünf Maschinen, die teils noch im Werk standen und nach Ostpreußen überflogen wurden. Sie befanden sich 1920 in Seerappen. Nach dem Militärflugzeugverbot übernahm sie die DLR als schnelle Postflugzeuge. Insgesamt übernahm die DLR fünf C XV: D 179, D 185, D 186, D 300 und D 586. Es ist sogar möglich, daß die letzten drei Maschinen erst nach Kriegsende fertiggebaut wurden. Als Aufklärer hatte die C XV ein starres und ein bewegliches MG als Bewaffnung. Als Triebwerk diente der 200 PS Benz Bz IV.

Spannweite	11,80 m
Länge	7,475 m
Höhe	3,30 m
Leergewicht	890 kg
Fluggewicht	1320 kg
Nutzlast	430 kg
Geschwindigkeit	165 km/h
Steigzeit auf 1000 m	3 min 24 sec
Steigzeit auf 5000 m	31 min 12 sec
Reichweite	500 km

sondern auch bei LVG, Halberstadt, Schütte-Lanz und Aviatik in Lizenz gebaut. Die bei Aviatik gebauten liefen unter der Bezeichnung Aviatik C VI. Die Maschinen sind als Nahaufklärer, Infanterie- und sogar als Schlachtflugzeuge an allen Fronten, auch in Palästina eingesetzt gewesen. Einige dieser Maschinen überlebten Zerstörung und Auslieferung und waren in Schlesien und in Mitteldeutschland bis zum endgültigen Flugverbot im Einsatz. Vier Maschinen flogen noch kurze Zeit mit zivilen Kennzeichen: D-67, D-87, D-96 und D-199 bei der DLR.

Triebwerk	Benz 220 PS
Bewaffnung	1 starres und 1 bewegliches MG, bis 50 kg Bomben, Fotoausrüstung, Funkausrüstung
Spannweite	13,30 m
Länge	7,90 m
Höhe	3,30 m
Leergewicht	970 kg
Zuladung	460 kg
Fluggewicht	1430 kg
Höchstgeschwindigkeit	155 km/h
Steigzeit auf 3000 m	25 min
Gipfelhöhe	5000 m

Deutsche Flugzeugwerke (DFW) C V   1918

Diese Maschine stammte aus dem Jahre 1916 und ist wahrscheinlich das meistgebaute deutsche Arbeitsflugzeug des Ersten Weltkrieges gewesen. Es war eine Konstruktion des erfolgreichen Vorkriegsfliegers Heinrich Oelerich und war die Serienausführung des Prototyps T 29. Die Maschine wurde nicht nur bei DFW

Dornier D I   1918/22

Drei Exemplare dieses Jagdeinsitzers konnten 1919 der Beschlagnahme entzogen werden. Zwei davon gingen in die USA, das dritte wurde Ausstellungsobjekt in Deutschland. Die USA kauften zwei Maschinen an, von denen eine an die Armee, die andere an die Marine ging. Der US-Marine-Jagdeinsitzer wurde mit der Kenn-

Albatros C XV als Kurierflugzeug 1920 in Seerappen/Kö-
nigsberg

DFW C V, Lizenzbau der Halberstädter Flugzeugwerke

Dornier D I, US-Navy-Nr. AS
68546, wurde später A-6058

69

Nr. A 6058 einer sehr eingehenden Prüfung unterzogen, da die Amerikaner keinerlei Erfahrung im Ganzmetallflugzeugbau hatten. Aufgrund der Erprobung der Dornier D I wurde später noch ein weiterer Ganzmetalljagdeinsitzer bei Dornier bestellt.

Triebwerk	BMW IIIa 185 PS
Bewaffnung	vorgesehen: 2 MG
Spannweite	7,80 m
Länge	6,40 m
Höhe	2,60 m
Flächeninhalt	18,66 qm
Rüstgewicht	725 kg
Nutzlast	158 kg
Fluggewicht	883 kg
Höchstgeschwindigkeit	200 km/h
Reisegeschwindigkeit	180 km/h
Steiggeschwindigkeit	6,4 m/sec
Gipfelhöhe	8100 m
Reichweite	250 km
Startstrecke	100 m
Landestrecke	100 m
Landegeschwindigkeit	80 km/h

sätze erfolgten in Bayern, Mitteldeutschland und im Baltikum. Der Typ wurde danach noch als Sportflugzeug in leicht geänderter Form bei den Hüfferwerken und bei Dietrich gebaut. Zwei Fokker D VII flogen noch 1927 in Lipezk. Sie waren die letzten überlebenden D VII von den ursprünglich vorhandenen sechs: D-88, D-138, D-139, D-159, D-1123 und D-1555.

Triebwerk	Mercedes 160/180 PS oder BMW 185 PS
Bewaffnung	2 starre MG
Spannweite	8,9 m
Länge	6,9 m
Höhe	2,9 m
Flächeninhalt	20,2 qm
Leergewicht	680 kg
Fluggewicht	900 kg
Höchstgeschwindigkeit	200 km/h
Steigzeit auf 5000 m	14 Minuten
Gipfelhöhe	6000 m

Fokker D VII   1918

Entwurf: Reinhold Platz. Bester deutscher Jagdeinsitzer des Ersten Weltkrieges. Beeinflußte den internationalen Jagdflugzeugbau noch lange Jahre nach dem Kriege. Wurde außer bei Fokker in Schwerin-Görries auch in Großserie bei Albatros gebaut. Flog nach dem Kriege noch in Holland, Belgien und USA. Einige Maschinen wurden vor Beschlagnahme sichergestellt und bei verschiedenen Fliegerabteilungen und Polizeifliegerstaffeln, sowie beim Geschwader Sachsenberg geflogen. Ein-

Fokker D VIII/E V   1918

Entwurf: Reinhold Platz, Jagdeinsitzer. Letzter Fokker-Jägertyp für deutsche Luftstreitkräfte. Im Gegensatz zu D VII nicht einfach zu fliegen. In erster Ausführung E V mehrere Todesstürze, da Flächenstabilität für hohe Belastungen nicht ausreichend. Nur wenige Maschinen überlebten den Waffenstillstand 1918 und waren vorwiegend in Ostpreußen und Schlesien noch vereinzelt bei Reichswehreinheiten eingesetzt. Mußten dann aber auch zerstört werden. D VIII verstärkte Flächenkonstruktion.

Rechte Seite:

Oben: Fokker D VII des Geschwaders Sachsenberg 1919 in Swinemünde

Unten: Fokker D VIII des Geschwaders Sachsenberg während der Kämpfe im Baltikum

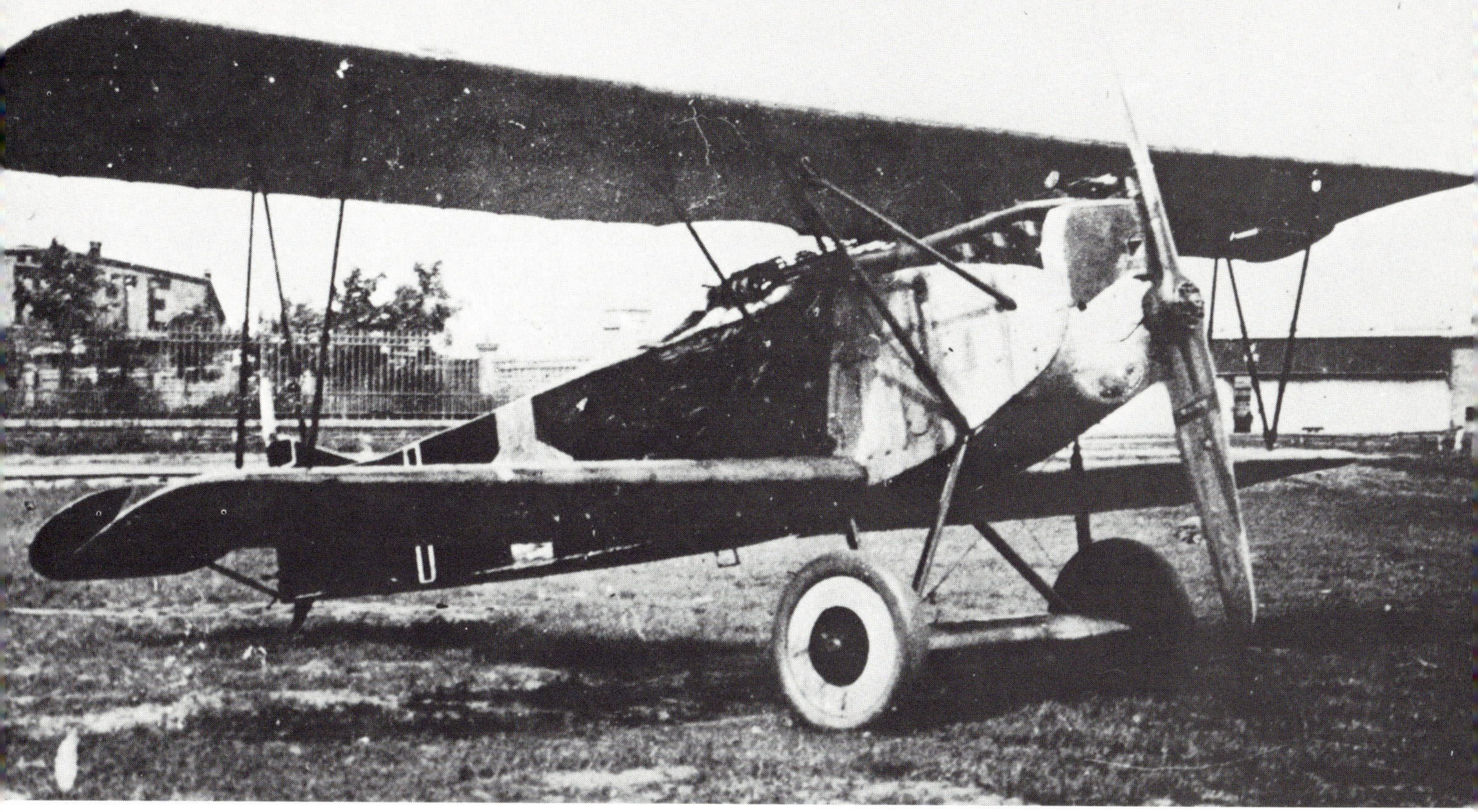

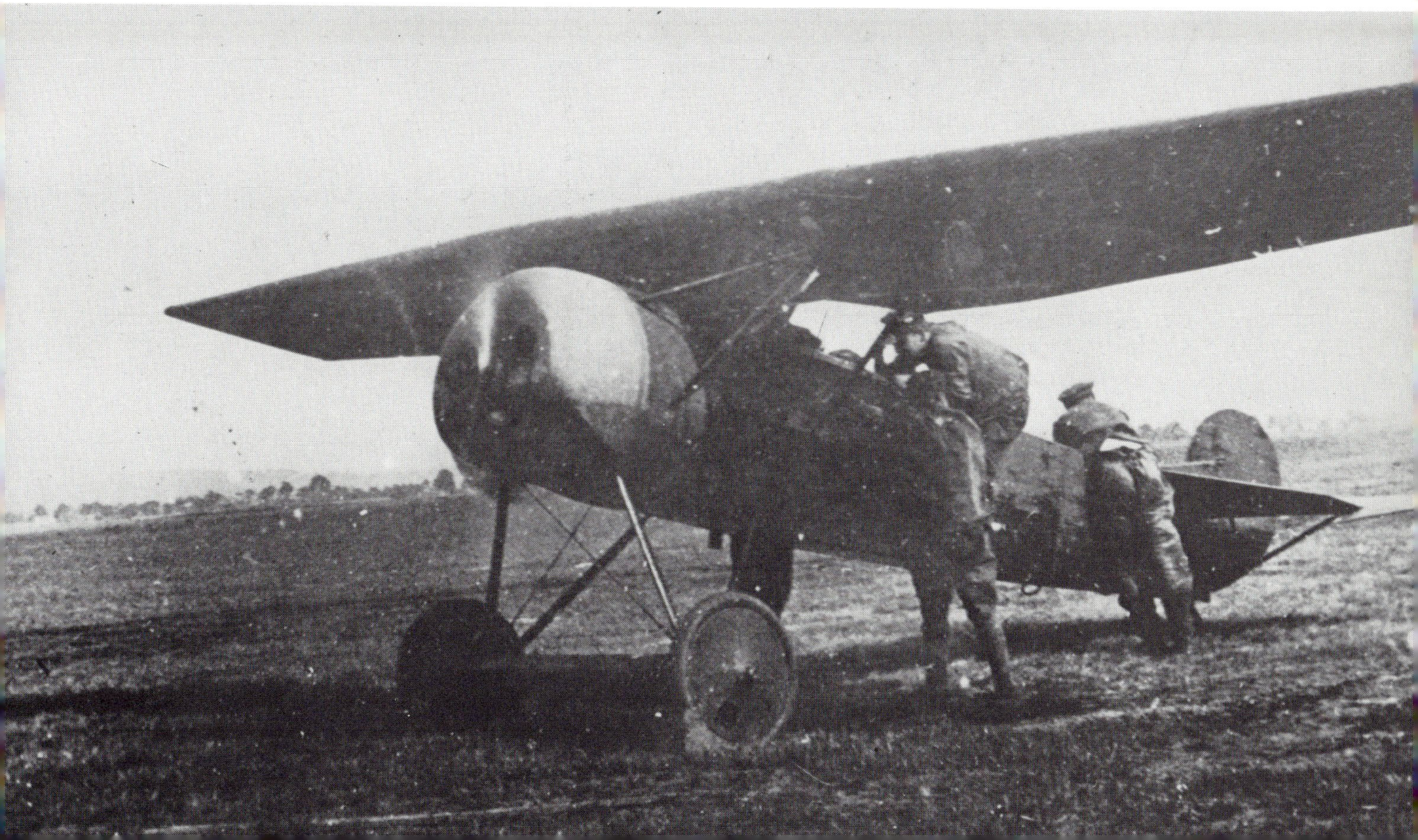

Triebwerk	Oberursel Umlaufmotor 140 PS, einige Maschinen auch Goebel Goe III 180 PS
Bewaffnung	2 starre MG
Spannweite	8,3 m
Länge	5,8 m
Höhe	2,8 m
Flächeninhalt	10,7 qm
Leergewicht	400 kg
Nutzlast	200 kg
Fluggewicht	600 kg
Höchstgeschwindigkeit	200 km/h
Steigzeit auf 5000 m	15 min
Gipfelhöhe	6000 m

Friedrichshafener im Dienst gewesen, bis 1934 die letzte von ihnen außer Dienst gestellt wurde. Es waren: FF 49 = D-41, 42, 43, 44, 45, 49, 85, 86 und FF 71 = D-40, 46, 47 und 120.

Triebwerk	Benz
Leistung	220 PS
Spannweite	16,7 m
Länge	11,6 m
Flächeninhalt	71,16 qm
Leergewicht	1485 kg
Zuladung	650 kg
Fluggewicht	2135 kg
Höchstgeschwindigkeit	140 km/h
Reisegeschwindigkeit	130 km/h
Reichweite	700 km

Flugzeugbau Friedrichshafen FF 49 und FF 71   1918

1923 kaufte der Fliegerreferent der Marine, Kapitänleutnant Ritter, sechs Friedrichshafener Doppeldecker mit 200 PS Benz-Motoren, die lange Jahre in Kiel-Holtenau und Norderney für militärische Zwecke eingesetzt wurden. Die FF 49 waren ab 1917 die meist verwendeten Seeaufklärungsflugzeuge der Marine in Ost- und Nordsee gewesen. FF 71 war im Grunde nur eine Zivil-Version der FF 49. Nach den ersten sechs wurden dann noch weitere in Dienst gestellt. Sie fanden Verwendung als Transportmittel bei Luftschutzübungen, beim Flugabwehrschießen und in der Ausbildung des fliegenden Personals der Reichsmarine. Offizieller Halter der Flugzeuge war erst die DLR, später die Severa. Insgesamt sind 13

Halberstadt CL II und CL IV   1918

Diese kleinen wendigen Doppeldecker sind die ersten Schlachtflugzeuge gewesen und wurden von Ing. Theis entworfen. Sie waren 1919/20 noch bei den Kämpfen in Mitteldeutschland, im Baltikum und in Oberschlesien im Einsatz. Eine CL II und drei CL IV überlebten den Zer-

	CL II	CL IV
Triebwerk	Mercedes D III	Mercedes D IIIa
Leistung (PS)	160	160
Spannweite (m)	10,70	10,70
Länge (m)	7,40	6,50
Höhe (m)	2,75	2,70
Leergewicht (kg)	520	700
Zuladung (kg)	210	340
Fluggewicht (kg)	730	1040
Höchstgeschwindigkeit (km/h)	185	165
Steigzeit auf 5000 m (min)	–	16,5
Gipfelhöhe (m)	5000	5000
Besatzung	2	2

Rechte Seite:

Oben: Sechs dieser Friedrichshafen FF 49-Aufklärer kaufte die Marine an

Unten: Halberstadt CL IV (Rol) 8176/18 der Fl. Abt. 431 während der Kämpfe um Oberschlesien

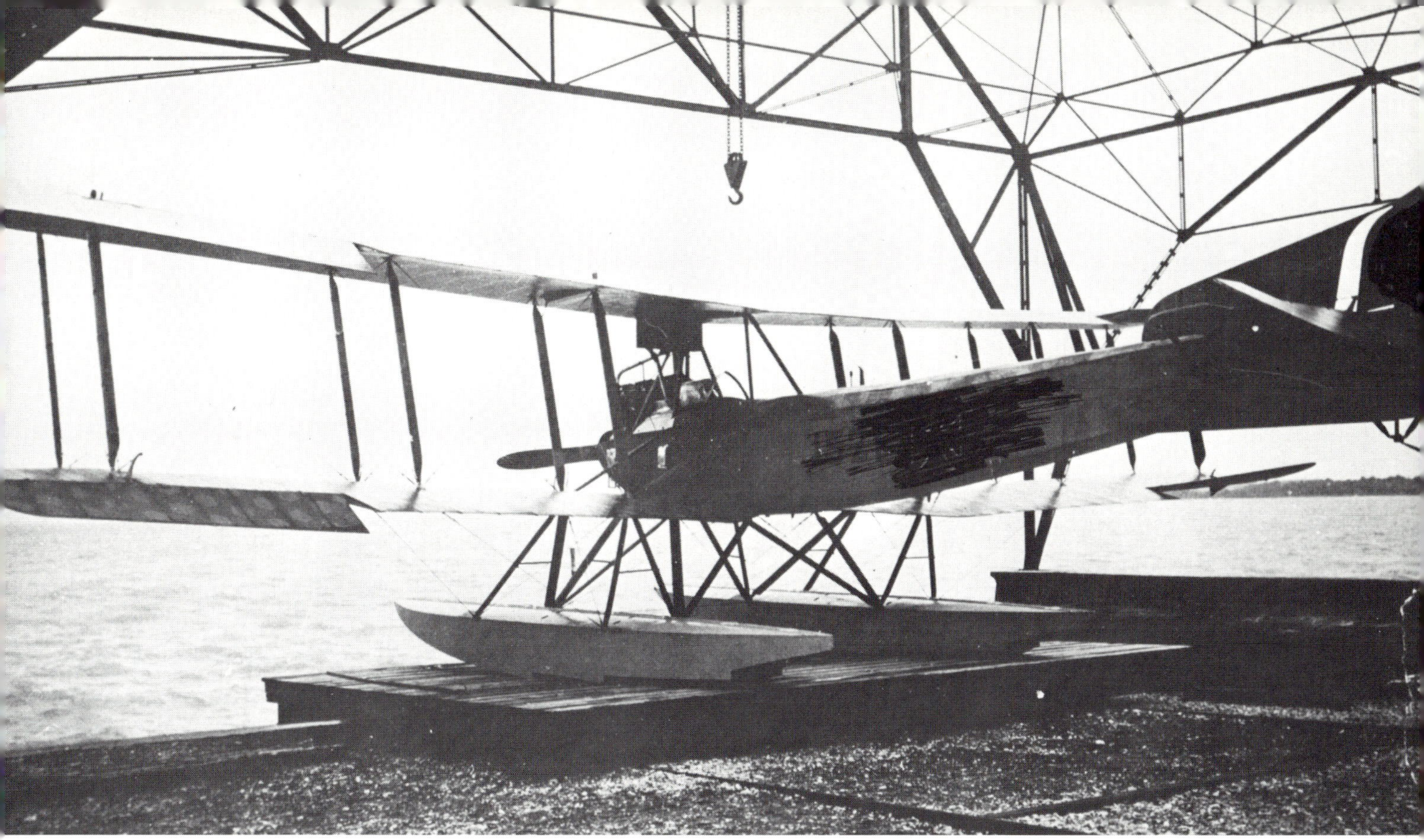

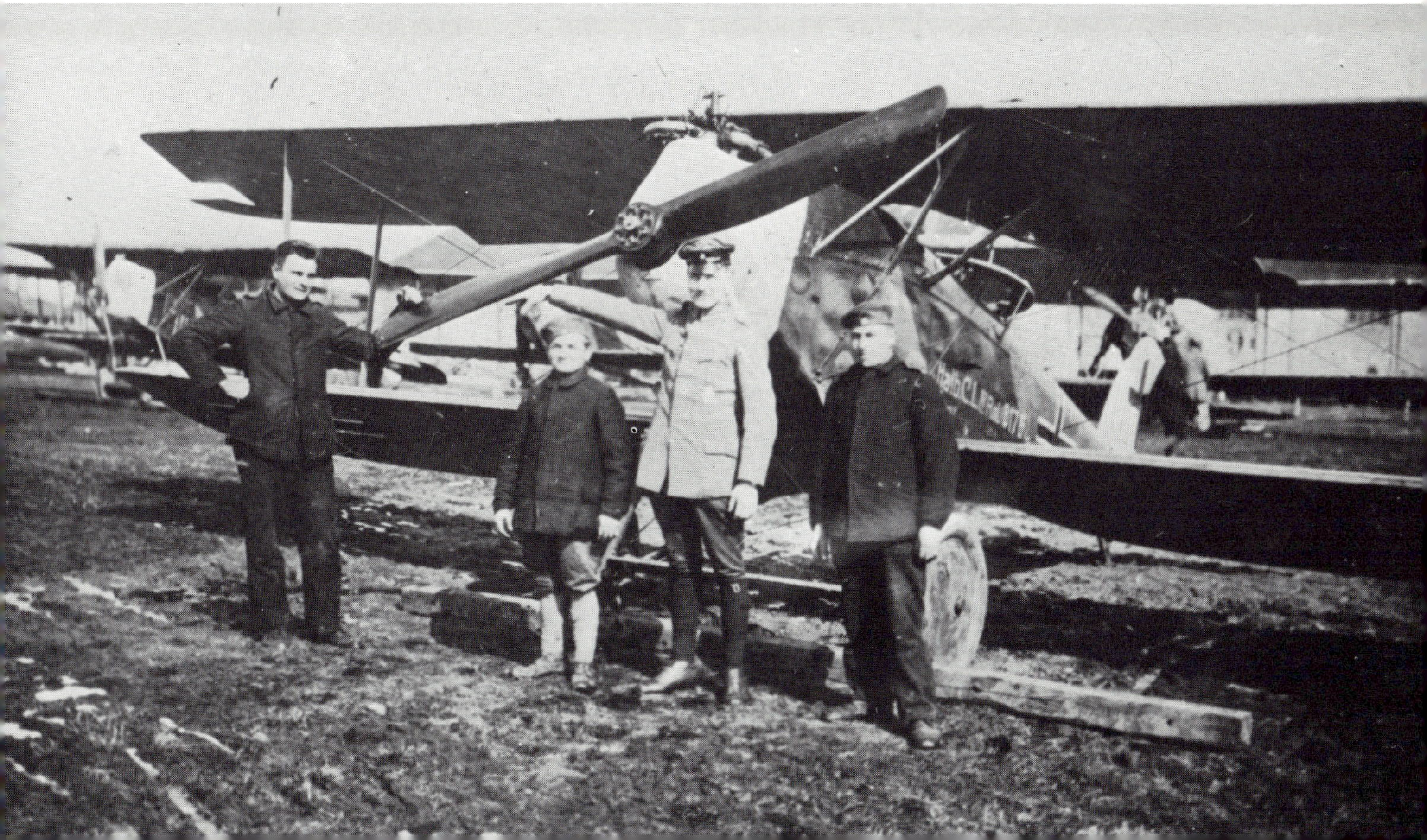

störungsbefehl von 1920. D-71 (CL IV) steht heute noch im DB-Museum. D-144 wurde von der Firma Strähle, Schorndorf, zum Verkehrsflugzeug umgebaut. Über das Schicksal von D-182 (CL IV) und D-183 (CL II) war nichts zu ermitteln.

Halberstadt C V   1918

Entwurf: Theiß. Fernaufklärer. Bewaffnung: 1 starres und 1 bewegliches MG. Ausrüstung: Funkgerät für Sendung und Empfang, Handkamera und Reihenbildgerät. Nach dem Waffenstillstand flogen einige Maschinen bei Reichswehrfliegerabteilungen und Geschwader Sachsenberg. Einsatzgebiete: Mitteldeutschland Schlesien und Baltikum. Überlebende Maschinen auf Anordnung der ILuK zerstört. Besatzung: 2 Mann.

Triebwerk	Benz 200 PS
Spannweite	13,6 m
Länge	6,9 m
Höhe	3,3 m
Leergewicht	930 kg
Nutzlast	430 kg
Fluggewicht	1360 kg
Höchstgeschwindigkeit	170 km/h
Steigzeit auf 5000 m	16,5 min
Gipfelhöhe	5000 m

Hansa-Brandenburg W 12   1918

Entwurf: Ernst Heinkel. Dieses See-Kampfflug-

zeug hatte sich bei seinen Einsätzen beim Marinekorps in Flandern als derartig erfolgreich erwiesen, daß Holland den Typ nach dem Krieg für seine Marineflieger übernahm. Die Firma Van Berkel baute insgesamt 40 Maschinen dieses Typs nach. Die Maschinen mit den Nummern W 1 bis W 20 blieben in Holland, während die Nummern W 51 bis W 70 nach Niederländisch-Indien gingen. So blieb dieses erfolgreiche deutsche Seeflugzeug, dessen Prototyp bereits 1916 flog, noch bis Mitte der zwanziger Jahre im Dienst. Genau so gut wie die Zelle bewährten sich die eingebauten 160 PS Mercedes-Motoren. Die Bewaffnung bestand aus einem starren und 1–2 beweglichen MG auf Drehring. Die Flugzeuge waren mit Funkanlage ausgerüstet.

Spannweite oben	11,20 m
Spannweite unten	10,48 m
Länge	9,60 m
Flächeninhalt	36,20 qm
Leergewicht	1000 kg
Nutzlast	463 kg
Fluggewicht	1463 kg
Höchstgeschwindigkeit	160 km/h
Steigzeit auf 1000 m	8 min

Hansa-Brandenburg W 34   1918

Ernst Heinkel hatte gegen Ende des Ersten Weltkrieges aus seinen erfolgreichen See-Kampfflugzeugen W 29 und W 33 noch einen stärkeren Typ W 34 entwickelt, der aber nicht mehr zum Einsatz kam. Nach dem Kriege wurde dann dieser Typ bei der französischen Marine erprobt und beeinflußte die dortige Seeflugzeugentwicklung ganz erheblich. In

Halberstadt C V der Fl. Abt.
429 in Breslau-Gandau

Hansa-Brandenburg W 12 des
holländischen Marine-Luft-
fahrt-Dienstes

Hansa-Brandenburg W 34 in
Japan – Aichi „Mi-Go"

Finnland baute die Firma JVL den Typ als JVL 22 nach. In Holland baute die Firma Van Berkel eine leicht geänderte Version, während in Japan daraus der See-Aufklärer »Mi-go« Type 15-Ko entstand, der bei Aichi gebaut wurde. Alle diese Nachbauten des deutschen Flugzeugs flogen bis Mitte der zwanziger Jahre.

Triebwerk	Fiat 300 PS
Bewaffnung	2 starre, ein bewegl. MG
Spannweite	16,60 m
Länge	11,10 m
Flächeninhalt	49 qm
Leergewicht	1534 kg
Nutzlast	736 kg
Fluggewicht	2270 kg
Höchstgeschwindigkeit	175 km/h

Junkers JI (J 4) 1917/18

Entwurf: Mader, Steudel, Brandenburg, Madelung. Gepanzertes Schlachtflugzeug, Besatzung 2 Mann, Bewaffnung: 1 starres und 1 bewegliches MG, Splitterbomben, gebündelte Handgranaten. Erstflug am 28. 1. 1917. Bei der Truppe sehr beliebt trotz niedriger Geschwindigkeit und langer Startstrecke. 227 Stück gebaut. Davon mindestens eine bei Fl.Abt. 431 in Breslau-Gandau gegen Polen im Einsatz. Durch Panzerwanne für normalen MG-Beschuß praktisch unverwundbar.

Junkers D I (J 9) 1918

Entwurf: Zindel/Mader. Weiterentwicklung des Jagdeinsitzers J 7. Erster in Serie gebauter Ganzmetall-Jagdeinsitzer der Welt. Da Fertigung schwieriger als Fokker D VII, nur 41 Stück gebaut, wovon nur wenige noch im Westen vor dem Waffenstillstand zum Einsatz kamen. Mehrere in Dessau vorhandene Exemplare wurden nach Swinemünde und von dort nach Wainoden in Kurland zum Geschwader Sachsenberg gebracht und sind dort erfolgreich gegen die Bolschewiki eingesetzt worden. Beim Rückzug wurden die letzten noch einsatzfähigen Maschinen zerstört.

Triebwerk	Benz IV 200 PS
Spannweite	16,00 m
Länge	9,10 m
Höhe	3,40 m
Flächeninhalt	49,40 qm
Rüstgewicht	1766 kg
Zuladung	410 kg
Fluggewicht	2176 kg
Höchstgeschwindigkeit	155 km/h
Reisegeschwindigkeit	140 km/h
Steiggeschwindigkeit	1,5 m/sec
Steigzeit auf 2000 m	32 min

Triebwerk	Mercedes	BMW
Leistung	160 PS	185 PS
Bewaffnung	2 starre MG	2 starre MG
Spannweite	9,00 m	9,08 m
Länge	7,25 m	7,25 m
Höhe	2,60 m	2,60 m
Flächeninhalt	14,80 qm	14,92 qm
Rüstgewicht	654 kg	654 kg
Fluggewicht	834 kg	834 kg
Höchstgeschwindigkeit	220 km/h	240 km/h
Reisegeschwindigkeit	200 km/h	220 km/h
Steiggeschwindigkeit	6,4 m/sec	8,3 m/sec
Dienstgipfelhöhe	6700 m	7000 m
Reichweite	300 km	290 km
Startstrecke	100 m	100 m
Landestrecke	100 m	100 m
Steigzeit auf 5000 m	23,40 min	12,70 min

Rechte Seite:

Oben: Junkers J I (Werksbez. J 4) gepanzertes Infanterieflugzeug

Unten: Junkers D I (J 9) 1919 in Wainoden (Kurland)

Junkers CL I (J 10) 1918

Entwurf: Zindel, Mader. Schlachtflugzeug. Erstes Ganzmetall-Arbeitsflugzeug der Welt. Nach Kriegsende meist beim Geschwader Sachsenberg im Baltikum mit gutem Erfolg eingesetzt. Erwies sich gegenüber den dort von den Bolschewiki eingesetzten französischen Flugzeugen als überlegen. Einige CL I wurden zu behelfsmäßigen Passagierflugzeugen umgebaut und im innerdeutschen Luftverkehr eingesetzt. Diese Ausführung führte dann über das Projekt J 12 zum ersten Ganzmetallverkehrsflugzeug F 13.

Bewaffnung	1 starres und 1 bewegliches MG, Splitterbomben, gebündelte Handgranaten
Triebwerk	Mercedes 160 PS
Spannweite	12,2 m
Länge	7,9 m
Höhe	3,1 m
Leergewicht	735 kg
Nutzlast	420 kg
Fluggewicht	1155 kg
Höchstgeschwindigkeit	190 km/h
Steigzeit auf 3000 m	14 min
Reichweite	380 km

Luft-Verkehrs-Gesellschaft (L.V.G.) C V 1917

Nach dem Ausscheiden des Schweizers Franz Schneider übernahm E. Saberski-Müssigbrod das Konstruktionsbüro bei L.V.G. C V war sein erster Entwurf. Die Maschine war mit dem 200 PS Benz-Motor ausgerüstet und wurde vorwiegend als Fernaufklärer eingesetzt. Einige wenige Maschinen entgingen der sofortigen Zerstörung und wurden im Baltikum und in Mitteldeutschland bei verschiedenen Fliegereinheiten geflogen. Bewaffnung: 1 starres und 1 bewegliches MG. Reihenbildgeräteeinbau. Nach dem Flugverbot von 1920 übernahmen DLR und Deutscher Luftlloyd noch zehn Maschinen und setzten sie als Post- oder Frachtflugzeuge ein: D-9, 10, 11, 33, 58, 59, 73, 117, 122, 147, 1179.

Spannweite	13,6 m
Länge	7,24 m
Flächeninhalt	42,7 qm
Leergewicht	985 kg
Zuladung	520 kg
Fluggewicht	1505 kg
Höchstgeschwindigkeit	180 km/h
Gipfelhöhe	5000 m

L.V.G. (Luft-Verkehrs-Gesellschaft) C VI 1918

Entwurf: Saberski-Müssigbrod. Schnellster deutscher Fernaufklärer des Ersten Weltkriegs. Nach 1918 nur noch einzelne Exemplare bei den Reichswehr-Flieger-Abteilungen. Einsatzgebiete: Mitteldeutschland, Schlesien, Ostpreußen. Letzte Maschinen als Passagier- und Postflugzeuge bei der Deutschen Luft Reederei untergebracht. Besatzung 2 Mann. Funkgerät für Sendung und Empfang, Handkamera und Reihenbildgerät. Da die Firma Raab-Katzenstein später den Typ nachbaute als RK 8, mit Kabine RK 8a, ist nur festzustellen, daß nach 1919 insgesamt noch 38 Maschinen zugelas-

Junkers CL I (J 10) 1920 in
Breslau-Gandau

Dreiseitenriß Junkers J 10
(unten)

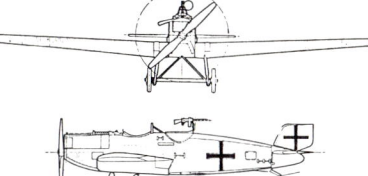

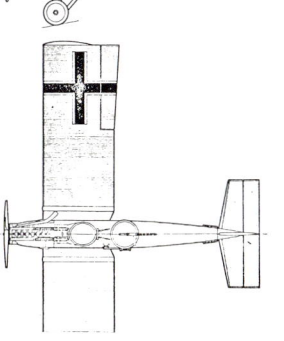

LVG C V Aufklärungsflugzeug
LVG C VI (1920)

sen wurden, die bei verschiedenen Tarnfirmen von Reichswehrangehörigen geflogen wurden.

Triebwerk	Benz 200 PS
Bewaffnung	1 starres und 1 bewegliches MG
Spannweite	12,85 m
Länge	8,10 m
Flächeninhalt	37 qm
Leergewicht	930 kg
Nutzlast	460 kg
Fluggewicht	1390 kg
Höchstgeschwindigkeit	190 km/h
Gipfelhöhe	6000 m

Pfalz D IIIa 1918

Entwurf: Eversbusch. Jagdeinsitzer. 1917/18 in großer Stückzahl, besonders für bayrische Jagdstaffeln, gebaut. Zu schwache Flächenkonstruktion, mußte geändert werden (D IIIa). Wahrscheinlich ist der im Bild gezeigte der einzige nach 1918 noch im Einsatz gewesene Pfalz D IIIa.

Triebwerk	Mercedes 160 PS
Bewaffnung	2 starre MG
Spannweite	9,38 m
Länge	7,60 m
Flächeninhalt	22,14 qm
Leergewicht	695 kg
Nutzlast	237 kg
Fluggewicht	932 kg
Höchstgeschwindigkeit	165 km/h
Steigzeit auf 3000 m	17 min
Reichweite	400 km
Gipfelhöhe	5200 m

Rumpler C I (5A2) 1918

Bei den zur Niederschlagung des Räteaufstandes in Bayern eingesetzten vier Fliegerabteilungen flogen noch einige Rumpler C I, Aufklärungsflugzeuge aus dem Jahre 1915, die man bei den Bayrischen Rumpler-Werken in Augsburg entdeckt hatte. Sie galten als reichseigene Bestände. Ein Teil der Maschinen wurde vom Rumpler-Luftverkehr übernommen und im Luftpostdienst eingesetzt. Es waren noch 21 Maschinen.

Triebwerk	Mercedes 160 PS
Bewaffnung	1 MG, Splitterbomben
Spannweite	12,15 m
Länge	7,85 m
Flächeninhalt	36 qm
Leergewicht	790 kg
Zuladung	540 kg
Fluggewicht	1330 kg
Höchstgeschwindigkeit	175 km/h

Rumpler C IV und D I 1918

Nach Abschluß der Kämpfe in Bayern standen bei den Bayrischen Rumpler-Werken noch drei Aufklärungsflugzeuge Ru C IV und ein Jagdeinsitzer, eine Maschine, die nicht mehr an die Front 1918 gekommen war, Ru D I. Direktor Mayer, der Werksleiter, benutzte die C-Maschinen als Grundstock für den Rumpler-Luftverkehr und ließ diese Maschinen als D-32, D-72 und D-76 zulassen. Der Jagdeinsitzer wurde D-109. Mayer veranstaltete dann einen großen Flugtag auf dem Oberwiesenfeld in München, auf dem dann die beiden Pour-le-Mérite-Flieger Ritter von Greim und Ernst Udet Schauluft-

Pfalz-Jagdeinsitzer D IIIa
(1920)

Rumpler C I, D-97 192 in Berlin-Tempelhof

Robert Ritter von Greim auf
Rumpler D I in München,
Oktober 1919 (unten)

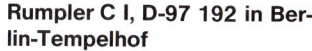

Rumpler C IV in Augsburg
1920

81

kämpfe vorführten. Dann mußte diese Maschine aber auch zerstört werden.

Triebwerk	C IV Mercedes	D I BMW
Leistung (PS)	260	185
Spannweite (m)	12,7	8,2
Länge (m)	8,4	5,7
Höhe (m)	3,2	2,6
Flächeninhalt (qm)	34,8	8,0
Leergewicht (kg)	1057	615
Zuladung (kg)	580	180
Fluggewicht (kg)	1435	805
Höchstgeschwindigkeit (km/h)	175	200
Steigzeit auf 5000 m (min)	30	17,8
Reichweite (km)	585	400
Gipfelhöhe (m)	6800	8500

Rumpler C VI   1918

Die erste getarnte Aufklärungsabteilung war der Luftbildvermessungstrupp der Landesaufnahme in Berlin-Adlershof. Dieser Verband verfügte über sechs Rumpler C VI Aufklärungsflugzeuge, von denen D-51 und D-52 mit Merce-

Triebwerk	Maybach Mb IVa
Leistung	260 PS
Spannweite	12,7 m
Länge	8,4 m
Höhe	3,2 m
Flächeninhalt	34,8 qm
Leergwicht	1057 kg
Zuladung	378 kg
Fluggewicht	1435 kg
Höchstgeschwindigkeit	175 km/h
Steigzeit auf 5000 m	21,5 min
Reichweite	585 km
Gipfelhöhe	7300 m

des, D-IVa, D-53, D-54, D-55 und D-56 mit Maybach Mb IVa ausgestattet waren. Die Maschinen waren Spezialflugzeuge für Reihenbildaufnahmen und waren im Krieg als »Ru-Bild« bezeichnet worden. Sie waren speziell für Höhenflüge entwickelt worden und erreichten bis zu 7300 m Höhe, wohin ihnen feindliche Jäger nicht hatten folgen können.

Sablatnig N I und C II   1918

Der in Deutschland naturalisierte Österreicher Josef Sablatnig gehörte zur Elite der Vorkriegsflieger und hatte in Berlin ein Flugzeugwerk gegründet. Während N I ein langsam fliegender Bombenträger war, war C II ein Fernerkunder für große Höhen. Acht N I und eine C II überlebten den Krieg und die Nachkriegskämpfe und auch die Zerstörung und Ablieferung, nachdem sie entwaffnet worden waren. Mit diesen Maschinen begann Sablatnig dann 1923 ein Luftverkehrsunternehmen »Lloyd Luftverkehr Sablatnig«, das dann später von der Lufthansa

Triebwerk	N I Benz Bz IV	C II Maybach Mb IVa
Leistung (PS)	200	260
Spannweite (m)	16,0	12,5
Länge (m)	8,7	8,3
Höhe (m)	3,2	3,2
Leergewicht (kg)	1100	1080
Zuladung (kg)	700	510
Fluggewicht	1800	1590
Höchstgeschwindigkeit (km/h)	125	150
Steigzeit auf 4000 m (min)	59	20
Reichweite (km)	500	525
Gipfelhöhe (m)	4000	7100

Rumpler C VI in Augsburg
Herbst 1919

Sablatnig N I (Bz) 2730/17

Zeppelin-Staaken R XIVa/
70/18 in Breslau-Gandau
1919

83

absorbiert wurde. Noch 1920 hatten die N I ihren eigentlichen Beruf »Nachtbomber« ausgeübt. Die C II gehörte aber auch zu den ersten Aufklärungsflugzeugen der getarnten Fliegertruppe.

Zeppelin-Staaken R XIVa   1918

Von den vier ursprünglich bestellten vier schweren Bombern dieses Typs existierten bei Kriegsende 1918 noch drei. Alle drei wurden 1918 und später zum Geldtransport in die Ukraine und in die Abstimmungsgebiete in Westpreußen und Oberschlesien benutzt. Obwohl sie keine Kampfaktionen durchführten, wurden sie von Angehörigen der Reichswehrfliegerverbände geflogen. Die erste Maschine wurde 1919 bei einer Zwischenlandung in Wien-Aspern von der Interalliierten Kontroll-Kommission beschlagnahmt. Sie wurde dann an Italien ausgeliefert. Von den beiden restlichen machte eine in Bessarabien Bruch, das Schicksal der anderen ist unbekannt.

Triebwerk	5 Maybach Mb IVa je 245 PS
Besatzung	wechselnd
Bewaffnung	vorgesehen, aber nicht eingebaut
Spannweite	42,2 m
Länge	22,5 m
Höhe	6,3 m
Flächeninhalt	334 qm
Leergewicht	10 000 kg
Nutzlast	4250, maximal 5000 kg
Fluggewicht	14 250 kg
Höchstgeschwindigkeit	135 km/h
Steigzeit auf 1000 m	7 min
Steigzeit auf 3000 m	45 min
Gipfelhöhe	4500 m
Reichweite mit 1000 kg Last	1300 km

TEIL III

Deutsche Militärflugzeuge
1921–1932

Caspar U 1/U 2   1921

Entwurf: Ernst Heinkel. Bordflugzeug für
Unterseeboote. Aufgrund von Bestellungen
der US- und der Japanischen Marine gebaut.
Zwei für USA (A 6434 und A 6435) und weitere
zwei für Japan. Das Flugzeug konnte in 100
Sekunden zerlegt und in einem Druckkörper
von 6 m Länge und 1,5 m Durchmesser verstaut
werden. Der Wiederaufbau dauerte etwa 200
Sekunden. Erstes deutsches Militärflugzeug,
das nach dem Ersten Weltkrieg in Deutschland
entwickelt und gebaut wurde. Eine dritte U 1
wurde etwas später, wahrscheinlich für die
Reichsmarine gebaut und unter der Nummer D-
293 zugelassen.

	U 1/USA	U 2/Japan
Triebwerk	Siemens & Halske 50 PS	
Spannweite	7,20 m	7,20 m
Länge	6,20 m	6,18 m
Höhe	2,33 m	2,33 m
Flächeninhalt	14 qm	14 qm
Fluggewicht	572 kg	510 kg
Geschwindigkeit	120 km/h	130 km/h

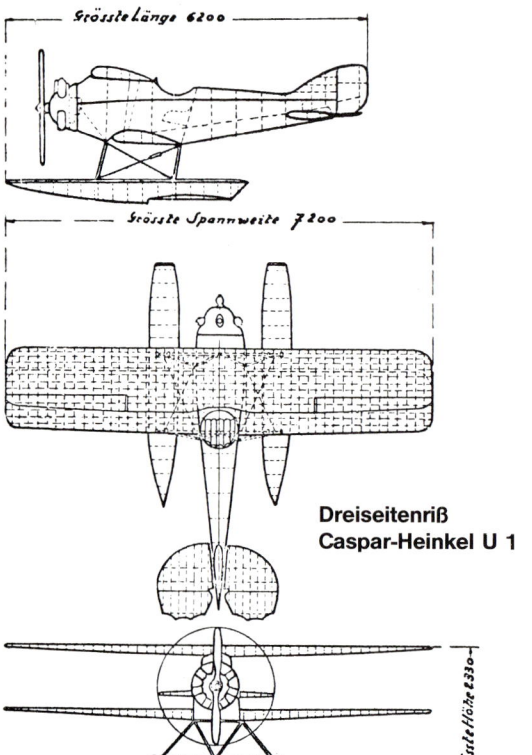

**Dreiseitenriß
Caspar-Heinkel U 1**

Dornier Do A »Libelle«   1921

Nach Heinkels Caspar U 1 kaufte die US-Marine
auch das dreisitzige Ganzmetallflugboot
»Libelle«, zumal dieses bis auf eine Breite von
3 m zusammengeklappt werden konnte und
sich dadurch auch auf kleinen Schiffseinheiten
unterbringen ließ. Das Boot erhielt die US-
Navy-Kennr. A 6552 und wurde einer intensiven

	5-Zyl.Sh	557-Zyl.Sh 80
	PS	PS
Spannweite	9,80 m	9,80 m
Länge	7,18 m	7,18 m
Höhe	2,27 m	2,37 m
Flächeninhalt	15,5 qm	15,5 qm
Rüstgewicht	420 kg	460 kg
Zuladung	180–220	250–300
Fluggewicht	600–640 kg	710–760
Höchstgeschwindigkeit	120 km/h	145 km/h
Gipfelhöhe	1600 m	2000 m

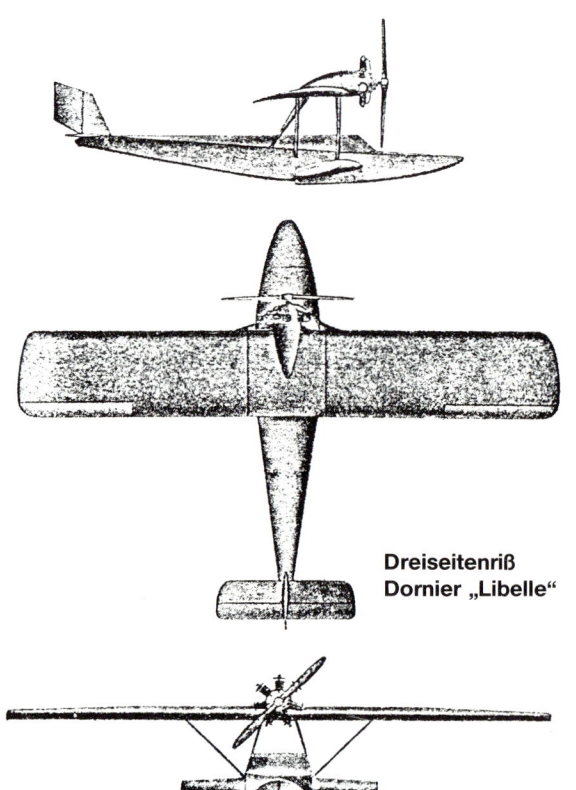

**Dreiseitenriß
Dornier „Libelle"**

Caspar-Heinkel U 1,
US-Marine-Nr-A 6434

Caspar U 2, in Japan
Yokosho Type 1

Dornier „Libelle"

87

Erprobung unterzogen. Dieses Boot war mit einem Bristol »Lucifer« 80/100 PS ausgerüstet. Ein Boot ging mit Cirrus-Motor nach Australien, weitere Boote gingen, teils mit 55 PS teils mit 80 PS Siemens-Motoren, in die Schweiz und nach Columbien. Die Montage der Boote erfolgte in Rohrschach in der Schweiz. Insgesamt wurden acht Boote des Typs »Libelle« gebaut, die vor dem Export in Deutschland als D-274, D-275, D-326, D-327, D-328, D-352, D-907 und D-1065 zugelassen wurden.

Dornier Cs II »Delphin I«   1921

Der Wunsch der amerikanischen Marine ihre meist in Gemischtbauweise hergestellten Flugboote durch solche in Ganzmetallbauweise zu ersetzen, veranlaßte die US-Navy, ein solches Verkehrsflugboot bei Dornier anzukaufen, um ihren Lieferanten die deutsche Ganzmetallbauweise in der Praxis vorzuführen. Das Boot wurde mit der Kenn-Nr. A 6055 in der US-Marine einige Jahre geflogen.

Triebwerk	Rolls-Royce »Falcon« 260 PS
Spannweite	17,1 m
Länge	12,0 m
Höhe	3,5 m
Flächeninhalt	62,0 qm
Rüstgewicht	2900 kg
Nutzlast	1000 kg
Fluggewicht	3900 kg
Höchstgeschwindigkeit	180 km/h
Gipfelhöhe	4500 m

Caspar S.1 (Heinkel HE 1)   1922

Ernst Heinkel entwarf dieses Mehrzweckflugzeug für die schwedische Marine als Konstruktionsleiter von Caspar. Das Musterflugzeug mit Rolls-Royce »Eagle« 360 PS, D-292, wurde unbewaffnet in Deutschland gebaut. Die Zelle wurde aus dem Typ Hansa-Brandenburg W 37 entwickelt. Caspar lieferte die Einzelteile für die schwedischen S.1, dort als Typ 32 bezeichnet, die dort mit Armstrong-Siddeley 240 PS zusammengebaut wurden. Sie erhielten eine Bewaffnung von einem starren und zwei beweglichen MG. Caspar baute für die Reichsmarine noch zwei unbewaffnete S.1, D-450 und D-830. Heinkel baute dann im eigenen Werk noch zehn HE 1, die gegenüber dem ursprünglichen Entwurf nur kleine Unterschiede aufwiesen: D-938, 939, 945, 1045, 1046, 1047, 1134, 1199, 1282 und 1474. Hiervon wurden D-1045 und D-1047 erst im Oktober 1933 außer Dienst gestellt. Alle HE 1 waren mit Rolls-Royce »Eagle IX« ausgerüstet.

Spannweite	18,00 m
Länge	12,60 m
Flächeninhalt	52,30 qm
Leergewicht	1800 kg
Zuladung	675 kg
Fluggewicht	2475 kg
Höchstgeschwindigkeit	180 km/h
Landegeschwindigkeit	84 km/h
Steigzeit auf 1000 m	5,0 min
Steigzeit auf 2000 m	11,0 min
Gipfelhöhe	3800 m
Besatzung	2

Dornier Cs II „Delphin",
US-Marine-Nr. A-6055

Caspar-Heinkel S. 1 für die
Reichsmarine

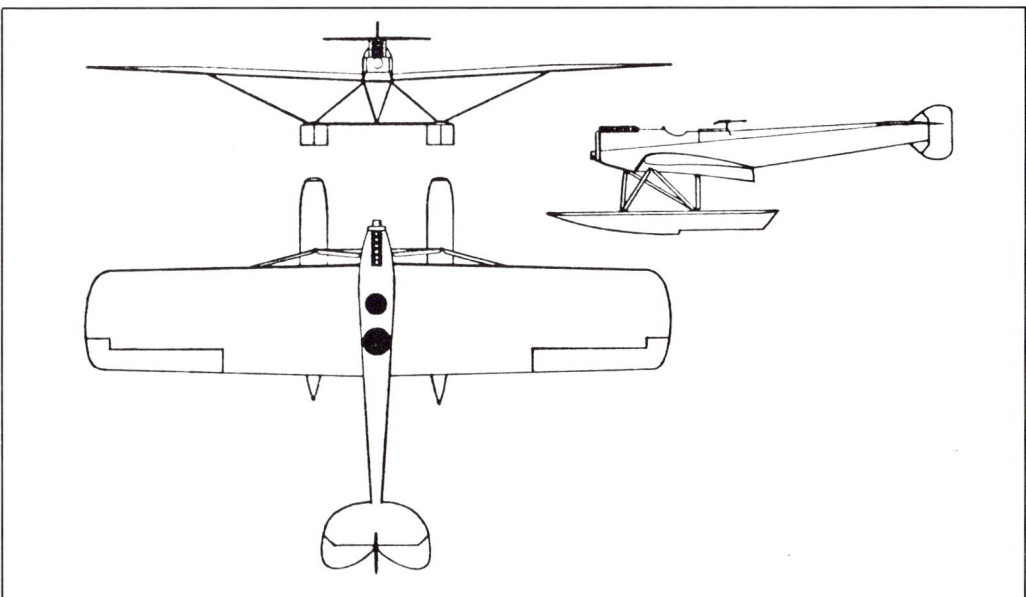

Dreiseitenriß Caspar-Heinkel
S. 1

89

Dornier Gs II »Wal«   1922

Claude Dornier hatte aus den Erfahrungen mit dem Flugboot Gs I, das auf alliierte Anordnung vernichtet wurde, die Konsequenzen gezogen, daß sein Weg zum Hochseeflugboot der richtige war. So kam es zur Konstruktion der Gs II, dem Boot, das als »Wal« den Namen Dornier weltberühmt machen sollte. Der Bau erfolgte 1922 in Marine di Pisa, dem Werk, mit dem Dornier einer Wiederholung des Schicksals der Gs I ausgewichen war. Der einzige Motor, der damals zur Verfügung war, war der 260 PS Maybach, von dem zwei Exemplare in das neue Flugboot eingebaut wurden. Eine spanische Militärmission entschloß sich nach eingehender Erprobung, einen Serienauftrag zu erteilen. Die für Spanien gebauten »Wale« sollten aber den stärkeren Hispano-Suiza von 300 PS erhalten. Die erste Serie war noch im Bau, als weitere Bestellungen aus Columbien und Japan folgten. Kawasaki in Kobe kaufte die Nachbau-Lizenz. Später folgten C.A.S.A. Madrid und Aviolanda in Holland. Es handelte sich aber ausschließlich um militärische Flugboote. Die Entwicklung zum Verkehrsflugboot kam erst später. Der »Militär-Wal« wurde noch in vielen anderen Ländern, darunter auch der Sowjet-Union geflogen. In modernisierter Form wurde er später das erste Fernaufklärungsflugboot der Reichsmarine und ab 1933 der Luftwaffe. Die in Deutschland fliegenden Wale gehörten meist der Lufthansa und waren in der ersten Zeit mit verschiedenen Motoren ausgerüstet. Erst 1928 konnte die DLH den ersten Wal Typ J-bas mit BMW-Motoren in Dienst stellen. Dieser hatte noch den BMW V. Der nächste Wal ging aber via DVS an die Reichsmarine. Er hatte bereits 2 BMW VI und erhielt die Zulassung D-1422. Die nächsten fünf Wale gingen wieder an die DLH. Es ist wahrscheinlich, daß auch ein Teil der an die DLH gegangenen Wale von Marinefliegern geflogen wurde. D-2053, D-2068 und D-2069 gehörten zu der verbesserten Ausführung J IIBos und gingen sämtlich an die DVS. Von insgesamt 26 Do J gingen 15 offiziell an die Lufthansa, der Rest an DVS, DVI und RDL. Nur einer der J II-Wale wurde mit Siemens »Jupiter VI«-Triebwerken ausgerüstet.

	Mil-Wal 1922	J IIbas
Triebwerk	RR-Eagle IX	BMW VI
Leistung	2 × 360 PS	2 × 690 PS
Spannweite	22,5 m	23,2 m
Länge	17,25 m	18,2 m
Höhe	5,2 m	5,5 m
Flächeninhalt	96,0 qm	96,0 qm
Rüstgewicht	3560 kg	5050 kg
Zuladung	2140 kg	2950 kg
Fluggewicht	5700 kg	8000 kg
Höchstgeschwindigkeit	180 km/h	225 km/h
Steigzeit auf 3000 m	33 min	35 min
Gipfelhöhe	3500 m	3000 m

Dornier Do H »Falke«   1922/23

Dieser Jagdeinsitzer ist wahrscheinlich aufgrund einer Bestellung der US-Marine gebaut worden. Es dürften nicht mehr als zwei Exemplare gebaut worden sein. Eins davon ging dann in die USA und wurde dort nicht mit deutscher Bezeichnung, sondern als »Wright-Pursuit (WP)-1« unter der Kenn-Nr. A 6748 in der US-Navy erprobt. Die Amerikaner waren von der Leistungsfähigkeit der Maschine überrascht. In einem amerikanischen Handbuch heißt es wörtlich »Had amazing performance for its time«. Die Bezeichnung »Wright-Pur-

Rechte Seite:

Oben: Spanischer Marine-Wal M-MWAA   Unten: Dornier „Falke" in USA: Wright WP-1, Marine-Nr. A-6748

suit« beruht nur auf der Tatsache, daß die amerikanische Maschine einen Wright H-3 Motor von 325 PS hatte, während die im Schweizer Dornier-Werk verbliebene Maschine einen 300 PS Hispano-Suiza hatte. Die unten aufgeführten Leistungen wurden mit diesem Motor geflogen. Man muß vermuten, daß die Leistungen mit dem etwas stärkeren amerikanischen Motor höher lagen.

Spannweite	10,00 m
Länge	7,43 m
Höhe	2,66 m
Flächeninhalt	20 qm
Rüstgewicht	890 kg
Zuladung	310 kg
Fluggewicht	1200 kg
Höchstgeschwindigkeit	250 km/h
Dienstgipfelhöhe	6000 m
Steigzeit auf 5000 m	23 min

Dornier »Seefalke«   1922/23

Die Leistungen des Dornier »Falken« erregten auch das Interesse der Japaner. Die Firma Kawasaki Dockyard Ltd. in Kobe ließ sich von Dornier in Marina di Pisa einen mit Schwimmern ausgerüsteten »Falken« bauen, der mit einem BMW IV von 250/350 PS ausgerüstet war. Obwohl kein Serienbau erfolgte, war der in Ganzmetall hergestellte Typ doch ein Erfolg für den deutschen Flugzeugbau. Chefkonstrukteur bei Kawasaki wurde der deutsche Dr. Richard Vogt, der dann bei Kawasaki den Ganzmetall-Aufklärer Army Type 88 und den Ganzmetalljäger Type 92 baute, die auch beide mit deutschen BMW-Motoren ausgerüstet waren. Vogt kehrte nach 1933 nach Deutschland

zurück und wurde Technischer Leiter des Flugzeugbaus Blohm & Voss.

Spannweite	10,00 m
Länge	8,42 m
Höhe	3,05 m
Flächeninhalt	20 qm
Rüstgewicht	1050 kg
Zuladung	270 kg
Fluggewicht	1320 kg
Höchstgeschwindigkeit	240 km/h
Gipfelhöhe	6800 m
Steigzeit auf 4000 m	18 min

Junkers F 13   1922

Die Entstehungsgeschichte dieses berühmten ersten Ganzmetallverkehrsflugzeuges der Welt darf als bekannt vorausgesetzt werden. Weniger bekannt aber dürfte die Tatsache sein, daß dieses Verkehrsflugzeug, wie später auch andere Junkers-Verkehrsflugzeuge, als

Triebwerk: BMW IIIa 185 PS (1919)
später Junkers L-5 310 PS

	BMW IIIa	L-5 (1922)	L-5 (1924)
Spannweite	14,82 m	17,80 m	17,80 m
Länge	9,6 m	10,3 m	10,15 m
Höhe	3,14 m	–	–
Flächeninhalt	38,7 qm	38,7 qm	40,0 qm
Rüstgewicht	1150 kg	1300 kg	1200 kg
Nutzlast	750 kg	600 kg	900 kg
Fluggewicht	1770 kg	1900 kg	2100 kg
Steigzeit auf 1000 m	8 min	9 min	7 min
2000 m	17 min	20 min	15 min
3000 m	28 min	40 min	25 min
5000 m	–	–	60 min
Höchstgeschwindigkeit	155 km/h	150 km/h	180 km/h
Reisegeschwindigkeit	140 km/h	140 km/h	150 km/h
Landegeschwindigkeit	84 km/h	84 km/h	90 km/h
Gipfelhöhe	4500 m	3500 m	5000 m

Rechte Seite:

Oben: Dornier „Seefalke"   Unten: Junkers F-13 als Militärflugzeug in Persien

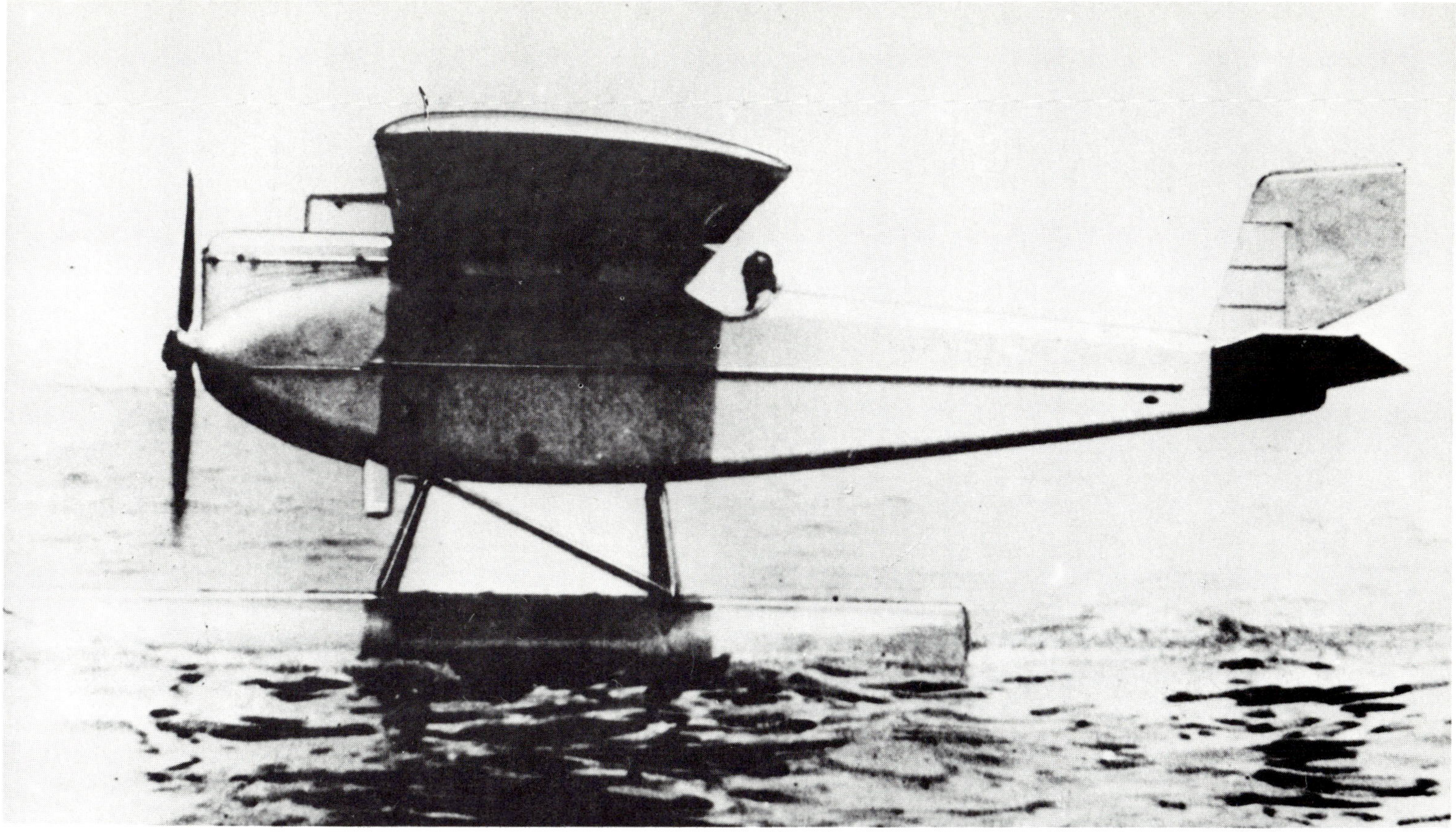

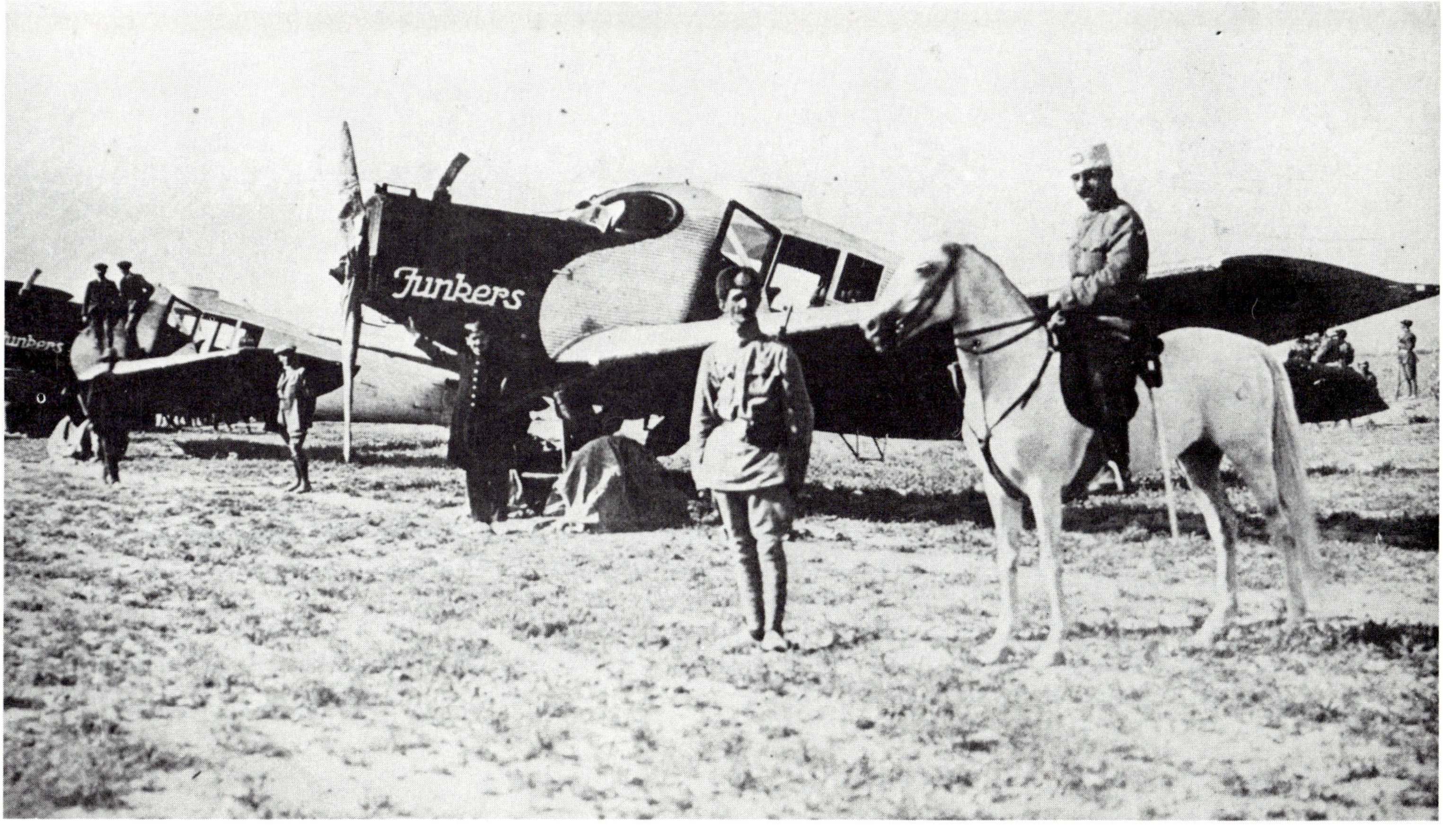
Junkers

Behelfs-Kampfflugzeug verwendet worden ist. Diese Maschinen, die hinter dem Führersitz einen MG-Stand hatten, sind in der UdSSR in dem Werk in Moskau-Fili, das Professor Junkers gegründet hatte, sowohl für die UdSSR als auch für Persien gebaut worden und dort zur Bekämpfung bewaffneter Banden und Aufständischer verwendet worden. Die Vereinigten Staaten kauften mehrere F 13 an. Der Vertrieb ging über die Firma Larsen, weswegen die F 13 unter der Bezeichnung JL-6 (Junkers-Larsen) lief. Die US-Marine kaufte drei F 13, davon eine auf Schwimmern, an, die die Kenn-Nummern A-5867 bis 5869 erhielten. Die Maschinen blieben mehrere Jahre bei der US-Marine in Dienst.

deutsche Abnehmer gebaut, davon aber 6 später in die modernere Type A 35 umgebaut.

	A 20 L	A 20 W
Spannweite	15,35 m	15,35 m
Länge	8,35 m	9,45 m
Höhe	3,05 m	3,40 m
Flächeninhalt	32,00 qm	32,00 qm
Leergewicht	940 kg	1120 kg
Nutzlast	560 kg	480 kg
Fluggewicht	1500 kg	1600 kg
Höchstgeschwindigkeit	181 km/h	170 km/h
Steigzeit auf 2000 m	10,7 min	
Steigzeit auf 5000 m	43 min	
Gipfelhöhe	5000 m	4500 m

Junkers A 20   1922/23

Entwurf: Zindel. Arbeitsflugzeug, Besatzung 2 Mann. Musterflugzeug 1922. Serienbau in der Sowjetunion, 20 Flugzeuge. Radfahrwerk gegen Schneekufen austauschbar. Teil der Serie auch mit Schwimmern. Sowjetische Bezeichnung R-2. Bewaffnung: 1 MG starr, Beobachtersitz mit Drehring für 1-2 MG 7,62 mm. Als Aufklärer Kamera-Einbau im Beobachtersitz. Mitnahme von Splitterbomben vorgesehen. Die Maschinen waren teilweise noch bis 1930 in Dienst. Triebwerk: Mercedes D IIa 160 PS oder BMW 185 PS. (Leistungen mit BMW) Wie es scheint, hat die gute Beurteilung dieses Junkers-Flugzeugs durch die Sowjets Wirkung auf die Einstellung der Reichswehr gehabt, denn ab 1925 wurden laufend A 20 an deutsche Stellen geliefert, wobei als Besteller meist die DLH, daneben aber auch DVL und DVS auftraten. Insgesamt wurden 43 A 20 für

Junkers H-21   1922/23

Entwurf: Zindel. Mehrzweckflugzeug. Besatzung: 2 Mann. Serienbau in der Sowjet-Union (Moskau-Fili). 100 Flugzeuge. Bewaffnung: 1 starres und 1–2 bewegliche MG auf Drehring. 1923–1925 in Dienst, dann nur noch als Übungsflugzeug.
Teilweise später auf BMW IVa 240 PS umgerüstet.

Spannweite	13,34 m
Länge	7,89 m
Flächeninhalt	21,75 qm
Leergewicht	913 kg
Nutzlast	437 kg
Fluggewicht	1350 kg
Höchstgeschwindigkeit	179 km/h
Steigzeit auf 1000 m	4,5 min
Steigzeit auf 2000 m	9,7 min
Steigzeit auf 5000 m	32,0 min
Gipfelhöhe	5600 m

Rechte Seite:

Junkers A-20. Oben: USSR-R-2, Mitte: A-20 W

Unten: Junkers H-21, 100. Flugzeug der in Moskau-Fili gebauten Serie

Junkers H-22   1922/23

Entwurf: Zindel. Jagdeinsitzer. Bewaffnung: 2 starre MG. Die Leistungen des Musterflugzeugs befriedigten nicht, so daß keine Übernahme als Serienflugzeug durch die UdSSR erfolgte. Nur 1 Musterflugzeug gebaut. Da die Reichweite nicht befriedigte, erfolgte der Anbau von äußeren Treibstofftanks an der Rumpfseitenwand. Hierdurch fiel die Höchstgeschwindigkeit weiter ab.

Spannweite	10,77 m
Länge	6,70 m
Fluggewicht	850 kg
	(ohne Zusatzbehälter)
Höchstgeschwindigkeit	220 km/h
	(ohne Zusatzbehälter)
Gipfelhöhe	3500 m
Reichweite	300 km

Keine weiteren Daten zu ermitteln.

Luft-Fahrzeug-Ges.m.b.H (LFG) V 19   1922

Zwischen der LFG und der Reichsmarine bestand eine ziemlich enge Verbindung, da diese viele Flugschüler dort ausbilden ließ. Hier wurde versuchsweise ein Bordflugzeug ent-

Spannweite	9,56 m
Länge	6,6 m
Höhe	31,1 m
Leergewicht	480 kg
Zuladung	210 kg
Fluggewicht	690 kg
Höchstgeschwindigkeit	180 km/h
Reichweite	360 km

wickelt, das nur geringen Raum in Anspruch nehmen und schnell auf- und abrüstbar sein sollte. Marine-Baumeister Baarz entwickelte einen kleinen Ganzmetall-Einsitzer (Duralumnium) in halbfreitragender Tiefdecker Bauweise. Als Triebwerk diente ein aus dem Kriege stammender Oberursel Umlaufmotor von 110 PS.

Rohrbach Ro-II   1922/23

Entwurf: Rohrbach. Dieses hochseefähige Aufklärungsflugboot wurde im Auftrag der japanischen Firma Mitsubishi Shoji Kaisha Ltd. in Berlin entworfen und durchkonstruiert. Die Herstellung erfolgte bei der Tochterfirma »Rohrbach Metal-Aeroplan Co.« in Kopenhagen-Kastrup. Der Erstflug der Ro-II erfolgte unter Werner Landmann am 11. 11. 1923. Obwohl Landmann am 20. 9. 1924 zwei Weltrekorde, und Lesch am 24. 10. 1924 weitere Höchstleistungen erfolgen, übernahm Mitsubishi nicht den Lizenzbau dieses Typs, da die Hochseefähigkeit des Bootes nicht den militärischen Ansprüchen genügte. Als konstruktive Besonderheiten der Ro-II sind zu erwähnen: je

Triebwerk	2 Rolls-Royce »Eagle« je 340 PS
Spannweite	27,00 m
Länge	16,50 m
Flächeninhalt	71,4 qm
Leergewicht	3700 kg
Nutzlast	2000 kg
Fluggewicht	5700 kg
Höchstgeschwindigkeit	165 km/h
Landegeschwindigkeit	110 km/h
Steigzeit auf 1000 m	20 min
Gipfelhöhe	3000 m
Reichweite maximal	1200 km

Junkers H-22 mit äußeren Zusatzbehältern

L.F.G. V 19 „Putbus"

Dreiseitenriß LFG V 19 (unten)

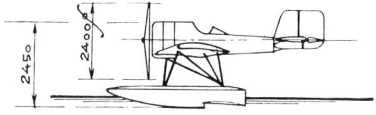
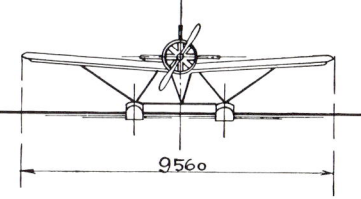
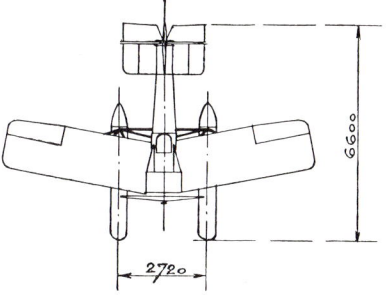

Rohrbach Ro II in Japan

97

ein großer Treibstoffbehälter unter dem Flügel zwischen Boot und Schwimmer, sowie Anbringung einer Segeleinrichtung für den Fall von Notwasserungen.

Caspar S.2 (Heinkel HE 2)   1923

Entwurf: Ernst Heinkel. Verbesserte Ausführung von S.1 Letzte Arbeit Heinkels für Caspar. Zusammenbau ebenfalls in Schweden. Neuerung: Motor nicht mehr unmittelbar am Rumpf angebaut, sondern an Stahlrohrgerüst aufgehängt und durch metallenes Brandschott vom Rumpf getrennt. Dadurch verringerte Brandgefahr. Bewaffnung in Schweden wie S.1. Ebenfalls kleine Serie.

Triebwerk	Rolls-Royce »Eagle« 360 PS
Besatzung	2 Mann
Spannweite	18,00 m
Länge	12,82 m
Flächeninhalt	52,30 qm
Leergewicht	1800 kg
Zuladung	720 kg
Fluggewicht	2520 kg
Höchstgeschwindigkeit	180 km/h
Landegeschwindigkeit	84 km/h
Steigzeit auf 1000 m	5,2 min
Steigzeit auf 2000 m	11,5 min
Gipfelhöhe	3800 m

Dietrich DP IIa   1923

Der ehemalige Jagdflieger Richard Dietrich gründete in Mannheim 1922 eine Flugzeugwerkstatt, in der er eine verkleinerte Kopie des Fokker D VII baute, die er DP I nannte. Er entwickelte den Typ weiter, mußte aber wegen des Einmarschs der Franzosen sein Werk in Mannheim aufgeben und baute es in Kassel wieder auf. Der neue DP IIa-Doppeldecker entwickelte sich zum beliebtesten Sportflugzeug ab 1923 und wurde in mehreren Fliegerschulen, bei denen Reichswehrangehörige schulten und übten, verwendet. Dann begann sich auch die DVS für den Typ zu interessieren, um so mehr als die Maschine mit einem nur 80 PS starken Siemens-Motor voll kunstflugtauglich war. Die DP IIa sah dem Fokker bis auf den Sternmotor sehr ähnlich. Besonders die Fliegerschule Bornemann, bei der ehemalige Kriegsflieger wie Carganico und Rienau lehrten, ließ von ihren Flugschülern echt wirkende Luftkämpfe durchführen. Nach dem Prototyp D-346 wurden 53 DP IIa gebaut. Als später das Unternehmen von Raab-Katzenstein übernommen wurde, bauten diese den Typ weiter, bis ihre eigenen Entwürfe zum Tragen kamen. Nach 1933 emigrierten Raab und Katzenstein. Das Werk wurde von Fieseler übernommen.

Triebwerk	Siemens 80 PS
Spannweite	7,20 m
Länge	5,90 m
Flächeninhalt	16,32 qm
Höchstgeschwindigkeit	160 km/h
Leergewicht	400 kg
Zuladung	220 kg
Fluggewicht	620 kg
Gipfelhöhe	3200 m

Rechte Seite:

Oben: Heinkel-Caspar S. 2/HE 2 Unten: Dietrich DP IIa, D-736 im Schulbetrieb

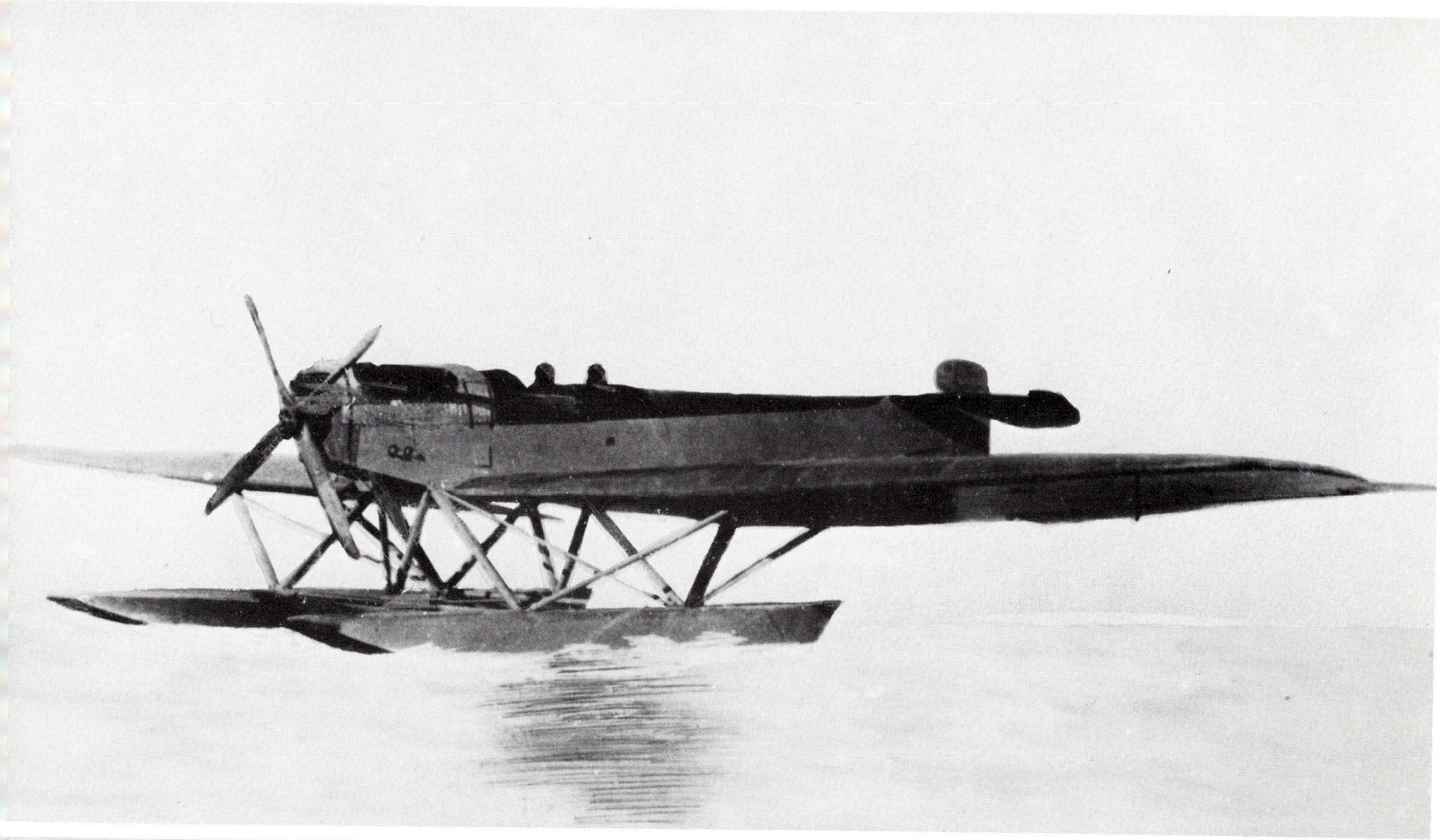

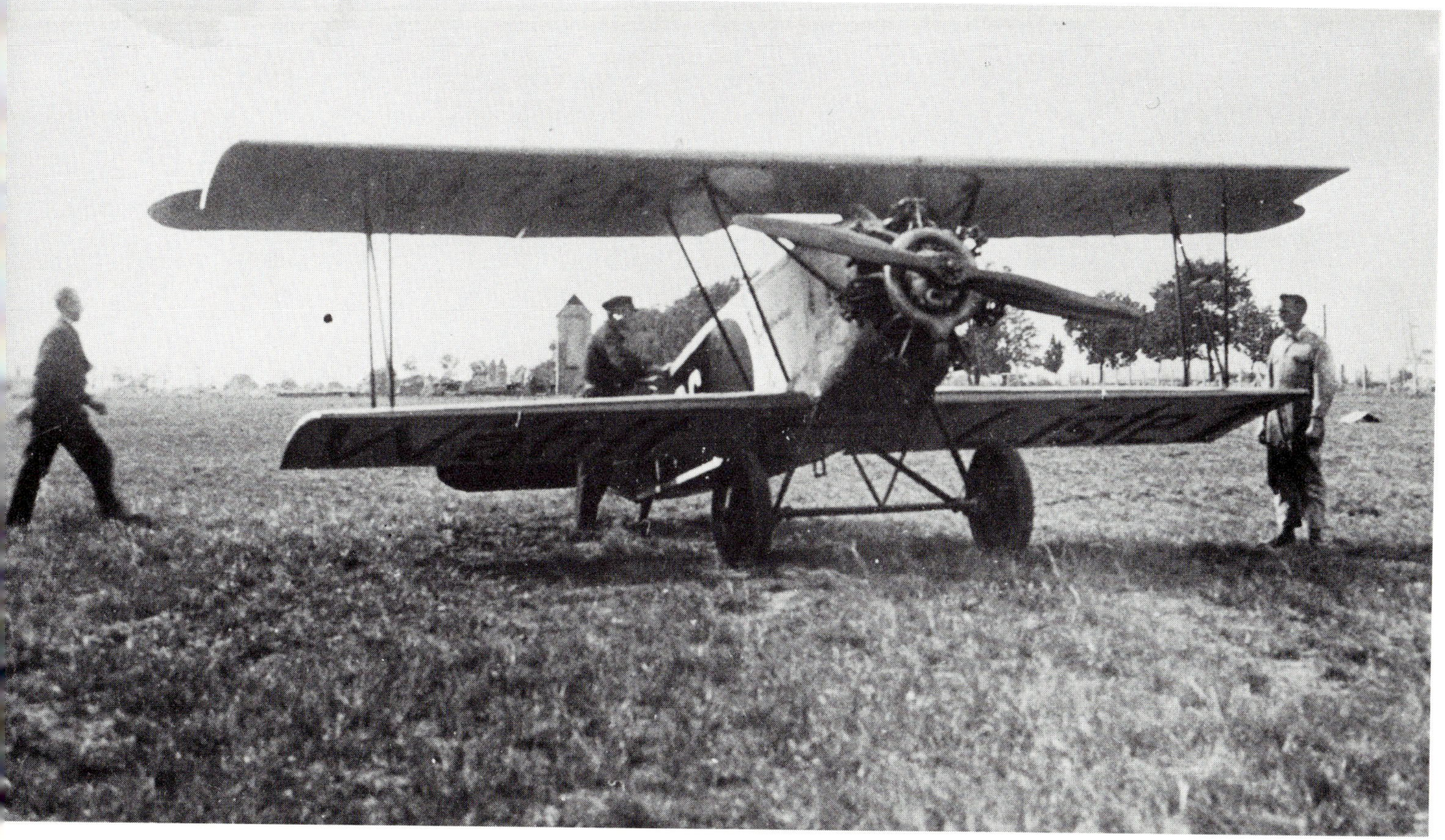

Fokker D XIII 1923

Auch dieser erste »deutsche« Jagdeinsitzer ist eine Weiterentwicklung des bereits wiederholt erwähnten Fokker D VII, der in Deutschland 1917/18 entstand. Es war ein Anderthalbdecker, dessen Tragflächen in Holzbauweise mit Sperrholzbeplankung durch V-Stiele verbunden waren. Der Rumpf war eine geschweißte Stahlrohrkonstruktion, bei dem der Teil hinter dem Triebwerk stoffbespannt war. Der Motor war mit Aluminiumblech verkleidet. Das Triebwerk bestand aus einem englischen Napier »Lion« Motor von 450 PS, die Bewaffnung aus zwei MG 08/15. Bombenaufhängung konnte bei Bedarf eingebaut werden. Die UdSSR bestellte übrigens für die Rote Luftflotte denselben Typ, aber mit 300 PS Hispano-Suiza, unter der Bezeichnung Fokker D XI. Die Maschine wurde in Lipezk sehr positiv beurteilt, da sie vor allem ziemlich trudelsicher war. Die Fokker D XIII wurden nach Lipezk entweder einzeln in Kisten 11 × 95 × 2,50 × 2,30 m, geliefert, oder je zwei in zwei Kisten, Rümpfe 7,80 × 2,45 × 1,65 m, Flächen 11,30 × 1,45 × 2,30 m. Im ersten Fall wog die Kiste 3400 kg, im zweiten Fall eine Kiste 2500 kg und die zweite 2700 kg

Von den 50 gelieferten D XIII waren 1929 noch 43 in Lipezk vorhanden. Es waren Maschinen mit den Werknr. 4599, 4600, 4601, 4603 bis 4625, 4627, 4687 bis 4690, 4692 bis 4696, 4698, 4700, 4702 bis 4706 und 4865. Allein 1927 sind mindestens drei D XIII zu Bruch gegangen. Nach Auflösung von Lipezk 1933 wurden die restlichen D XIII den Sowjets überlassen.

Spannweite	11,53 m
Länge	7,30 m
Höhe	2,90 m
Flächeninhalt	21,8 qm
Leergewicht	1120 kg
Zuladung	430 kg
Fluggewicht	1550 kg
Höchstgeschwindigkeit	265 km/h
Steigzeit auf 5000 m	12 min
Gipfelhöhe	8000 m
Reichweite	600 km

Junkers A 1923

Dieses Seeflugzeug-Projekt aus dem Jahre 1923 stellt eine Zwischenstufe zwischen dem Mehrzweck-Seeflugzeug J 11 des Jahres 1918 und der Junkers A 20 W dar, die aber nicht realisiert wurde.

Triebwerk	Mercedes D III A 160 PS
Bewaffnung	1 starres und 1 bewegliches MG
Besatzung	2 Mann
Spannweite	14,00 m
Länge	9,00 m
Höhe	3,50 m
Flächeninhalt	28,10 qm
Rüstgewicht	960 kg
Zuladung	540 kg
Fluggewicht	1500 kg
Höchstgeschwindigkeit	160 km/h
Reisegeschwindigkeit	140 km/h
Reichweite	1000 km
Landegeschwindigkeit	90 km/h

Albatros-DVL- Höhenversuchsflugzeug 1924–25

Die Steigfähigkeit deutscher Flugzeuge ist immer ein Problem gewesen. So war es ein

Fokker D XIII

Bewaffnung des Fokker D XIII: links MG 08, rechts LMG 14/17 (unten links)

Dreiseitenriß Fokker D XIII (unten rechts)

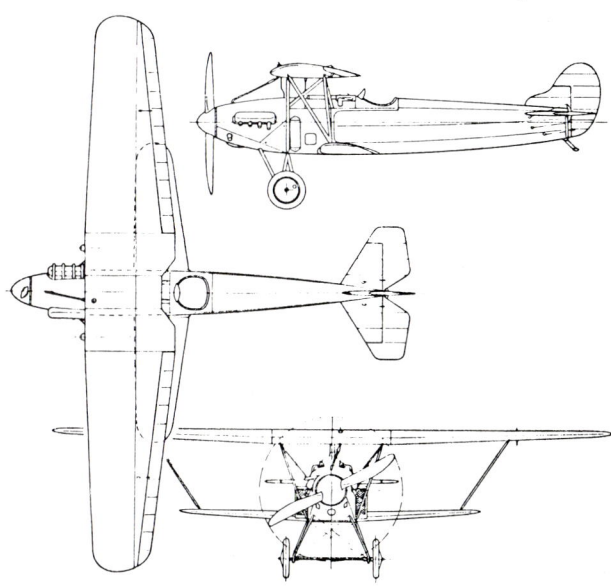

Dreiseitenriß Junkers Projekt A

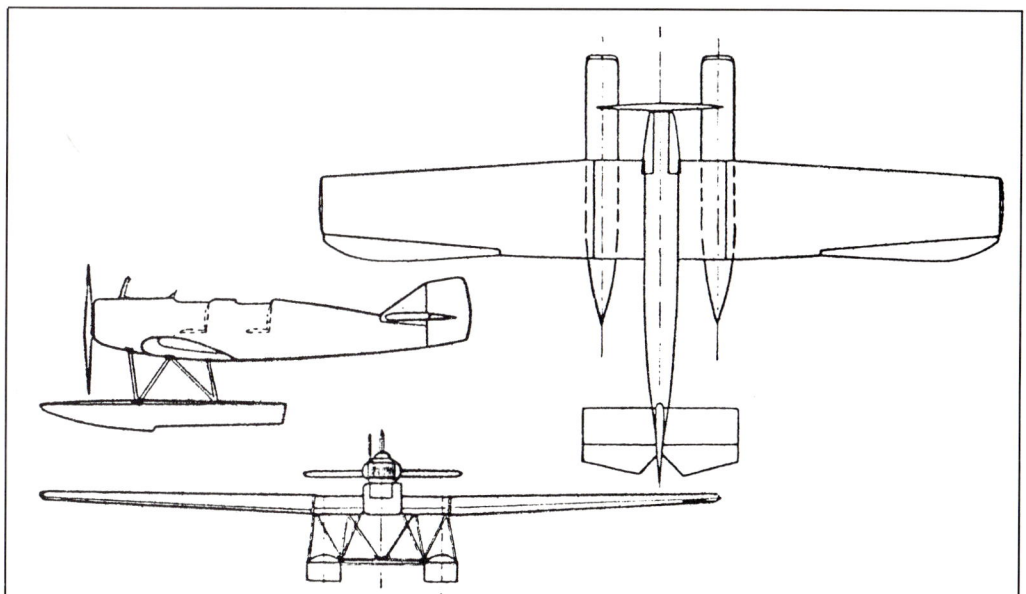

Gebot der Notwendigkeit, eingehende Versuche über die Möglichkeit von Höhenflügen mit PS-schwachen Motoren anzustellen. Aus dem Ersten Weltkrieg waren noch ein oder zwei Sh 3a Motoren gerettet worden. Siemens-Schukkert hatte 1917 damit einen Jagdeinsitzer D III ausgerüstet, der eine enorme Steigfähigkeit gezeigt hatte. Aus diesem war dann mit dem gleichen Motor der Siemens D IV entstanden. So schlug Dr.-Ing. Martin Schrenk, Leiter der Höhenflugstelle der Deutschen Versuchsanstalt für Luftfahrt (DVL), vor, mit Hilfe eines D IV-Rumpfes ein Höhenflugzeug zu entwickeln. Der Konstrukteur Schubert von Albatros entwickelte daraufhin neue Tragflächen mit enormer Spannweite, die dann zweistielig mit der übrigen Zelle vereinigt wurden. Wenn man sich vorstellt, daß der Rumpf des Siemens D IV nur eine Länge von 5,65 m hatte, die Tragflächen aber eine über doppelt so große Spannweite, dann tauchen berechtigte Zweifel über die Fähigkeiten des neuen Versuchsflugzeuges auf. Da aber Schubert noch dazu sich anscheinend verrechnet hatte, so daß die obere Tragfläche auf einer Seite weiter herausstand als auf der anderen, wird man verstehen, daß die DVL die Übernahme ablehnte. Sie stellte außerdem noch eine ungenügende Festigkeit der Flächenkonstruktion fest. So landete das merkwürdig aussehende Flugzeug später in der Deutschen Luftfahrt-Sammlung am Lehrter Bahnhof in Berlin.

Caspar CI 14   1924

Nach dem Ausscheiden Heinkels 1922 war bis 1924 Dipl.-Ing Theiss, vorher Chefkonstrukteur der Halberstädter Flugzeugwerke, in gleicher Position bei Caspar tätig. Seine Konstruktionen CT 1 bis CT 5 verrieten den ehemaligen Halberstädter, hatten aber keinen Erfolg. Ihm folgte 1923 Dipl.-Ing. E. von Loessl, dessen Konstruktionen Holzkonstruktionen mit Sperrholzverkleidung waren, was in einer charakteristischen kantigen Form der Flugzeuge zum Ausdruck kam. Als erstes entstand ein Jagdeinsitzer CI 14, der bei Caspars Tochterfirma Dansk Aero in Kopenhagen montiert wurde. Sein Triebwerk war ein Armstrong-Siddeley »Jaguar III«, der 325 PS leistete, jedoch wurde auch ein 300 PS-Hispano-Suiza in Erwägung gezogen. Die Reichswehr lehnte die Konstruktion ab, so daß kein Serienbau stattfand.

Spannweite	9,00 m
Länge	5,40 m
Leergewicht	800 kg
Zuladung	400 kg
Fluggewicht	1200 kg
Höchstgeschwindigkeit	270 km/h
Reisegeschwindigkeit	225 km/h
Reichweite	600 km

Caspar CS 14   1924

Als Gegenstück zum I-stieligen CI 14 konstruierte von Loessl den etwas größeren Jagdeinsitzer CS 14 (S = N-Strebenpaar), der mit dem

Spannweite	10,00 m
Länge	6,58 m
Leergewicht	1130 kg
Zuladung	650 kg
Fluggewicht	1780 kg
Reichweite	1000 km
Gipfelhöhe	4200 m

Albatros-Versuchsflugzeug für Höhenflüge

Caspar Jagdeinsitzer Cl 14

Dreiseitenriß Caspar Cl 14

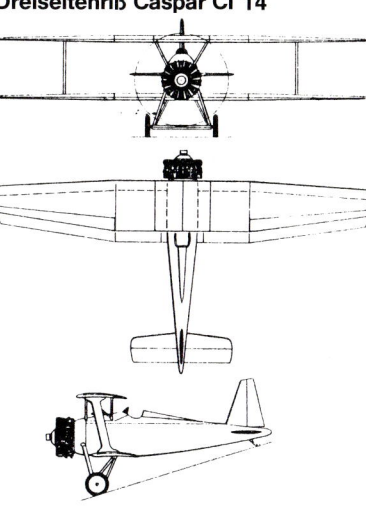

Caspar-Jagdeinsitzer CS 14

Dreiseitenriß Caspar CS 14

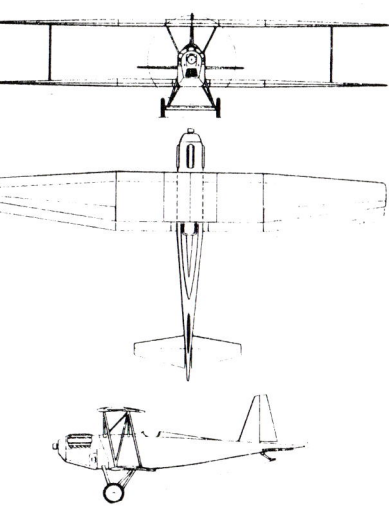

Napier »Lion« von 450 PS ausgestattet war. Auch diese Maschine wurde in Dänemark montiert und eingeflogen. Beim Nachfliegen durch Einflieger des RDL in Rechlin wurde aber auch diese Maschine nicht für den Serienbau empfohlen.

Sowohl bei CI 14 als auch bei CS 14 war eine Bewaffnung von zwei MG 08/15 vorgesehen.

Caspar CC 15 (Projekt)   1924

Von Loessl projektierte auch den Bau eines zweisitziges Torpedoflugzeugs mit Rolls-Royce »Eagle« 600 PS. Der Bau zerschlug sich durch Motorbeschaffungsschwierigkeiten.

Spannweite	17,00 m
Länge	11,80 m
Leergewicht	1700 kg
Zuladung	1600 kg
Fluggewicht	3300 kg
Höchstgeschwindigkeit	200 km/h
Reichweite	1000 km

Errechnete Daten

Caspar CSt 18 (Projekt)   1924

Spannweite	8,6 m
Länge	6,45 m
Leergewicht	600 kg
Zuladung	500 kg
Fluggewicht	1100 kg
Reichweite	1000 km

Errechnete Daten

Eine Weiterentwicklung des CI 14 sollte der Jagdeinsitzer CSt 18 werden, der mit einem 300 PS Hispano-Suiza Motor fast die Geschwindigkeit des 450 PS CI 14 erreichen sollte. Zur Verwirklichung des Projektes kam es nicht.

Dornier Do C   1924

Nachdem sich die Verkehrsflugzeuge Komet I und II als brauchbare Flugzeuge erwiesen hatten, wollte Dornier wie Junkers ein Flugzeug schaffen, das wie der »Wal« gleichzeitig als Verkehrs- und Militärflugzeug verwendbar sein sollte. Das Ergebnis war der »Komet III« oder die militärische Version Do C. Auch Do C wurde in Zusammenarbeit mit Kawasaki gebaut. Die militärische Version fand aber bei den Japanern keinen Anklang. Sie zogen es vor den Aufklärer-Bomber Do C als Reise- und Verkehrsflugzeug einzusetzen. So verwendete die japanische Zeitung »Tokyo Asahi Shimbun« die Do C als Dienstflugzeug für ihre Berichterstatter. Do C hatte als Triebwerk den Rolls-Royce »Eagle« 360 PS. Die für die Lufthansa gebauten »Komet III« wurden alle zum Typ »Merkur« umgebaut.

Spannweite	19,60 m
Länge	12,40 m
Höhe	3,50 m
Flächeninhalt	62,00 qm
Rüstgewicht	2070 kg
Zuladung	1150 kg
Fluggewicht	3220 kg
Höchstgeschwindigkeit	168 km/h
Reisegeschwindigkeit	145 km/h
Landegeschwindigkeit	95 km/h
Dienstgipfelhöhe	3500 m
Reichweite	370 km

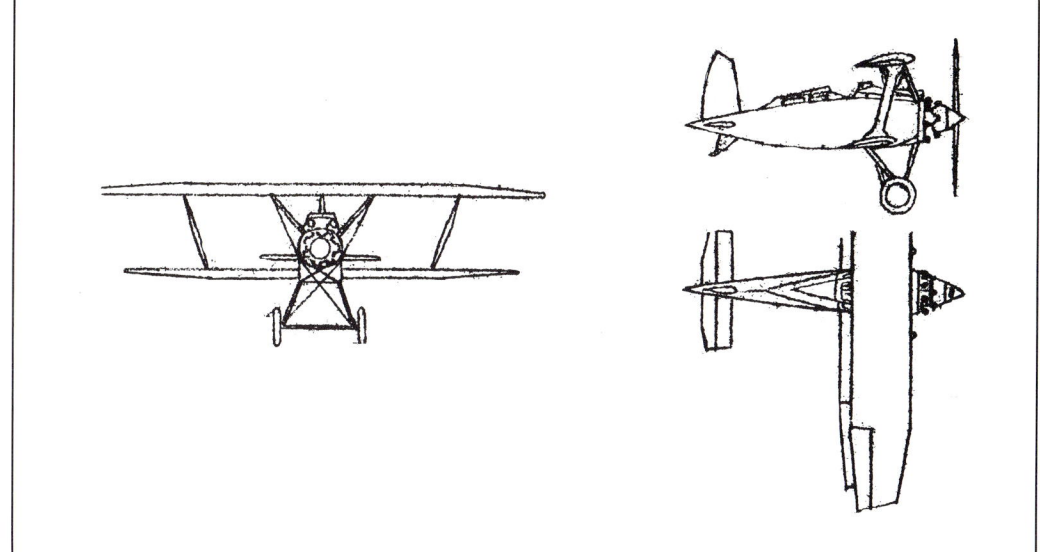

Dreiseitenriß Caspar C St 18

Dornier Do C mit Stirnkühler

Dornier Do C mit Bauchkühler

105

Dornier Do E   1924

Dieses Aufklärungsflugboot wurde, soweit bekannt, in fünf Exemplaren hergestellt. Die Werknr. 58 ging nach Japan, Werknr. 59 nach Chile, die Werknr. 72 und 73 wurden im Auftrage der Marine für den Seeflugzeug-Wettbewerb 1926 gebaut. Diese Maschinen waren alle mit dem Rolls-Royce »Eagle« von 360 PS ausgestattet. Eine Maschine erhielt aber einen Gnôme-Rhône »Jupiter« von 420 PS. Offiziell ging diese Maschine an die Schweizer Luftverkehrsgesellschaft »Ad Astro Aero«. Wahrscheinlich ging aber auch dieses Boot an die Reichsmarine. Die Bewaffnung von zwei Maschinengewehren und der Einbau der Bombengehänge erfolgte nur in Japan und Chile. Die beiden Boote für den Seeflugzeugwettbewerb hatten ein unglückliches Schicksal: Beide Boote waren auf das »Jupiter«-Triebwerk umgerüstet worden. Beim Einfliegen hatten beide Boote durch Spritzwasser Triebwerkschäden und mußten zurückgezogen werden. Sie hatten die Zulassungsnummern D-932 und D-933. Die unten angegebenen Daten beziehen sich auf die mit »Eagle IX« ausgerüsteten Boote.

Spannweite	17,10 m
Länge	12,45 m
Höhe	3,80 m
Flächeninhalt	51 qm
Rüstgewicht	1925 kg
Zuladung	675 kg
Fluggewicht	2600 kg
Höchstgeschwindigkeit	162 km/h
Steigzeit auf 3000 m	40 min
Gipfelhöhe	3600 m

106

Heinkel HD 17   1924

Aufgrund der 1923 erfolgten Bestellung der Reichswehr entwickelte Heinkel mit seinen Mitarbeitern das Mehrzweckflugzeug, das den Grundstock der geheimen deutschen Fliegertruppe bildeten, die in Lipezk ausgebildet werden sollte. Die Grundkonzeption ist augenscheinlich am Fokker D VII ausgerichtet worden, der ja auch die Militärflugzeugentwicklung in anderen Ländern beeinflußt hat. Die HD 17 sollte nicht nur als Aufklärungs- und Bombenflugzeug, sondern auch als Jagdzweisitzer verwendet werden, worauf die Bewaffnung mit zwei starren MG mit Zielfernrohr für den Flugzeugführer hindeutet. Sie wurde in zwei Ausführungen gebaut: HD 17/I mit I-Stiel und HD 17/II mit N-Stiel. Der Rumpf ist bei HD 17/I um 4 cm länger, sonst haben die beiden Versionen wenig Unterschiede. Von der HD 17/I wurde von der amerikanischen Firma Cox-Klemin eine Lizenz-Version XCO-1 gebaut, die sich aber gegen die Entwürfe der Engineering Division des US-Army Air Corps nicht durchsetzen konnte. Im Heinkel-Werk Warnemünde wurden nur neun HD 17 gebaut: Werknr. 216 mit 450 PS Napier »Lion«, Werknr. 217 mit 400 PS Liberty

Triebwerk	Napier Lion 450 PS
Bewaffnung	2 starre + 1 bewegliches MG, Bombenlast bis 200 kg
Spannweite oben	12,80 m
Spannweite unten	11,40 m
Länge	9,18 m
Flächeninhalt	40,60 qm
Leergewicht	1380 kg
Zuladung	820 kg
Fluggewicht	2200 kg
Höchstgeschwindigkeit	220 km/h
Landegeschwindigkeit	90 km/h
Steigzeit auf 1000 m	3,5 min
Gipfelhöhe	6500 m

Aufklärungsflugboot Dornier
Do E

Aufklärungsflugboot Dornier Do E

Dreiseitenriß Dornier Do E

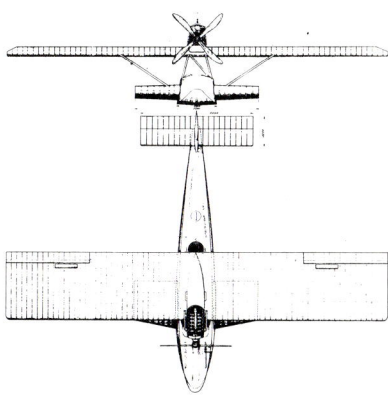

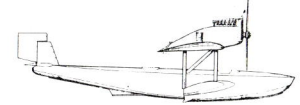

Mehrzweckflugzeug Heinkel HD 17 in Lipezk

Starre Waffen des HD 17 (2 x LMG 08/15 und Zielfernrohr)

107

(I-Stiel) und Werknr. 239–245 wieder mit Napier-Triebwerk. Von den acht Napier-HD 17 waren 1929 noch die W.Nr. 239 bis 244 in Lipezk in Dienst. Hiervon waren zwei bei der Beobachterlehrstaffel und vier beim Beobachterlehrgang eingesetzt. Die beiden restlichen dürften zwischen 1924 und 1929 zu Bruch gegangen sein. Die folgenden Daten gelten für den Lipezk-Typ.

Heinkel HD 21   1924

Als erstes Schulflugzeug für die Anfangsausbildung der Reichswehr-Flugzeugführer lieferte Heinkel diesen zweisitzigen Doppeldecker, den man schon aufgrund des sehr ähnlichen Aufbaus als Vorstufe für HD 17 bezeichnen kann. Das Flugzeug war, wie alle Heinkelkonstruktionen vor der HE 57, in Gemischtbauweise hergestellt und besaß gutmütige Flugeigenschaften. HD 21 wurde vier Jahre später durch HD 32 ersetzt. Da Heinkels Produktionskapazität mehr als ausgelastet war, übernahm Arado die Fertigung. Es wurden 15 HD 21 gebaut, Werknr. 1–15. Es waren u. a. D-499, 540, 676,

Triebwerk	Mercedes DII 120 PS
Spannweite oben	10,00 m
Spannweite unten	9,40 m
Länge	7,20 m
Flächeninhalt	27,40 qm
Leergewicht	680 kg
Zuladung	300 kg
Fluggewicht	980 kg
Höchstgeschwindigkeit	142,5 km/h
Landgeschwindigkeit	73 km/h
Steigzeit auf 1000 m	6 min
Steigzeit auf 2000 m	13,5 min
Gipfelhöhe	4000 m

677, 685, 686, 689, 691, 722, 732, 762 und D-867. Die restlichen drei sind anscheinend direkt nach Lipezk gegangen.

Klemm L 20, Kl 25 und
Kl 26   1924–1933

Die Klemm-Flugzeuge nehmen eine besondere Stellung in der vormilitärischen Flugschulung ein. Wie im ersten Teil dieses Berichtes geschildert, spielte in den Planungen der Reichswehr für den Aufbau einer Fliegertruppe der Segelflug eine wichtige Rolle. Für die zukünftigen Militärflieger, die von Segelflug auf Motorflug umschulten, war die von Klemm 1924 geschaffene L 20 das gegebene Schulflugzeug. Die Maschine war mit einem 20 PS starken Mercedes-Motor ausgestattet und kann nach heutigen Begriffen beinah als Motorsegler bezeichnet werden. Die Gleiteigenschaften waren derartig gut, daß man bei heißem Wetter nur mit Vollgas landen konnte. Musterflugzeuge waren D-608, eine L 20 auf Schwimmern und D-609 eine L 20 mit Fahrwerk. Die erste L 20 war D-608. Nach der Erprobung wurden einige Änderungen vorgenommen. Die so entstandene L 20B-1 wurde in etwa 20 Exemplaren bei verschiedenen Fliegerschulen geflogen. 1927 entstand dann in Zusammenarbeit mit Robert Lusser die Kl 25, die wohl das meistgebaute Schul-, Übungs- und Sportflugzeug Deutschlands werden sollte. Insgesamt sind etwa 600 Maschinen dieses Typs gebaut worden. Die meistgebaute Version war die Kl 25 D VII R mit 80 PS Hirth HM 60 R-Triebwerk. Dieser Typ wurde bei der DVS, DLV und NSFK zu hunderten zur vormilitärischen Flugschulung eingesetzt. Insbeson-

Schulflugzeug Heinkel HD 21 der Sportflug GmbH

Klemm-Schulflugzeuge: von oben nach unten L 20, L 26, L 25

109

dere wurde mit ihr der Formationsflug geübt, der für die jungen Flugschüler bei stärkeren Typen ernste Probleme brachte. 1929 entstand aus der Kl 25 die etwas stärkere Kl 26. Meistgebaute Version dieses Typs war die Kl 26 e V mit Argus As 8 mit 120 PS. Von diesem Typ sind etwa 165 Maschinen gebaut worden, die für den gleichen Zweck wie die Kl 25 eingesetzt wurden. Welche Rolle Kl 25 und Kl 26 in der vormilitärischen Flugschulung gespielt haben, beweist die Tatsache, daß beim Deutschlandflug 1933 126 Maschinen, davon etwa 75% Klemmflugzeuge flogen. Ein Jahr später waren es bereits 163. 1931 hatten am Deutschlandflug schon 30 Maschinen teilgenommen! So kann man nicht umhin, festzustellen, daß die Klemmflugzeuge eine wichtige Rolle auf dem Militärsektor gespielt haben.

	Kl. 25dVII	Kl 26 e V
Triebwerk	HM 60 R	As 8
Leistung	80 PS	120 PS
Spannweite	13,00 m	13,00 m
Länge	7,50 m	7,45 m
Höhe	2,05 m	2,05 m
Flächeninhalt	20,00 qm	20,00 qm
Leergewicht	420 kg	520 kg
Zuladung	300 kg	380 kg
Fluggewicht	720 kg	900 kg
Höchstgeschwindigkeit	160 km/h	175 km/h
Reisegeschwindigkeit	140 km/h	155 km/h
Landegeschwindigkeit	60 km/H	72 km/h
Steigzeit auf 1000 m	5,8 min	5,5 min
Reichweite	650 km	515 km

Albatros L 65   1925

Dies ist das erste von Albatros nach 1918 entwickelte Militärflugzeug, das bei der Tochter-

gesellschaft »Allgemeine Fluggesellschaft Memel m.b.H« in Litauen unter der Bezeichnung AFG 1 gebaut wurde. Es war ein zweisitziger Aufklärer, für den eine Bewaffnung von einem starren und einem beweglichen MG vorgesehen war. Die Zelle war zum größten Teil, wie bei Albatros üblich, in Holzbauweise hergestellt. Nach den ersten Probeflügen wurde die AFG 1 dem Chef der Litauischen Fliegertruppe General Kraucevicius als erstes litauisches Flugzeug vorgeführt. Eine Übernahme erfolgte aber nicht. Ein Jahr später bot Albatros eine stärkere Ausführung als L 65/II an. Es wurde aber nur eine Maschine gebaut und unter D-2218 zugelassen.

	L 65/I	L 65/II
Triebwerk	Napier Lion	Napier Lion
Leistung	450 PS	565 PS
Spannweite	10,30 m	12,40 m
Länge	6,15 m	7,58 m
Höhe	2,80 m	2,90 m
Leergewicht		1340 kg
Zuladung		500 kg
Fluggewicht		1840 kg
Höchstgeschwindigkeit	250 km/h	240 km/h

Albatros L 69   1925

Dies war der erste Übungseinsitzer, den die in Lipezk auszubildenden Jagdflieger benutzten. Er erwies sich aber als ungeeignet für diesen Zweck, da die in Holzbauweise hergestellte Maschine nur einen 100 PS Bristol »Lucifer«-Motor hatte. Auf Forderung der Reichswehr wurde 1927 der stärkere Siemens Sh 12 eingebaut. Anscheinend ist die Maschine dadurch kopflastig geworden, denn 1927 stürzte der

Albatros-A.F.G. L 65/I

Albatros Jagdflugzeug L 69,
oben mit 3-Zyl. „Lucifer",
unten mit Siemens Sh 12

111

Chefpilot von Albatros, Ungewitter, ein erfahrener Flugzeugführer, der vorher bei Rumpler und dann bei der Deutschen Luft-Reederei gewesen war, tödlich mit dieser Version ab. Die Maschine war nicht mehr aus dem Trudeln herausgekommen. Insgesamt sind nur vier L 69 gebaut worden. Davon waren D-679 und D-1523 mit Sh 12 und D-684 und D-778 mit Bristol »Lucifer« ausgerüstet.

Spannweite	8,06 m
Leergewicht	480 kg
Zuladung	205 kg
Fluggewicht	685 kg
Höchstgeschwindigkeit	175 km/h

Albatros L 70   1925

Versuchsbau eines Aufklärungsflugzeuges, nur ein Stück gebaut. Doppeldecker in der bekannten Albatros-Holzbauweise. Oberflügel in geringem Abstand über dem Rumpf. Keine weiteren Einzelheiten bekannt.

Arado S.1   1925

Der Großunternehmer Hugo Stinnes übernahm 1925 die Werft Warnemünde des ehemaligen Flugzeugbaus Friedrichshafen und wandelte sie in die Arado Handelsgesellschaft m.b.H. um. Der Bau von Flugzeugen für die Reichswehr war von vornherein beabsichtigt. Offiziell sollte die Firma landwirtschaftliche Geräte herstellen, wie auch der Name »Arado« (spanisch

Pflug) verrät. Chefkonstrukteur wurde Walter Rethel, der vorher bei Kondor und Fokker gearbeitet hatte, was an seinen Arado-Konstruktionen zu merken ist. Der erste Entwurf war ein Schulflugzeug für die vormilitärische Ausbildung: S.1. Rumpf Stahlrohrgerüst mit Stoffbespannung, Rumpfbug blechverkleidet. Tragflächen Holzholme und Rippen, Unterseite holzbeplankt, Oberseite stoffbespannt. Leitwerkkonstruktion wie Rumpf. Triebwerk: Siemens Sh 12 125 PS oder Bristol Lucifier 120 PS

Spannweite oben	11,5 m
Spannweite unten	8,5 m
Länge	7,44 m
Höhe	2,85 m
Flächeninhalt	26,5 qm
Rüstgewicht	615 kg
Zuladung	300 kg
Fluggewicht	915 kg
Höchstgeschwindigkeit	140 km/h
Reisegeschwindigkeit	120 km/h
Landgeschwindigkeit	55 km/h
Startstrecke	55 m
Landestrecke	57 m
Aktionsradius	500 km
Steigzeit auf 1000 m	8 min
Steigzeit auf 2000 m	19 min
Gipfelhöhe	4000 m

Es wurden drei Maschinen gebaut: Werknr. 20 = Zulassung D-817, W.Nr. 21 = D-994, W.Nr. 22 = ?

Heinkel HE 4   1925

Die Erfahrungen mit Caspar S 1 und S 2 bei der Schwedischen Marine hatten gezeigt, daß eine verbesserte, dreisitzige Maschine wünschenswert war. Aus diesen Überlegungen heraus entstand das See-Mehrzweckflugzeug HE 4.

Rechte Seite:

Oben: Das erste Arado-Flugzeug: Arado S I   Unten: Marine-Aufklärungsflugzeug Heinkel HE 4

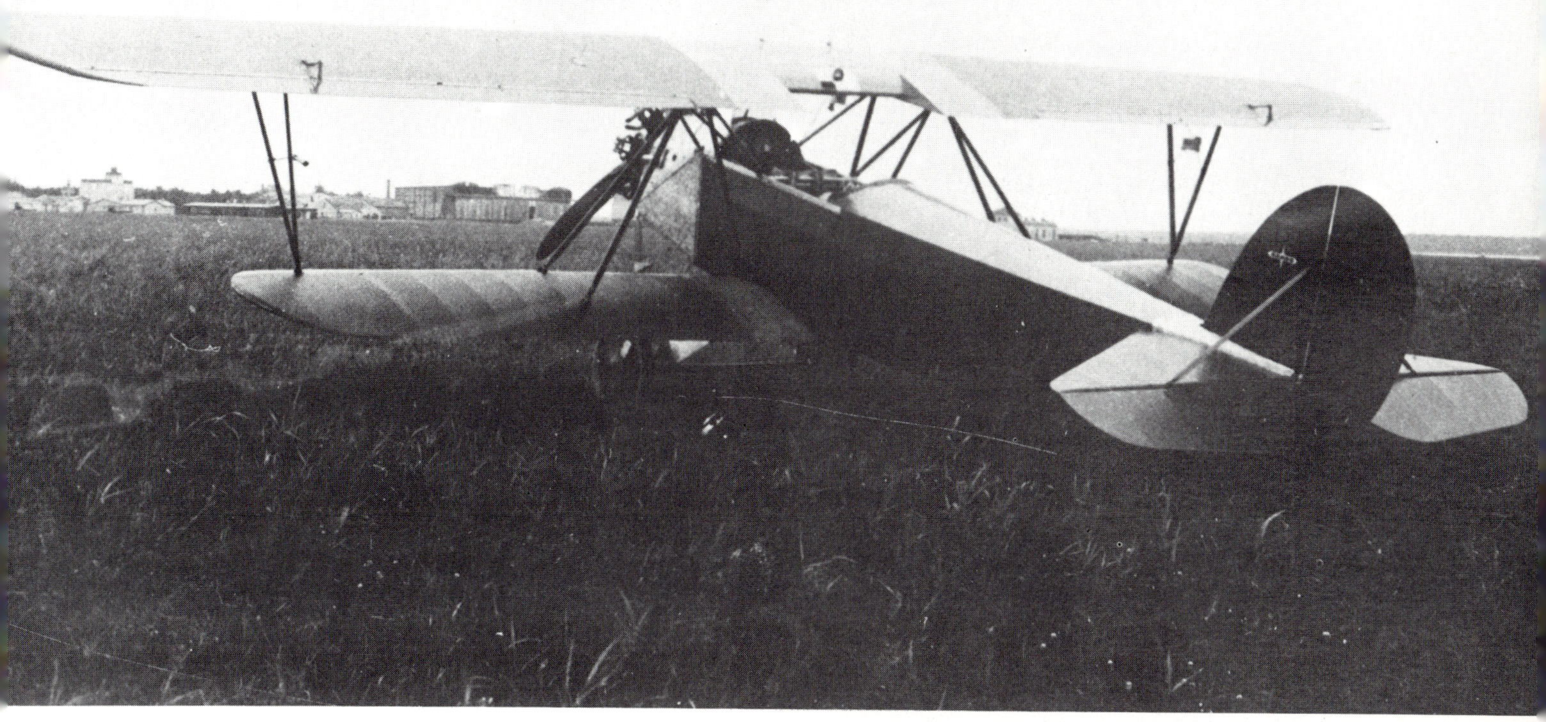

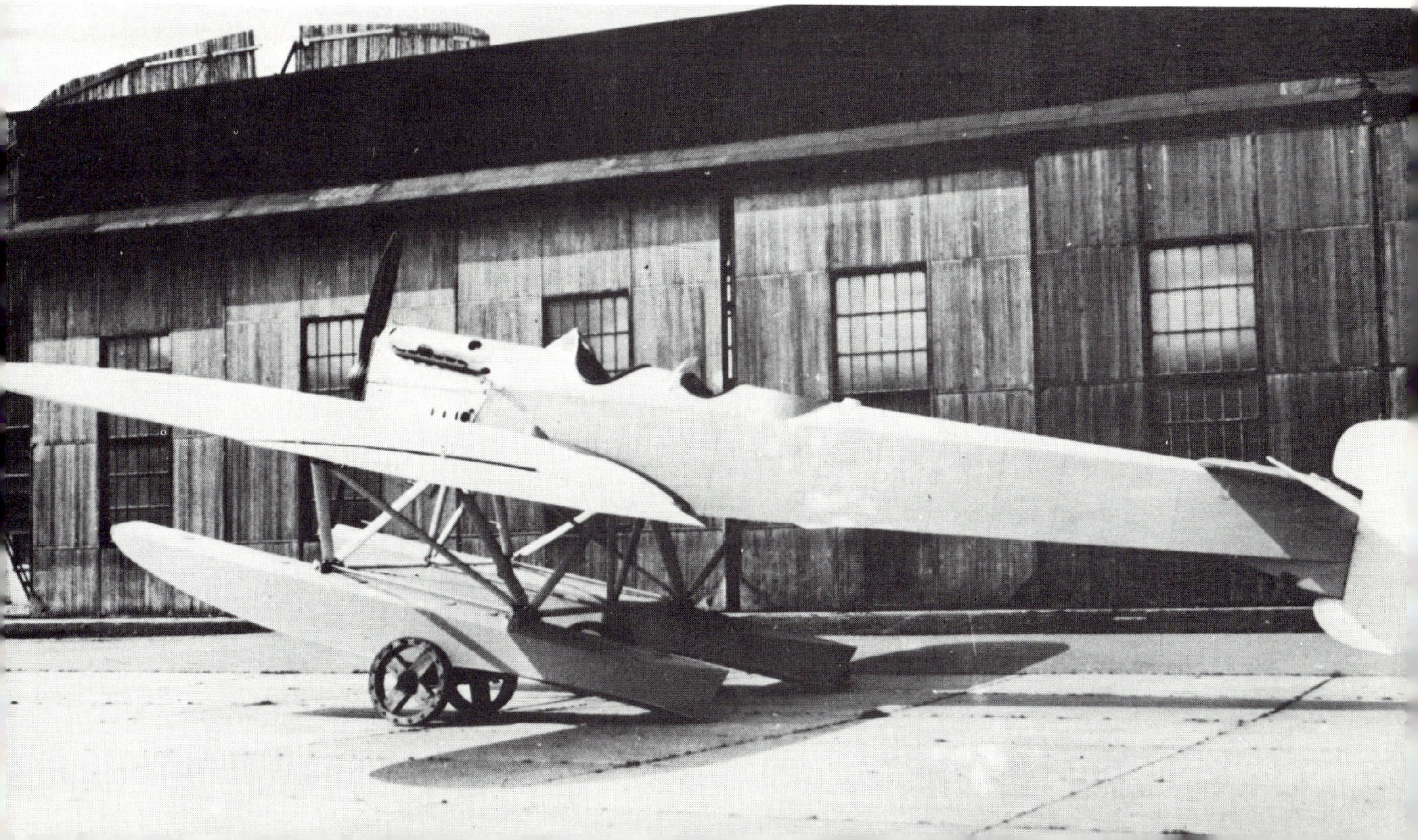

Die Maschine erhielt dasselbe Triebwerk, den Rolls-Royce »Eagle« IX U von 360 PS, hatte aber 3 Sitze: Flugzeugführer, Funker und Bordschütze. Es wurde nur eine Maschine gebaut. Die Erprobung führte zu der Erkenntnis, daß ein stärkeres Triebwerk notwendig war, um die geforderten Leistungen zu erreichen. So blieb es bei einer HE 4, deren Nachfolgerin die überaus erfolgreiche HE 5 wurde.

Spannweite	18,00 m
Länge	12,50 m
Flächeninhalt	52,50 qm
Leergewicht	1750 kg
Zuladung	750 kg
Fluggewicht	2500 kg
Höchstgeschwindigkeit	180 km/h
Landegeschwindigkeit	87 km/h
Steigzeit auf 1000 m	4,5 min
Gipfelhöhe	3800 m

Heinkel HE 5   1925–28

Dieses Mehrzweckflugzeug wurde für die Ausbildung der Marineflieger gebaut und im Laufe von vier Jahren zu immer höherer Leistungsfähigkeit entwickelt. Im Seeflugzeug-Wettbewerb wurde die HE 5a unter Wolfgang von Gronau Sieger (11.–27. 7. 1926). Außerdem wurden auf ihr zwei Höhenweltrekorde für Wasserflugzeuge in Klasse C errungen. Auch in der Schwedischen Marine wurde die HE 5 lange Zeit geflogen. Die HE 5e wurde 1928 auf dem Pariser Aero-Salon ausgestellt. Schweden übernahm den Lizenzbau.
Bauart: Halbfreitragender Tiefdecker. Tragflächen Holzkonstruktion, 2 Kastenholme mit Sprucegurten und Sperrholzstegen. Zwischen den Holmen Stahlrohrinnenverstrebung.

Rumpf Stahlrohrfachwerk mit Stoffbespannung. Alle Leitwerksteile in gleicher Bauart. chwimmer Holzkonstruktion mit Duraluminböden. Schwimmergestell hochseefähig.
Die HE 5b wurde ausschließlich in Schweden geflogen. Bei Heinkel wurden gefertigt: HE 5a = D-937 und D-1362, He 5c = D-1386, HE 5e = D-1336, D-1341 und D-1404. Ferner baute Focke-Wulf noch vier HE 5, die als HE 5f bezeichnet wurden: D-2221, D-2231, D-2234, D-2236.

Heinkel HD 14   1925

Heinkels erster Versuch, ein Torpedoflugzeug für die Marine zu entwickeln, führte nicht zum Erfolg. Das Flugzeug war in Gemischtbauweise hergestellt, wobei zu bemerken ist, daß die Tragflächen eine stoffbespannte Holzkonstruktion waren. Beim Leitwerk waren die Flossen Holzkonstruktionen, während die Ruder Stahlrohrgerüste mit Stoffbespannung waren.

Triebwerk	Fiat 600 PS
Spannweite oben und unten	19,00 m
Länge	14,70 m
Flächeninhalt	103,3 qm
Leergewicht	3400 kg
Zuladung	2200 kg
Fluggewicht	5600 kg
Tankinhalt	2120 Liter
Höchstgeschwindigkeit	175 km/h
Reisegeschwindigkeit	150 km/h
Landegeschwindigkeit	89 km/h
Steigzeit auf 1000 m	8,5 min
Gipfelhöhe	4000 m
Flugdauer ohne Waffen	10,5 Stunden
Aktionsradius ohne Waffen	1800 km

**Marine-Aufklärungsflugzeug
Heinkel HE 5a**

	HE 5a	HE 5b	HE 5c	HE 5d	HE 5e
Besatzung	3	3	3	3	1 – 4
Triebwerk	Napier Lion	GnômeJupiter	BMW IVa	BMW IVa	BMW IVa
PS	450	420	600	600	600
Spannweite m	16,80	16,80	16,80	17,20	16,80
Länge m	11,80	11,80	12,10	12,10	12,10
Flächeninhalt qm	48,94	48,94	48,94	52,63	48,94
Leergewicht kg	1650	1530	–	–	1950
Zuladung kg	850	970	–	–	950
Fluggewicht kg	2500	2500	2870	3110	2900
Höchstgeschwindigkeit km/h	209	200	230	225	230
Landegeschwindigkeit km/h	86	85	88	88	88
Steigzeit auf 1000 m/min	3,9	4,1	3,3	3,9	3,3
Steigzeit auf 2000 m/min	8,3	8,8	7,5	8,3	7,4
Gipfelhöhe m	5800	5000	5800	5800	6000

Bewaffnung: vorgesehen 2 – 3 MG, 150 kg Bomben

**Torpedoflugzeug Heinkel
HD 14**

**Oben: Heinkel HE 5b Werknr.
248, unten: HE 5d**

115

Bei der Erprobung stellte sich heraus, daß das Flugzeug zwar die dreiköpfige Besatzung und einen Tropedo tragen konnte, aber nicht die sonstige militärische Ausrüstung und Bewaffnung. Bei voller Belastung wurde keine der geforderten Leistungen erreicht.

Spannweite oben	14,85 m
Spannweite unten	14,15 m
Länge	9,6 m
Flächeninhalt	55,8 qm
Leergewicht	1550 kg
Zuladung	950 kg
Fluggewicht	2500 kg
Höchstgeschwindigkeit	190 km/h
Landegeschwindigkeit	77 km/h
Steigzeit auf 1000 m	3 min 2 sec
Steigzeit auf 2000 m	6 min 11 sec
Gipfelhöhe	5800 m

Heinkel HD 25   1925

Im Jahre 1925 begann Ernst Heinkel mit der Entwicklung eines Gerätes und der dazu gehörigen Flugzeuge, die aus der modernen Marine-Luftfahrt nichtmehr wegzudenken sind: Das Katapultflugzeug und das Flugzeugkatapult. Die Initiative hierzu ging von der japanischen Marine aus, die Bordflugzeuge für ihre Flotte brauchten. Der japanische Marine-Attaché in Berlin Kapitän Kojima überbrachte Heinkel den Auftrag, vorerst nur für das Schlachtschiff »Nagato« eine Startbahn von 20 m Länge zu bauen, die man auf einem Geschützturm der »Nagato« aufbauen konnte, und ein Flugzeug, das von dieser starten konnte. Heinkel baute beides. Es war noch kein Katapult, sondern einfach eine Startschiene, von der ein kleines Flugzeug mit einem überstarken Triebwerk starten konnte. Anfang Juni 1925 erfolgte der erste Versuchsstart in Warnemünde. Die Erprobung auf der »Nagato« erfolgte in Anwesenheit Heinkels. Alles lief erfolgreich. Der erste Schritt zum Flugzeugkatapult war getan. Die HD 25 war das erste Flugzeug, das von Bord eines Kriegsschiffes starten konnte, das weder Flugzeugträger noch Flugzeugmutterschiff war, ein Gemischtbau, wie alle Heinkel-Flugzeuge jener Zeit. Es war ein zweisitziger Bordaufklärer mit 450 PS Napier »Lion«-Motor.

Anmerkung: Die HD 25 wurde in Japan von Nakajima mit etwas geändertem Seitenleitwerk als E2N1-2 nachgebaut.

Heinkel HD 26   1925

Neben der zweisitzigen HD 25 baute Heinkel 1925 auch den Bordstart-Einsitzer HD 26, der aber nicht akzeptiert wurde. Bei beiden Flugzeugen war das Schwimmwerk mit einem Handgriff abwerfbar, wodurch im Notfall das Flugzeug entlastet und eine Weile schwimmfähig blieb. Die HD 26 war kleiner als die HD 25 und hatte auch ein schwächeres Triebwerk, den 300 PS Hispano-Suiza.

Spannweite oben	11,8 m
Spannweite unten	8,3 m
Flächeninhalt	37,84 qm
Leergewicht	1100 kg
Zuladung	577 kg
Fluggewicht	1677 kg
Höchstgeschwindigkeit	185 km/h
Landegeschwindigkeit	77 km/h
Steigzeit auf 1000 m	4 min
Steigzeit auf 2000 m	8,5 min
Gipfelhöhe	5200 m
Aktionsradius	900 km

**Bordflugzeug Heinkel HD 25,
in Japan Aichi Type 2**

**Japanischer Nachbau der
HD 25 Nakajima E2N1**

**Bordstartflugzeug Heinkel
HD 26**

117

Heinkel HD 29　　　　　　　1925

Um eine rationellere, schnellere und preiswertere Anfangsausbildung der Reichswehrflugschüler zu ermöglichen, entwickelte Heinkel den Schul-Dreisitzer HD 29 für einen Fluglehrer und 2 Schüler. Es wurde eine geringe Anzahl gebaut. Man kehrte dann aber doch zum zweisitzigen Schulflugzeug in Gestalt der HD 32 zurück.

Triebwerk	Mercedes 100 PS
Spannweite	10,5 m
Länge	7,2 m
Flächeninhalt	27,7 qm
Leergewicht	680 kg
Zuladung	270 kg
Fluggewicht	950 kg
Höchstgeschwindigkeit	135 km/h
Landegeschwindigkeit	70 km/h
Steigzeit auf 1000 m	9,5 min
Gipfelhöhe	3100 m

Heinkel HD 33　　　　　　　1925

Aufgrund der 1923 von seiten der Reichswehr erfolgten Bestellung entwickelte Heinkel einen zweisitzigen Doppeldecker für die Fernaufklärung. Der Entwurf entsprach in der Konzeption der HD 17, jedoch mußte der Rumpf zwecks Unterbringung großer Treibstofftanks länger gestaltet werden. Zusätzlich zum Haupttank im Rumpf wurde noch ein Reservetank im oberen Tragflügel untergebracht. Ansonsten wurde das Flugzeug in Gemischtbauweise, wie damals bei Heinkel üblich, hergestellt. Als Bewaffnung waren ein starres und ein bewegliches MG vorgesehen. Als Triebwerk diente der damals neue BMW VIa mit einer Startleistung

von 485 PS. Es wurde nur eine Maschine, Werknr. 237 gebaut, die die Zulassung D-1205 erhielt.

Spannweite oben	12,80 m
Spannweite unten	11,40 m
Länge	9,40 m
Flächeninhalt	43,3 qm
Leergewicht	1600 kg
Tankinhalt	900 Liter
Zuladung incl. Treibstoff	1130 kg
Fluggewicht	2750 kg
Höchstgeschwindigkeit	246,5 km/h
Landegeschwindigkeit	90 km/h
Flugdauer mit einer Tankfüllung	6 Stunden
Aktionsradius (ohne Kampfreserve)	1200 km
Steigzeit auf 1000 m	3,1 min
Steigzeit auf 3000 m	11,4 min
Gipfelhöhe	6200 m

Junkers K 30 (R 42)　　　　1925

Als Parallelentwicklung zu dem Verkehrsflugzeug G 24 entwickelte man bei Junkers einen Bomber, den man als direkten Vorläufer des Behelfsbombers Ju 52-3mK ansehen kann. Das Musterflugzeug G 24/K 30 ähnelte noch sehr dem Vorläufer G 23, war aber mit luftgekühlten Sternmotoren ausgerüstet. Diese Maschine flog noch ohne Bewaffnung. Die Kennzeichen D-4 wurden nur als Tarnung verwendet. Der Serienbau sollte dann bei der in Schweden gegründeten Tochterfirma A. B. Flygindustry in Linhamn erfolgen. Abnehmer waren die Sowjetunion, die Türkei und südamerikanische Staaten. Da die aus USA stammenden ersten Motoren nicht mehr greifbar waren, erhielt das Musterflugzeug drei Junkers L-5-Motoren von

Schuldreisitzer Heinkel HD 29

Fernerkunder Heinkel HD 33

Oben: AB-Flugindustry R-42W, Mitte: R-42 L, unten: K 30 W in der UdSSR

S-AABF

119

je 310 PS. Von Dessau kommend landete die Maschine in Berlin-Tempelhof zum Auftanken und wurde bei dieser Gelegenheit von Reichswehroffizieren in Zivil besichtigt. Man zeigte sich aber uninteressiert. So flog die Maschine mit den schwedischen Kennzeichen S 505 nach Schweden weiter. Während die Türkei nur eine K 30 (R 42 ist die Werksbezeichnung der A.B. Flygindustry) erhielt, ist die genaue Anzahl der K 30, die die UdSSR erhielt, nicht genau festzustellen. Es wurden R 42 sowohl als Land- als auch als Seeflugzeuge geliefert. Die Ausrüstung mit Schneekufen war obligatorisch. Die K 30 dürfte nicht nur der erste dreimotorige Bomber, sondern vor allen Dingen der erste schwere deutsche Bomber nach 1918 gewesen sein. Zu diesem Zeitpunkt war die Reichswehr an Bombern noch nicht sehr interessiert, sondern rein defensiv eingestellt. Die Lieferung an die UdSSR begann 1926. Bis 1930 sind diese Maschinen dort eingesetzt gewesen. Bewaffnung 3 MG, 500 kg Bomben. Es waren etwa zehn Maschinen, die als Schwere Bomber G-1 bezeichnet wurden und die Lücke bis zum Anlaufen der TB-Serie überbrücken sollten.

| Triebwerk | 3 Junkers L-5 je 310 PS | |
| | K 30 | K 30 |
	Land	Schwimmer
Spannweite	29,87 m	29,87 m
Länge	15,10 m	15,50 m
Höhe	5,50 m	6,00 m
Flächeninhalt	94,60 qm	94,60 qm
Leergewicht	3860 kg	4400 kg
Zuladung	2640 kg	2100 kg
Fluggewicht	6500 kg	6500 kg
Höchstgeschwindigkeit	190 km/h	175 km/h
Reisegeschwindigkeit	155 km/h	155 km/h
Landegeschwindigkeit	110 km/h	110 km/h
Reichweite maximal	1100 km	1000 km
Gipfelhöhe	4000	3900

Rohrbach Ro III/IIIA   1925

Mitsubishi bestellte aufgrund der mit der Ro II gemachten Erfahrungen vier Flugzeuge des stärkeren und verbesserten Typs Ro III. Der Bootskörper war stärker gekielt als bei der Ro II, außerdem waren die beiden 360 PS Rolls-Royce-Motoren durch zwei 450 PS Hispano-Suiza ersetzt worden. Die Ro III sollten ursprünglich bei der Kawanishi Japan Airline Co. eingesetzt werden, wurden aber von der Marine übernommen, die bei Mitsubishi noch einige Ro III in Lizenz bauen ließ. Wahrscheinlich sollten diese Boote den Japanern nur Erfahrungen im Metall-Flugbootbau vermitteln, da bis dahin nur in Gemischtbauweise hergestellte englische Flugboote in Japan verwendet wurden. Über die Bewaffnung der Ro III konnte nichts ermittelt werden. 1925 bestellte die türkische Marine zwei Ro III mit französischen Lorraine-Dietrich Motoren, die ebenfalls 450 PS entwickelten. Die beiden Boote, als Ro IIIA »Rodra« bezeichnet, wurden geliefert und einer scharfen Erprobung unterworfen. Das Geschäft zerschlug sich dann, obwohl die Türken sehr zufrieden waren, an der Tatsache, daß nur mit Tabak bezahlt werden sollte, den aber die deutschen Zigarettenfabriken nicht verwenden konnten.

	Ro III	Rodra
Spannweite	28,75 m	27,55 m
Länge	17,20 m	17,20 m
Flächeninhalt	73,4 qm	73,4 qm
Leergewicht	3600 kg	3840 kg
Zuladung	2700 kg	2660 kg
Fluggewicht	6300 kg	6500 kg
Höchstgeschwindigkeit	180 km/h	200 km/h
Landegeschwindigkeit	112 km/h	110 km/h
Reisegeschwindigkeit	166 km/h	175 km/h
Steigzeit auf 1500 m	13 min	
Steigzeit auf 1000 m		6 min
Gipfelhöhe	3500 m	4000 m

Rechte Seite:

Oben: Rohrbach-Mitsubishi Ro III   Unten: Rohrbach Ro IIIA „Rodra" in der Türkei

Rohrbach Ro IV »Inverness«   1925/1928

1924/25 wurde in Kopenhagen-Kastrup im Auftrage der englischen Marine in Zusammenarbeit mit der Firma William Beardmore & Co. Ltd (Dalmuir bei Glasgow) das Flugboot Ro IV gebaut, dessen Lizenzbau Beardmore übernehmen sollte. Es wurden aber nur zwei Boote gebaut, eins in Kastrup mit der Marine-Kenn-Nummer N-183 und das andere bei Beardmore mit der Zulassung N-184. Die Engländer gaben offen zu, daß sie an den beiden Booten nur interessiert waren, um die Ganzmetallbauweise kennenzulernen. Dies ist ein weiteres Beispiel dafür, daß man damals Deutschland zwar den Flugzeugbau verbot, aber das Monopol der Deutschen im Ganzmetall-Flugzeugbau nicht erlauben wollte. Es soll ruhig einmal festgestellt werden, daß der Ganzmetallflugzeugbau eine deutsche Erfindung ist, die dann Andere ausnutzten. Die Ro IV hatte eine Besatzung von 5 Mann und erhielt als Triebwerk zwei Napier »Lion«-Motoren von je 450 PS. N-183 machte den Erstflug 1925 und wurde am 18. 9. 1925 zum Marine Aircraft Experimental Establishment in Felixtowe überflogen. N 184 startete am 30. 11. 1928 zum Erstflug vom Clyde.

Spannweite	28,00 m
Länge	17,20 m
Flächeninhalt	73,4 qm
Leergewicht	4000 kg
Zuladung	2500 kg
Fluggewicht	6500 kg
Höchstgeschwindigkeit	200 km/h
Landegeschwindigkeit	110 km/h
Steigzeit auf 1000 m	6 min
Gipfelhöhe	4000 m

Anmerkung: Wie konservativ die Engländer waren, beweist die Äußerung des englischen Luftfahrtsachverständigen Master of Sempill zu Dipl.-Ing. Kurt Tank, der damals bei Rohrbach arbeitete: »Die Zukunft gehört aber dem Doppeldecker!«)

Rohrbach Ro VII »Robbe I«   1925

Entwurf: Kurt Tank. Dieses für eine Besatzung von 4–6 Mann vorgesehene Flugboot wurde in zwei Exemplaren (D-926 und D-927) für den Seeflugzeug-Wettbewerb 1926 gebaut und nahm an diesem außer Konkurrenz teil. Da zu diesem Zeitpunkt schon die Entscheidung der Marine für den Dornier »Wal« als See-Fernerkunder gefallen war, konnte auch die Tatsache, daß Werner Landmann mit der »Robbe« fünf Weltrekorde aufstellte, daran nichts mehr ändern. Die Beurteilung der »Robbe« war eindeutig: »Sie hinterließ mit ihrer Start-Lande- und Manövrierfähigkeit unbedingt den zuverlässigsten Eindruck!« Als Triebwerk dienten zwei BMW IV von 220/330 PS. Nachdem die Marine kein Interesse mehr für die Boote zeigte, wurden sie zeitweise von der Lufthansa auf der Strecke Kopenhagen-Oslo als sechssitzige Passagierflugboote eingesetzt.

Spannweite	17,40 m
Länge	13,20 m
Höhe	5,50 m
Flächeninhalt	40,00 qm
Leergewicht	1895 kg
Zuladung	1465 kg
Fluggewicht	3360 kg
Höchstgeschwindigkeit	210 km/h
Reisegeschwindigkeit	150 km/h
Landegeschwindigkeit	116 km/h
Steigzeit auf 1000 m	5 min
Steigzeit auf 2000 m	10 min
Steigzeit auf 3000 m	16 min
Gipfelhöhe	4500 m
Reichweite	1200 km

Rechte Seite:

Oben: Rohrbach-Beardmore Ro IV „Inverness"   Unten: Rohrbach Ro VII „Robbe I"

Albatros L 68　　　　　　　1926/28

Entwurf: L 68a-c Schubert, ab d Walter Blume. Schulflugzeug für die Deutsche Verkehrsfliegerschule. Gemischtbau, Stahlrohrrumpf mit Stoffbespannung, Flügel Holzbauweise, nur Oberflügel Duralholme. L 68a mit verstärkter Zelle, die den neuen Festigkeitsbestimmungen der Deutschen Versuchsanstalt für Luftfahrt (DVL) entsprach. L 68 b nur 1 gebaut, keine Einzelheiten bekannt. L 68 c kleine Serie für DVS, L 68d nur Versuch, 1928 auf der ILA ausgestellt. L 68 e kleine Serie ab 1928 für DVS.

von Fokker, Holland, an die UdSSR etwa zur gleichen Zeit gelieferten C IV erheblich. SC I wurde an die DVS geliefert und unter anderem in der Schule Schleißheim geflogen. Als Triebwerk diente ein BMW IV von 230 PS.

Spannweite	12,82 m
Länge	8,70 m
Flächeninhalt	29,40 qm
Leergewicht	1000 kg
Zuladung	500 kg
Fluggewicht	1500 kg
Höchstgeschwindigkeit	180 km/h
Reisegeschwindigkeit	145 km/h
Gipfelhöhe	5000 m

Arado SC I　　　　　　　1926

Nachdem der erste Entwurf Rethels, die S I, für die Anfangsschulung befriedigt hatte, entstand 1926 der Zweisitzer SC I, offiziell als Auftrag für die Türkei deklariert. Bei diesem Typ ist die konstruktive Verwandtschaft Rethels mit Fokker besonders markant, denn SC I ähnelt dem

Insgesamt wurden 14 SC I gebaut:

Werknr.		Zulassung	
	23	Zulassung	D-965
	24		D-1015
	25		D-1021
	26		D-1034
	27		D-1035
	28		D-789
	29		D-1104
	30		D-1191
	32		D-1192
	33		D-1204
	34		D-1228
	35		D-1241
	36		D-1251
	37		D-1311

Caspar C 27　　　　　　　1926

Für den Marine-Seeflugzeug-Wettbewerb entwarf von Loessl das zweisitzige Schwimmerflugzeug C 27, von dem zwei Versuchsmuster gebaut wurden. Nach der Ablehnung im Wettbewerb wurde eine C 27 im April 1927 auf der Mustermesse in Mailand ausgestellt. Als Triebwerk diente ein BMW IV, 220 PS. Auffallend war an der Maschine der große frei aufgehängte Tunnelkühler. Im Schulbetrieb der DVS wurde die C 27 sehr negativ beurteilt.

Spannweite	15,36 m
Länge	10,25 m
Höhe	4,25 m
Leergewicht	1300 kg
Zuladung	500 kg
Fluggewicht	1800 kg
Höchstgeschwindigkeit	175 km/h
Reisegeschwindigkeit	150 km/h

Albatros L 68a der DVL Adlershof

	L 68 (1926)	68a (1926)	68c (1927)	L 68d (1928)	L 68e (1928)
Triebwerk	Sh 11	Sh 12	Sh 12	SH III	AS-Lynx
PS	96	125	125	160	210
Spannweite m	9,60	9,60	10,10	10,10	10,10
Länge m	6,15	6,30	6,48	–	7,47
Höhe m	2,80	2,80	2,87	–	–
Flächeninhalt qm	–	–	25,07	25,07	25,07
Leergewicht kg	470	670	595	–	740
Zuladung kg	232	300	280	–	330
Fluggewicht kg	702	970	875	1050	1070
Höchstgeschwindigkeit km/h	150	155	135	–	185
Reisegeschwindigkeit km/h	125	130	120	–	165
Landegeschwindigkeit km/h	65	65	70	80	75
Gipfelhöhe m	3300	3500	3500	3800	4000

Arado Schulflugzeug SC I

Caspar C 27, D-1023

125

Caspar C 29   1926

Wie so viele der getarnten Militärflugzeuge der Verbotszeit firmierte die C 29 auch als »Postflugzeug«. Tatsächlich war es ein zweisitziger Nahaufklärer für die Marine. Als Triebwerk diente ein 400 PS Hispano-Suiza Motor. Die Maschine sollte am Marine-Seeflugzeugwettbewerb teilnehmen, verbrannte aber einige Tage davor bei Probeflügen.

Spannweite	13,00 m
Länge	9,98 m
Leergewicht	1340 kg
Zuladung	660 kg
Fluggewicht	2000 kg
Höchstgeschwindigkeit	190 km/h
Landegeschwindigkeit	65 km/h
Gipfelhöhe	5500 m

Caspar C 30   1926

Man kann dieses Flugzeug als Landausführung der C 29 ansprechen, obwohl das Flugzeug kleiner ist. Der zweisitzige Nahaufklärer hatte als Triebwerk einen 500 PS-Hispano-Suiza Motor. Die auf den Bildern sichtbaren seltsamen Gebilde unter dem Motor sind Rateau-Lamellenkühler. Neben dem Rumpfbehälter hatte C 30 auch noch einen Tank im Oberflügel. Die Einzelteile wurden, wie bei C 29, in

Spannweite	10,80 m
Länge	9,10 m
Leergewicht	1200 kg
Zuladung	500 kg
Fluggewicht	1700 kg
Höchstgeschwindigkeit	225 km/h
Gipfelhöhe	7000 m
Reichweite	1000 km

Deutschland gebaut und dann in Dänemark zusammengebaut.

Dornier Do N   1926

Ähnlich wie Heinkel mit der japanischen Firma Aichi zusammenarbeitete, fand eine Kooperation zwischen Dornier und Kawasaki statt. Der Unterschied war nur, daß Aichi für die japanische Marine und Kawasaki für die Armee arbeitete. Man kann also ohne Übertreibung sagen, daß Deutschland trotz der Verbote des Versailler Vertrages viel für den Aufbau der japanischen Luftstreitkräfte getan hat. 1924 bestellte Kawasaki einen Bomber, der in Manzell bei Friedrichshafen konstruiert, dessen Teile in Deutschland gebaut werden sollten, der aber seine Endmontage in Japan erleben sollte. Dort wurden auch die aus England stammenden Triebwerke eingebaut. Aufgrund der mit dem »Wal« gemachten guten Erfahrungen entschloß man sich, praktisch einen »Wal« auf Rädern zu bauen. Für den Zusammenbau ging der bisher bei Dornier beschäftigte Dr. Richard Vogt mit nach Kobe, wo er dann später auch einige Jahre blieb. Der Erstflug des neuen Bombers fand am 19. 2. 1926 statt. Insgesamt

Spannweite	26,80 m
Länge	18,00 m
Höhe	6,50 m
Flächeninhalt	129 qm
Rüstgewicht	4200 kg
Zuladung	2100 kg
Fluggewicht	6300 kg
Höchstgeschwindigkeit	180–200 km/h
Dienstgipfelhöhe	3000 m
Steigzeit auf 3000 m	40 min
Reichweite	1500 km

**Caspar Aufklärungsflugzeug
C 29**

**Caspar Aufklärungsflugzeug
C 30**

Dornier Do N in Japan (oben)

Dornier Do N, 5. v. li. Dr. Vogt

127

wurden 28 Do N in Japan für die Armee-Luft-waffe gebaut. Als Triebwerke wurden sowohl 475 PS Napier Lion als auch Rolls-Royce Condor von 650 PS, in Einzelfällen auch BMW VI zu 500 PS eingebaut.

Besatzung	4 Mann
Spannweite	28,60 m
Länge	24,60 m
Höhe	5,85 m
Flächeninhalt	143 qm
Rüstgewicht	8000 kg
Zuladung	2500 kg
Fluggewicht	10 500 kg
Höchstgeschwindigkeit	180 km/h
Gipfelhöhe	1700 m

Dornier Do R (Superwal« (2-mot) 1926

Die Reichsmarine verfolgte die Flugbootent-wicklung bei Dornier mit großer Aufmerksam-keit. Die Erfahrungen mit dem Militär-Wal im Ausland und mit dem Passagier-Wal bei der Lufthansa führten zu dem Wunsch ein noch leistungsfähigeres Boot dieser Art zu bekom-men. Offiziell wurde der Entwicklungsauftrag von der Lufthansa erteilt, die aber diesen Auf-trag von der Reichsmarine über das Reichsver-kehrsministerium (RVM) erhielt. Es wurden drei Exemplare gebaut, davon die Zulassungs-nummern D-1115 und D-1255 mit je zwei Rolls-Royce »Condor« je 650 PS und D-1385 mit zwei 800 PS Packard-Motoren. Hiervon gingen D-1115 und D-1385 an die Severa und D-1255 an die Lufthansa. Daß die militärische Verwen-dung des zweimotorigen »Superwals« aber von vornherein vorgesehen war, beweist die heute noch vorhandene 3-Seitenzeichnung des Werks. Demnach waren auf beiden Seiten des hinteren Bootsrumpfes zwei MG-Stände vorgesehen, ein weiterer im Rumpfbug. Dazu kamen auf beiden Bootsrumpfseiten Bomben-gehänge für je zwei 100 kg- und vier 50 kg-Bomben. Eine Torpedobewaffnung war anscheinend nicht vorgesehen, dagegen ist der Einsatz als Minenleger wahrscheinlich beabsichtigt gewesen.

Heinkel HD 20 1926

Offiziell wurde dieses Flugzeug als Luftbild-flugzeug bezeichnet. Es sollte als Ausbildungs-flugzeug für Beobachter dienen. Man kann es auch als Versuchsflugzeug für die Erprobung von Reihenbildgeräten ansehen. Die Maschine ist augenscheinlich in Lipezk für diesen Zweck verwendet worden. 1927 begann der sowjeti-sche Konstrukteur N. Polikarpow mit den Arbeiten an seinem Bomber TB 2, dessen Kon-zeption eindeutig das deutsche Vorbild verrät. Die HD 20 war in Gemischtbauweise hergestellt und besaß als Triebwerke zwei amerikanische Wright »Whirlwind«-Motoren von je 200 PS.

Spannweite oben	12,80 m
Spannweite unten	8,80 m
Länge	9,45 m
Flächeninhalt	39,80 qm
Leergewicht	1300 kg
Zuladung	655 kg
Fluggewicht	1955 kg
Höchstgeschwindigkeit	191 km/h
Landegeschwindigkeit	83 km/h
Steigzeit auf 1000 m	4,2 min
Gipfelhöhe	4700 m

Rechte Seite:

Oben: Dornier „Superwal" zweimotorig   Unten: Heinkel Photoflugzeug HD 20

Es wurde nur ein Exemplar, Werknr. 251, gebaut und unter der Reg.Nr. D-1157 zugelassen.

Heinkel HD 22   1926

Als Übungsflugzeug für fortgeschrittene Flugschüler der DVS und der Luftfahrt GmbH, beides Tarnorganisationen zur Ausbildung von Flugzeugführern der Reichswehr, wurde dieser zweisitzige Doppeldecker verwendet. Die Maschine wurde außerdem als Verbindungsflugzeug und als fliegender Prüfstand eingesetzt. Sie wurde in fünf Versionen gebaut. Der US-Luftfahrt-Attache in Berlin, Major Geo F. Reinburg, benutzte eine HD 22 als Reiseflugzeug.

Heinkel HD 23   1926

Für Japan wurde von Heinkel der Bordstart-Einsitzer HD 23 als Versuchsbau (Werknr. 257) hergestellt. Bei diesem Flugzeug war das Fahrwerk durch einen Hebelgriff abwerfbar. Der Rumpf war schwimmfähig. Zur Verkürzung der Lande- und Startstrecke waren Vorflügel eingebaut. Die Maschine sollte nach Japan mit Hispano-Suiza 450 PS Motor geliefert werden. Vor Ablieferung wurde dann aber probeweise der neue BMW VI 7,3 Z eingebaut, wodurch das Flugzeug wesentlich bessere Leistungen aufwies. Nach Japan wurde aber dann doch die Ausführung mit Hispano-Triebwerk abgeliefert. Lizenzbau erfolgte in geringer Stückzahl bei Aichi mit Hispano-Triebwerk. Leistungen mit BMW VI 7,3 Z.

Spannweite	10,80 m
Länge	7,55 m
Flächeninhalt	36,00 qm
Leergewicht	1470 kg
Zuladung	600 kg
Fluggewicht	2070 kg
Höchstgeschwindigkeit	249 km/h
Landegeschwindigkeit	88 km/h
Steigzeit auf 3000 m	5,8 min
Gipfelhöhe	7900 m
Vorgesehene Bewaffnung	2 MG

Heinkel HD 24   1926

Im Auftrage der Reichsmarine entstand 1926 dieses zweisitzige Übungsflugzeug für fortgeschrittene Flugschüler, das als Land- und Schwimmflugzeug geliefert wurde. Insgesamt wurden 20 HD 24 gebaut. Die Maschine wurde sehr bekannt durch die Flüge, die der ehemalige »Flieger von Tsingtau« und spätere Kommandant der Seeflugstation Kiel-Holtenau Gunter Plüschow mit seinem Begleiter Ernst Dreblow über der Südspitze Südamerikas durchführte und dabei abstürzte, wobei Dreblow ums Leben kam.

Triebwerk	BMW IV	230 PS
	HD 24 L	HD 24 W
Spannweite	14,20 m	14,20 m
Länge	8,60 m	9,70 m
Flächeninhalt	50,10 qm	50,10 qm
Leergewicht	1300 kg	1500 kg
Zuladung	850 kg	650 kg
Fluggewicht	2150 kg	2150 kg
Höchstgeschwindigkeit	180 km/h	168 km/h
Landegeschwindigkeit	70 km/h	76 km/h
Steigzeit auf 100 m	3,9 min	4,6 min
Gipfelhöhe	4500 m	400 m

Heinkel Schul- und Kurierflugzeug HD 22, D-1168

	HD 22a	HD 22b	HD 22c	HD 22d	HD 22e
Triebwerk BMW	IV	V	IV	IV Z	IV
PS	230	320	230	260	230
Spannweite oben m	12,0	12,0	12,0	12,0	12,0
Spannweite unten m	10,4	10,4	10,4	10,4	10,4
Länge m	8,30	8,44	8,30	8,35	8,35
Flächeninhalt qm	34,8	34,8	34,8	34,8	34,8
Fluggewicht kg	1080	980	1110	1130	1110
Höchstgeschwindigkeit km/h	190	220	190	190	190
Landegeschwindigkeit km/h	88	95	88	88	88
Steigzeit auf 1000 m/min	3,7	3,3	3,7	3,7	3,7
Gipfelhöhe m	5300	5800	5300	5300	5300

Heinkel HD 22 des US-Luft-
fahrt-Attachés Major Reinburg

131

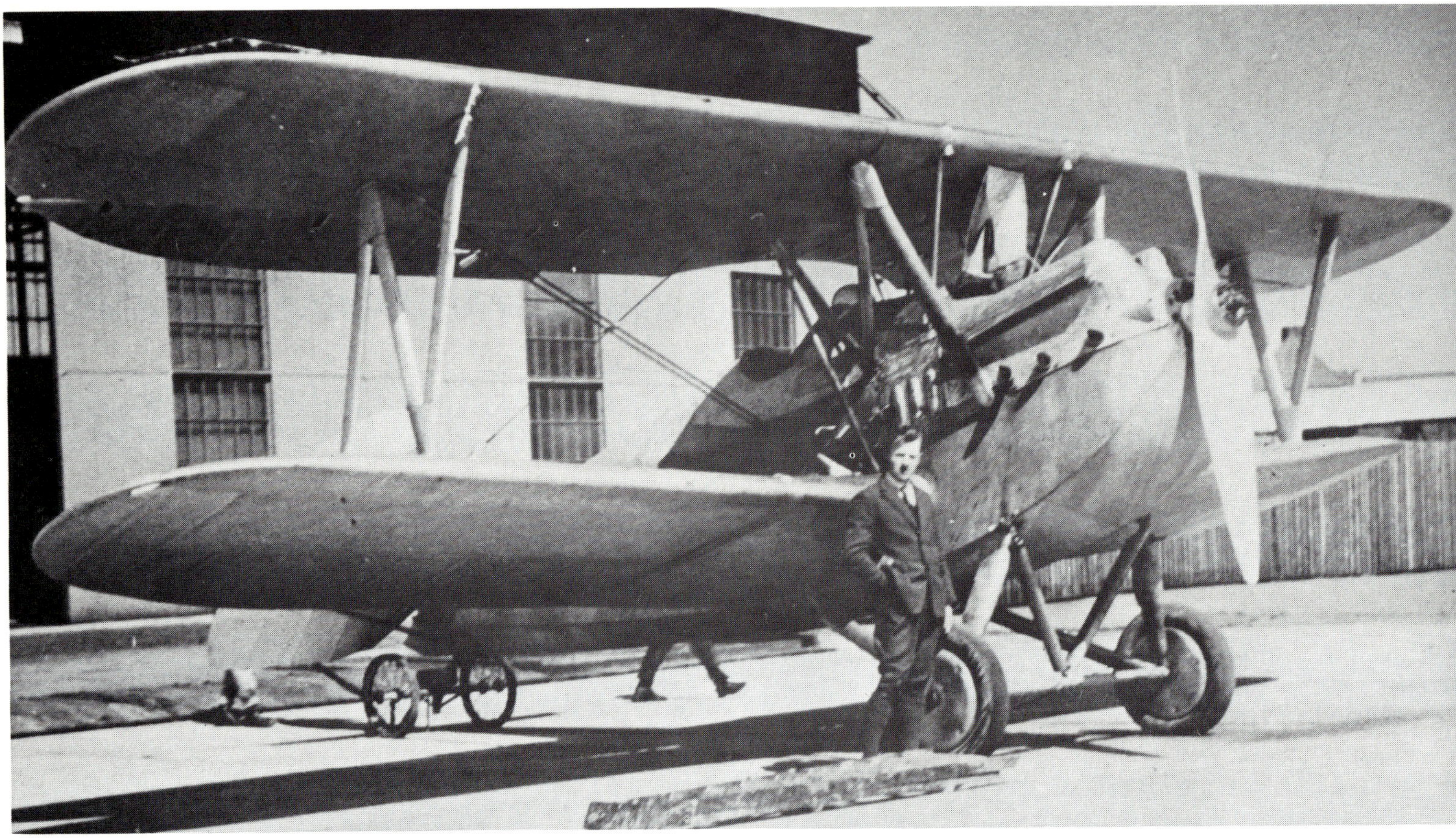

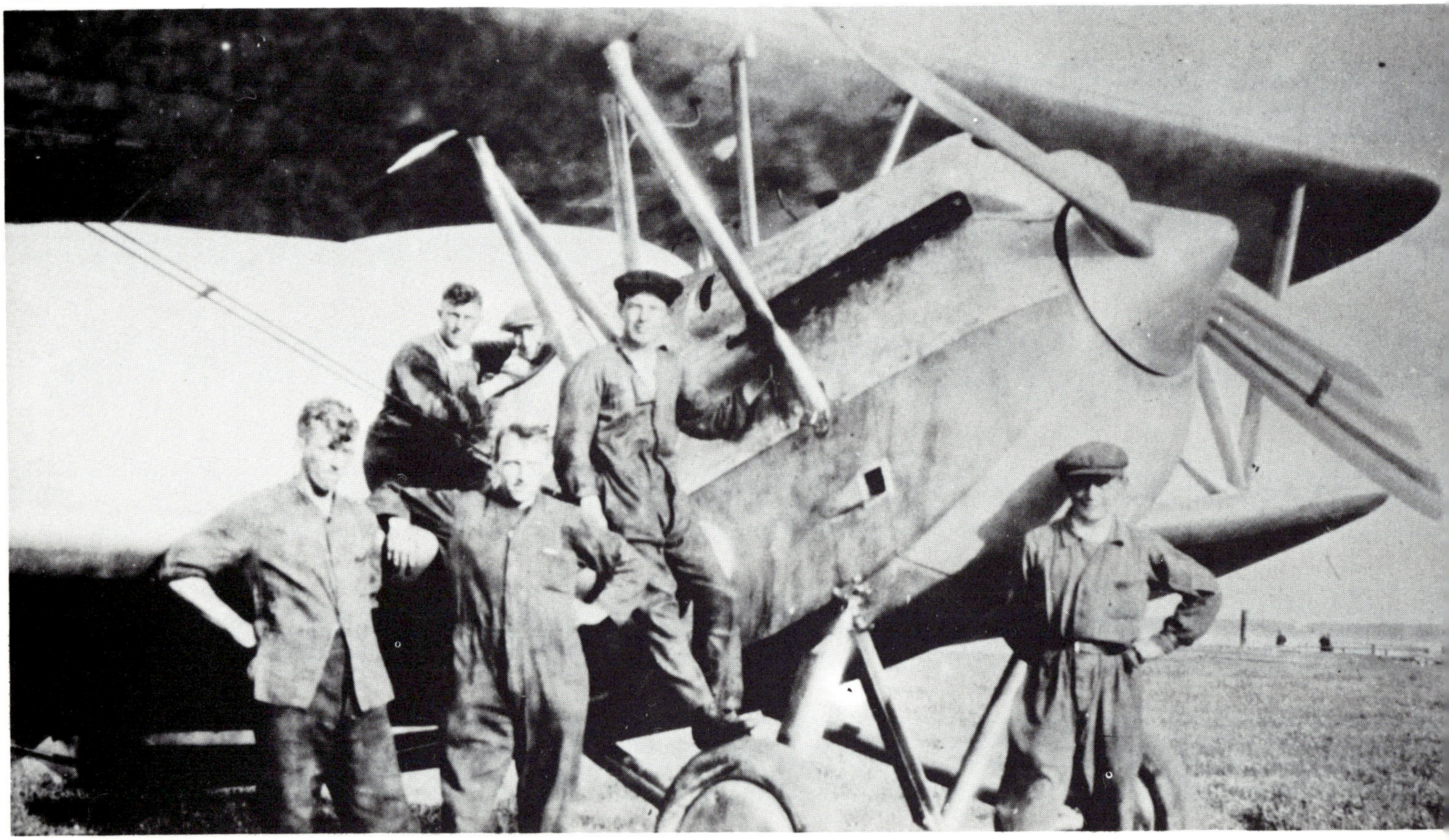

Heinkel HD 24 L, D-1160,
Werknr. 262

Linke Seite:

Oben: Bord-Jagdeinsitzer
Heinkel HD 23 mit Hispano-
Suiza-Motor

Unten: Heinkel HD 23 mit
BMW VI 7, 3Z

Heinkel HD 24 W

Heinkel HD 35   **1926**

Als sich der 100 PS Mercedes bei dem dreisitzigen Schulflugzeug HD 29 als zu schwach erwies, brachte Heinkel eine verbesserte Ausführung dieses Typs, aber mit 120 PS Mercedes D II, als HD 35 heraus. Es wurden nur wenige Maschinen gebaut.

Spannweite oben	11,00 m
Spannweite unten	9,84 m
Länge	7,50 m
Flächeninhalt	32,40 qm
Leergewicht	760 kg
Zuladung	300 kg
Fluggewicht	1060 kg
Höchstgeschwindigkeit	138 km/h
Landegeschwindigkeit	71 km/h
Steigzeit auf 1000 m	9,2 min
Gipfelhöhe	3300 m

Junkers A-32/K-39   **1926**

Die bei der G-24/K 30 befolgte Praxis, geeignete Typen sowohl in Zivil- als auch in Militärausführung zu bauen, wobei die betreffenden Flugzeuge sich nur in der Ausrüstung unterschieden, wurde von 1926 an von Junkers konsequent weiterverfolgt. Das »Post-, Kurier- und Luftbildvermessungsflugzeug« (so die offizielle Bezeichnung) A-32 entsprach zellenmäßig dem Aufklärer und Leichten Bomber K 39. Während der BMW VI der A-32 aber nur 450 PS leistete, erhielt die K-39 eine Ausführung mit 550 PS. Da aber die Ausrüstung der K-39 schwerer war, glichen sich die Leistungen weitgehend. Die Besatzung bestand aus 3 Mann. Die Bewaffnung bestand aus einem starren MG für den Flugzeugführer, einem Zwillings-MG für den Bordschützen und Funker und einem MG für den Beobachter in der Bodenwanne. Es konnte nur eine Bombenlast von 100 kg mitgeführt werden. Die Maschine fand aber weder im Inland noch im Ausland Anklang, so daß es beim Bau von zwei Maschinen blieb. Die technischen Daten gelten für A-32 und K-39.

Spannweite	17,82 m
Länge	11,10 m
Höhe	3,38 m
Flächeninhalt	41,00 qm
Leergewicht	1860 kg
Zuladung	865 kg
Fluggewicht	2725 kg
Höchstgeschwindigkeit	220 km/h
Reisegeschwindigkeit	185 km/h
Landegeschwindigkeit	98 km/h
Gipfelhöhe	6000 m

Junkers W 33   **1926**

Dieser Flugzeugtyp, der durch den ersten Ost-West-Transozeanflug von Köhl, Hünefeld und Fitzmaurice weltberühmt wurde, ist ursprünglich als Transportflugzeug für eine Besatzung von 2 Mann und 6 Fluggästen oder entsprechende Fracht entworfen worden, entwickelte sich aber zu einem ausgesprochenen Mehrzweck-Flugzeug, das auch in der Sowjetunion für die verschiedensten Zwecke neben dem Einsatz bei der sowjetischen Fluggesellschaft »Dobrolet« verwendet wurde. Bei der DVS wurde die Maschine zur Umschulung auf schwerere Maschinen eingesetzt. Bei Reichswehr und Reichsmarine wurde die W 33 als Schleppflugzeug für Zieldarstellungen verwendet. Hierbei kamen sowohl Land- als auch Schwimmerflugzeuge zum Einsatz. Wie bei der

Schul-Dreisitzer Heinkel
HD 35

Junkers-Mehrzweckflugzeug,
oben A-32, unten K-39

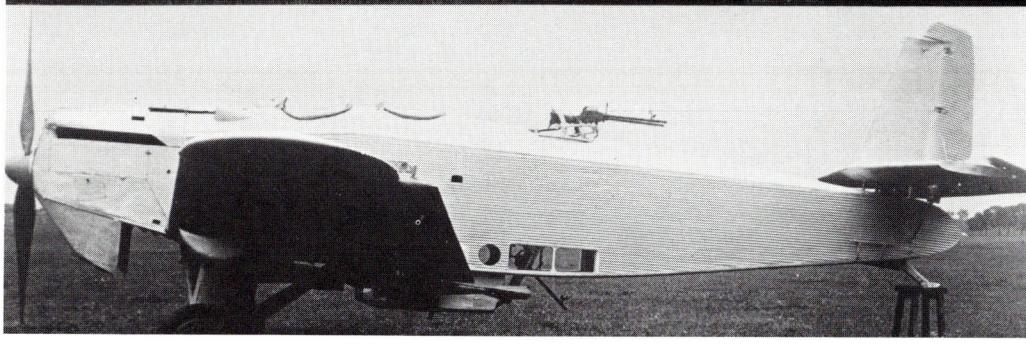

Oben: Junkers W 33 L,
D-1459 mit MG-Stand, Unten
W 33 als Scheibenschlepper
für Übungen der Marine-Flak-
artillerie

D-1459 sichtbar, war auch die militärische Verwendung vorgesehen. Die Aussparung auf der Rumpfoberseite wurde in Lipezk zum Einbau eines MG-Standes genutzt. In der Sowjetunion wurde die W 33 als PS-4 bezeichnet. Sie ist dort von 1928 bis 1941 geflogen worden, teilweise mit bestem Erfolg auch in arktischen Gebieten. Insgesamt waren in der UdSSR 10 PS-4 eingesetzt. Bis März 1935 wurden in Deutschland 60 W 33 zugelassen.

	W 33 L	W 33 W
Triebwerk Junkers	L 5	L 5
Leistung	310 PS	310 PS
Spannweite	17,75 m	17,75 m
Länge	10,50 m	10,90 m
Höhe	3,52 m	3,90 m
Flächeninhalt	43,00 qm	43,00 qm
Leergewicht	1418 kg	1660 kg
Zuladung	1282 kg	1340 kg
Fluggewicht	2700 kg	3000 kg
Höchstgeschwindigkeit	216 km/h	205 km/h
Reisegeschwindigkeit	200 km/h	170 km/h
Landegeschwindigkeit	95 km/h	107 km/h
Gipfelhöhe	4000 m	4000 m

Junkers W 34/K 43　　　　　　　1926

Bereits 1926 begann die Entwicklung dieses Flugzeugs, das meist nur als Schul- und Transportflugzeug der Luftwaffe bekannt ist. Die W 34 ist eine direkte Weiterentwicklung der W 33, deren Triebwerk sich auf die Dauer als zu schwach erwies. Die W 34 ist im Laufe ihrer Entwicklung immer wieder mit anderen Triebwerken ausgerüstet worden. Musterflugzeug W 34a war D-922, 2. Musterflugzeug D-1119 als W 34b. D-1844 wurde aus einer W 33 zur W 34 umgebaut. Bis 1934 wurden insgesamt 25 W 34

in Deutschland zugelassen. Im Rahmen des hier vorliegenden Berichts interessieren aber nur die ersten Ausführungen W 34 f und g. Während die Zivilversion W 34 meist nur als Landflugzeug Verwendung fand, wurde die Militärausführung K 43 mehr als Schwimmerflugzeug verwendet. Das Musterflugzeug W 34, D-2239 war mit einem Siemens »Jupiter«-Motor Type 9Ab von 425 PS ausgerüstet. Auch die W 34 kam nach Lipezk und wurde dort zu den verschiedensten Zwecken verwendet. Dazu gehörten Erprobung von Funk- und Lichtbildgeräten, Bordwaffen und Bombenziel- und abwurfgeräten. Allerdings forderte man ein stärkeres Triebwerk. So wurden u. a. auch amerikanische Triebwerke Pratt & Whitney »Hornet« S1 EG in die W 34 eingebaut, wodurch sich die Leistungen erheblich verbesserten. Dies bezog sich nicht nur auf Geschwindigkeit und Steigfähigkeit. Der »Hornet« wurde später als BMW 132 in Deutschland nachgebaut, dieser deutsche »Hornet« erreichte aber nie die Leistungen des amerikanischen Ursprungsmusters. So stellte man in Lipezk fest, daß man mit einer W 34 mit amerikanischem »Hornet« sogar Loopings fliegen konnte, was mit anderen Motoren unmöglich war. Einige Schwimmermaschinen W 34 wurden auch als Verkehrsflugzeuge nach Bolivien geliefert und wurden dann im Chaco-Krieg gegen Paraguay zu Militärflugzeugen umfunktioniert. Inzwischen war aber auch die erste W 34 als militärisches Mehrzweckflugzeug K 43 gebaut worden, die vorerst nur einen MG-Stand hinter der Kabine hatte. Die Bewaffnung wurde dann auf zwei MG-Stände verstärkt, dazu kamen noch Bombenträger für je vier 25 kg Bomben unter jeder Tragfläche. In der Ausführung mit Pratt & Whitney »Hornet« wurden dann einige Maschinen nach Finnland geliefert. Die für Finnland bestimmten Maschinen

Junkers W 34 mit Pratt & Whitney „Hornet"-Motor

	W 34 L	W 34 L	K 43 L	K 43 W
Besatzung	2 – 3	2 – 3	3	4
Triebwerk	Jupiter	Hornet	Jupiter	Hornet
Leistung PS	425	500/600	450	600
Spannweite m	17,75	17,75	17,80	17,80
Länge m	10,90	10,90	10,30	10,60
Höhe m	3,67	3,67	3,20	3,90
Flächeninhalt qm	43,00	43,00	44,00	44,00
Leergewicht kg	1500	1610	1100	1830
Zuladung kg	600	1590	500	1370
Fluggewicht kg	2100	3200	1600	3200
Höchstgeschwindigkeit km/h	213	247	225	219
Reisegeschwindigkeit km/h	175	210	205	180
Landegeschwindigkeit km/h	95	115	95	115
Gipfelhöhe m	6800	5300	7500	4500
Steigzeit auf 1000 m (2000 m)	–	–	4,7 min	4,7 min (10,2 min)

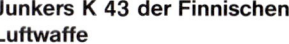

Junkers K 43 der Finnischen Luftwaffe

Junkers W 34 während des Chaco-Krieges in Bolivien

konnten sämtlich in kurzer Zeit entweder mit Rädern, Schwimmern oder Schneekufen ausgerüstet werden, was für ein seen- und flußreiches Land wie Finnland von großer Bedeutung war. Alle finnischen K 43 haben noch im Zweiten Weltkrieg Dienst getan, genau wie die deutschen W 34.

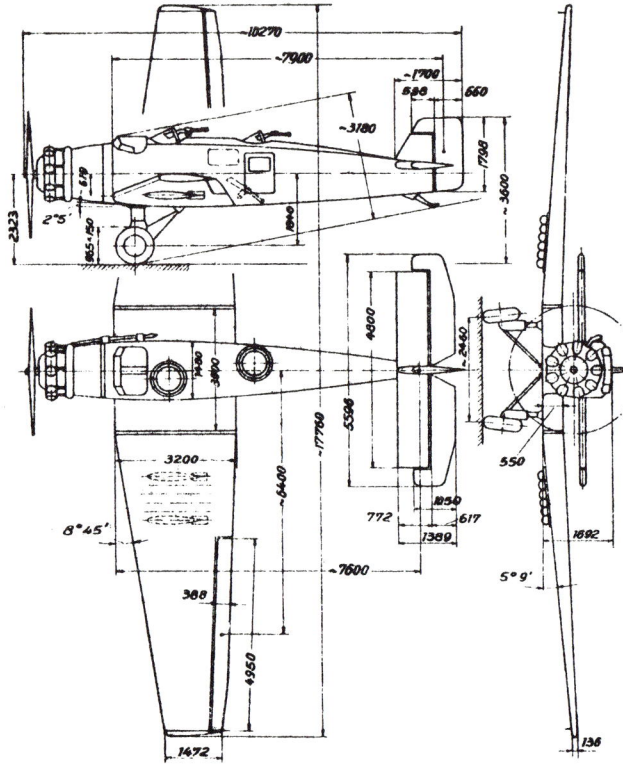

Dreiseitenriß
Junkers K 43

Junkers A 35/K 53   1926

Der Einsatz der A 20 hatte gezeigt, daß das Triebwerk zu schwach war. So entschloß sich Junkers, eine verbesserte A 20 mit dem 280/310 PS starken Junkers L 5-Motor anzubieten. Die erste A-35, so sollte das neue Muster heißen, war D-356. Die Erprobung in Rechlin ergab die Notwendigkeit einer längeren Abgasleitung, da Vergiftungserscheinungen bei den Besatzungen auftraten. Die Leistungen der A 35 befriedigten jetzt. Um möglichst schnell den neuen Typ liefern zu können, wurden die A-20, D-510, D-720, D-826, D-836, D-868 und D-898 in A 35 umgebaut. Dann wurden noch 19 A 35 an DVS, DLH und RDL geliefert. Einige A 35 dienten als fliegende Prüfstände bei Junkers. So wurde unter anderem eine A 35 mit einem Landefühler für die G 38 ausgestattet, der sich aber nachher nicht als notwendig erwies. Wieviel A 35 zu K 53 bei AB Flygindustri umgerüstet wurden, war nicht festzustellen.

	A 35/K 53 L	A 35/K 53 W
Spannweite	15,94 m	15,94 m
Länge	8,22 m	8,20 m
Höhe	3,50 m	3,50 m
Flächeninhalt	29,76 qm	29,76 qm
Leergewicht	1080 kg	1220 kg
Zuladung	520 kg	480 kg
Fluggewicht	1600 kg	1700 kg
Höchstgeschwindigkeit	206 km/h	197 km/h
Reisegeschwindigkeit	170 km/h	160 km/h
Landegeschwindigkeit	102 km/h	102 km/h
Gipfelhöhe	6300 m	5900 m
Reichweite	850 km	820 km
Steigzeit auf 1000 m	3,5 min	3,8 min
Steigzeit auf 2000 m	7 min	8 min

Bewaffnung K 53: 1 starres und 2 bewegliche MG

Junkers K 43 mit P&W Hornet
in Finnland

Junkers K-53 L mit schwedischen Kennzeichen

Junkers K 53 W mit schwedischen Kennzeichen in Travemünde

139

Luft-Fahrzeug-Gesellschaft (LFG) V.60   1926

Die LFG beteiligte sich 1926 an dem wiederholt erwähnten Seeflugzeug-Wettbewerb, konnte sich aber gegen Heinkels Maschinen nicht durchsetzen. Es wurden im ganzen nur drei Maschinen gebaut, die als Schulmaschinen verwendet wurden: D-923, D-924 und D-1040.

Triebwerk	BMW IV 220 PS
Spannweite	15,00 m
Länge	10,60 m
Leergewicht	1350 kg
Zuladung	700 kg
Fluggewicht	2050 kg ·
Höchstgeschwindigkeit	152 km/h
Landegeschwindigkeit	70 km/H

Rohrbach Ro IX »Rofix«   1926

1924 hatte Rohrbach für die Firma Mitsubishi in Japan einen Jagdeinsitzer als freitragenden Ganzmetall-Hochdecker entworfen, der im Firmenbetrieb den Namen »MiRo« (*Mi*tsubishi-*Ro*hrbach) erhielt. Die Zeichnungen gingen von Berlin nach Japan. Es kam aber nicht zum Bau des Flugzeugs. 1926 griff Rohrbach auf diesen Entwurf zurück und überarbeitete ihn. So entstand der Jagdeinsitzer Ro IX. Er erhielt als Triebwerk einen BMW VI 5,5 von 550/750 PS. Er wurde wegen des Bauverbots in Dänemark gebaut. Mehrere bekannte alte Jagdflieger, auch Ernst Udet, hatten sich eingefunden, um den neuen Vogel zu begutachten. Darunter auch der Pour-le-Mérite-Flieger Paul Bäumer, der mit seinem Freund Harry von Bülow zusammen ein kleines Flugzeugwerk in Hamburg aufgebaut hatte. Am Rande sei bemerkt, daß dort von den Brüdern Günter, den geistigen Vätern der späteren berühmten He 70 und

He 111, der Urtyp dieser Maschinen, der Bäumer »Sausewind« geschaffen wurde. Obwohl Joachim von Koeppen, Abteilungsleiter der DVL, ein sehr gutes Urteil über die Maschine abgab (»Große Geschwindigkeit und gute Steigfähigkeit verbinden sich mit guter Wendigkeit, so daß das Flugzeug für seinen Verwendungszweck sehr geeignet erscheint«), so daß das Flugzeug für seinen Verwendungszweck sehr geeignet erscheint«), stürzte Bäumer mit der Ro IX tödlich ab. Ursache einwandfrei: Menschliches Versagen. Die Unterlagen darüber existieren heute noch. Aber Ro IX war damit erledigt!

Spannweite	14,00 m
Länge	9,50 m
Höhe	3,70 m
Flächeninhalt	20 qm
Leergewicht	1320 kg
Zuladung	630 kg
Fluggewicht	1950 kg
Höchstgeschwindigkeit	260 km/h
Landegeschwindigkeit	100 km/h
Steigzeit auf 3000 m	7 min
Gipfelhöhe	8000 m

Udet/BFW U 12 »Flamingo«   1926

Eins der beliebtesten Schulflugzeuge, und durch Udets Kunstflüge besonders bekannt, war dieser von Hans Hermann entworfene Doppeldecker mit I-Stielen. Nach der Liquidation des Udet-Flugzeugbaus in München übernahmen die Bayrischen Flugzeugwerke (BFW) in Augsburg den Lizenzbau. Wie man sieht, hatte Udets eigene U 12 ein bedeutend flacheres Seitenleitwerk als die Serienausführung, die bei BFW gebaut wurde. Anläßlich seiner Flüge in den USA mit D-822 sah dieser übrigens 1931

LFG V 60 bei der
Marinefliegerausbildung

Rohrbach Ro IX „Rofix" mit
der Paul Bäumer tödlich abstürzte

Udet auf seinem berühmten
roten U 12 „Flamingo" 1931
in USA (oben)

Udet U 12b, Nachbau der
Bayrischen Flugzeugwerke
(BFW)

den Curtiss »Helldiver«, durch den dann die Stuka-Idee nach Deutschland kam. D-822 war signalrot und weiß gestrichen. Der in Udets Maschine eingebaute Sternmotor Sh 12 war auf 130 PS hochgezüchtet und nur kurzfristig verwendbar. Die normale U 12 wurde als Version a mit 80 PS Sh-11 und als U 12b mit 110 PS Sh-12 geflogen. Vom Udet-Flugzeugbau wurden 35 Stück gebaut, von BFW 85. Messerschmitt versuchte zwei eigene Ersatztypen BFW 1 und BFW 3 an die DVS zu liefern. Man blieb aber lieber bei der bewährten U 12b, von beiden Ersatztypen wurden nur je eine Maschine gebaut.

	U 12a	U 12b
Spannweite	10,00 m	10,00 m
Länge	7,50 m	7,50 m
Höhe	2,80 m	2,80 m
Flächeninhalt	24,00 qm	24,00 qm
Leergewicht	525 kg	550 kg
Zuladung	275 kg	250 kg
Fluggewicht	800 kg	800 kg
Höchstgeschwindigkeit	136 km/h	140 km/h
Landegeschwindigkeit	75 km/h	75 km/h
Steigzeit auf 1000 m	9 min	6 min
Startstrecke	80 m	70 m
Landestrecke	70 m	70 m

Udet U 13 »Bayern«   1926

Für den Marine-Seeflugzeug-Wettbewerb in Warnemünde brachte Hans Hermann als letztes Flugzeug des Udet-Flugzeugbaus vor der Liquidation diesen in Gemischtbauweise hergestellten Schwimmer-Doppeldecker heraus, der aber durch Bruch ausschied. Sowohl Rumpf als auch Trag- und Leitwerk waren Stahlrohrkonstruktionen mit Stoffbespan-

nung. Als Triebwerk diente ein BMW VI von 600 PS.

Spannweite	15,00 m
Länge	10,60 m
Flächeninhalt	47 qm
Leergewicht	2100 kg
Fluggewicht	2850 kg
Zuladung	750 kg
Höchstgeschwindigkeit	220 km/h
Reisegeschwindigkeit	185 km/h
Steigzeit auf 3000 m	12 min
Gipfelhöhe	6000 m

Albatros L 74   1927

Von diesem Aufklärungsflugzeug mit 320 PS BMW IV nach einem Entwurf von Walter Blume sind nur zwei Versuchsmuster, D-1100 und D-1110, gebaut worden. Obwohl die Maschine in Lipezk günstig beurteilt wurde, wurde sie zugunsten der L 78 aufgegeben. Als Bewaffnung waren zwei MG und als Ausrüstung ein Reihenbildgerät und eine Handkamera sowie die erforderliche Funkausrüstung vorgesehen. Zum Einbau ist es nicht mehr gekommen.

Spannweite	11,30 m
Länge	8,10 m
Höhe	3,20 m
Flächeninhalt	33 qm
Leergewicht	1250 kg
Zuladung	500 kg
Fluggewicht	1750 kg
Höchstgeschwindigkeit	170 km/h
Landegeschwindigkeit	90 km/h
Gipfelhöhe	3400 m
Reichweite	1500 km

Rechte Seite:

Oben: Udet U 13 „Bayern" beim Seeflugzeug-Wettbewerb   Unten: Aufklärer Albatros L 74

Albatros L 76 »Aeolus«   1927/28

Entwurf: Blume. Aufklärer als Nachfolgetyp der Heinkel HD 17. Erwies sich aber als Menschenfalle. Die Maschine war nicht trudelsicher. Es gab insgesamt sieben tödliche Abstürze, bei denen u. a. der Bruder des späteren Generalstabschefs der Luftwaffe, Paul Jeschonnek, und der ehemalige Führer der Jagdstaffel 28 und Inhaber des Pour le Mérite, Emil Thuy ums Leben kamen. Der letztere stürzte mit der L 76 am 11. 6. 1930 in der Nähe von Smolensk ab. Daraufhin wurde das Leitwerk geändert, worauf sich die Trudeleigenschaften besserten. 1929 wurde an Focke-Wulf und Heinkel ein Entwicklungsauftrag unter dem Decknamen »Buchfink« erteilt, um einen Rumpf aus Buchensperrholz, statt des stoffbespannten, zu fertigen. Der Versuch gelang, aber neben Buche wurde auch Birkensperrholz verwendet. L 76 ist bis zur Auflösung von Lipezk in Dienst gewesen. Als Triebwerk wurde der BMW VI von 600 PS eingebaut. In Lipezk bestand die Bewaffnung aus zwei starren und einem beweglichen MG. Bombenträger für 50 kg Bomben waren vorgesehen. Ein Teil der Maschinen wurde mit Reihenbildgeräten ausgerüstet.

Spannweite	12,76 m
Leergewicht	1615 kg
Zuladung	825 kg
Fluggewicht	2440 kg
Höchstgeschwindigkeit	235 km/h

Weitere Daten waren nicht zu ermitteln.

Insgesamt wurden sechs L 76 gebaut, Werknr. 10102, 10103, 10122 bis 10125. Sie wurden unter den Nummern D-1113, D-1209, D-1210, D-1283, D-1288 und D-1289 zugelassen. Weiterhin wurden drei als verbesserte L 76a unter Nummer D-1127, D-1128 und D-1130 zugelassen.

Arado SC II   1927

Ebenfalls als Auftrag für die Türkei getarnt, entstand ein Jahr nach der SC I das Übungsflugzeug für fortgeschrittene Flugschüler SC II. Wie sein Vorgänger ein Gemischtbau, Rumpf Stahlrohrkonstruktion mit Stoffbespannung, Tragflächen Holzkonstruktion mit Sperrholzbeplankung, Leitwerkskonstruktion wie Rumpf. Triebwerk: BMW Va N 320 PS. Die Maschinen wurden meist bei der DVS geflogen.

Spannweite	13,20 m
Länge	8,89 m
Höhe	3,47 m
Flächeninhalt	39,98 qm
Rüstgewicht	1275 kg
Zuladung	710 kg
Fluggewicht	1985 kg
Höchstgeschwindigkeit	180 km/h
Steiggeschwindigkeit	3 m/sec
Gipfelhöhe	5000 m

Bei nur 350 kg Zuladung war SC II kunstflugtauglich

Insgesamt wurden zehn SC II gebaut:

Werknr.	41	Zulassung	D-1390
	42		D-1398
	43		D-1409
	44		D-1436
	45		D-1542
	46		D-1330
	48		D-1478
	49		2
	50		D-1557
	51		D-1562

Rechte Seite:

Oben: Aufklärer und Jagdzweisitzer Albatros L 76 „Aeolus"   **Unten: Arado SC II für die Türkei**

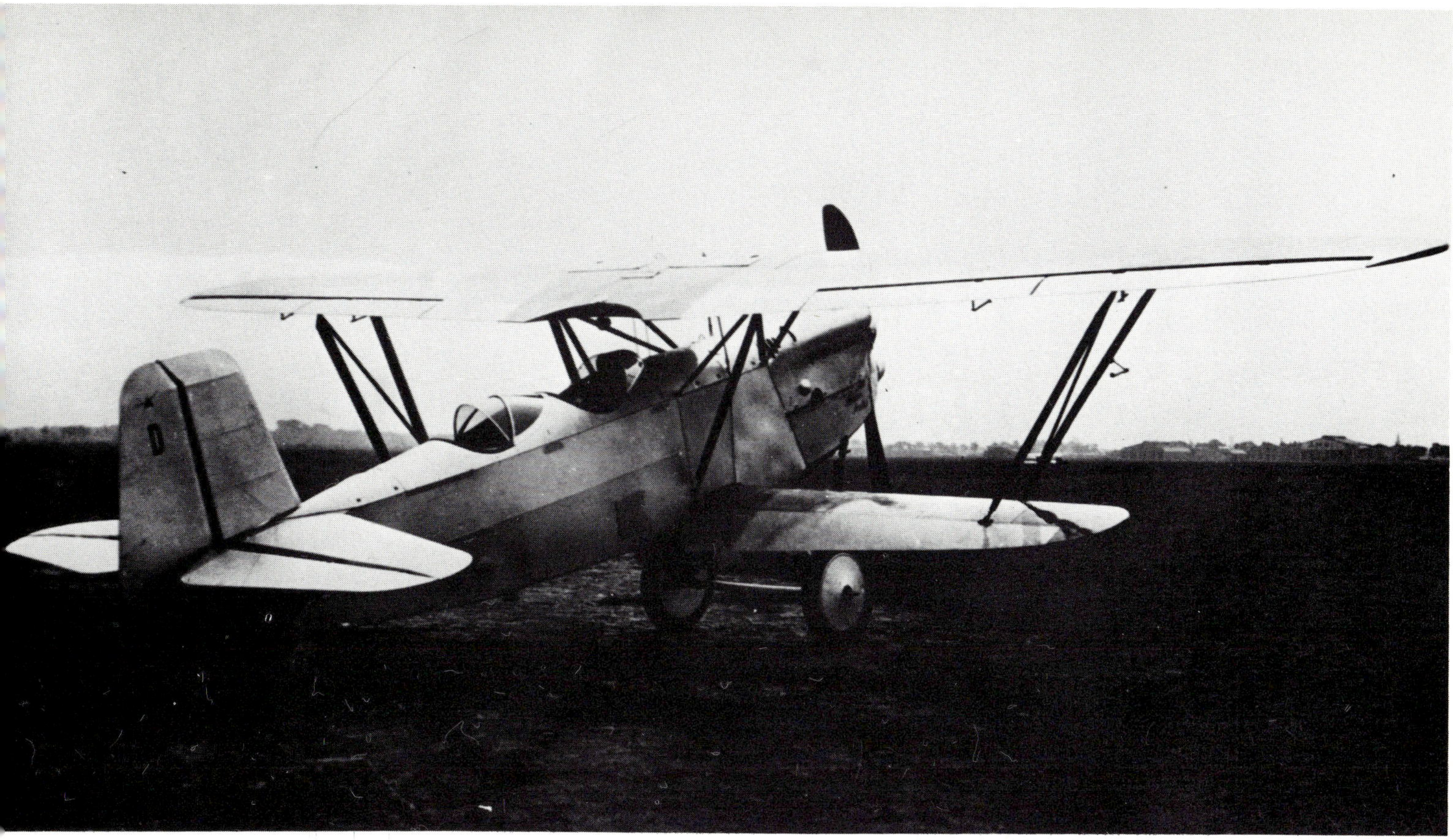
D
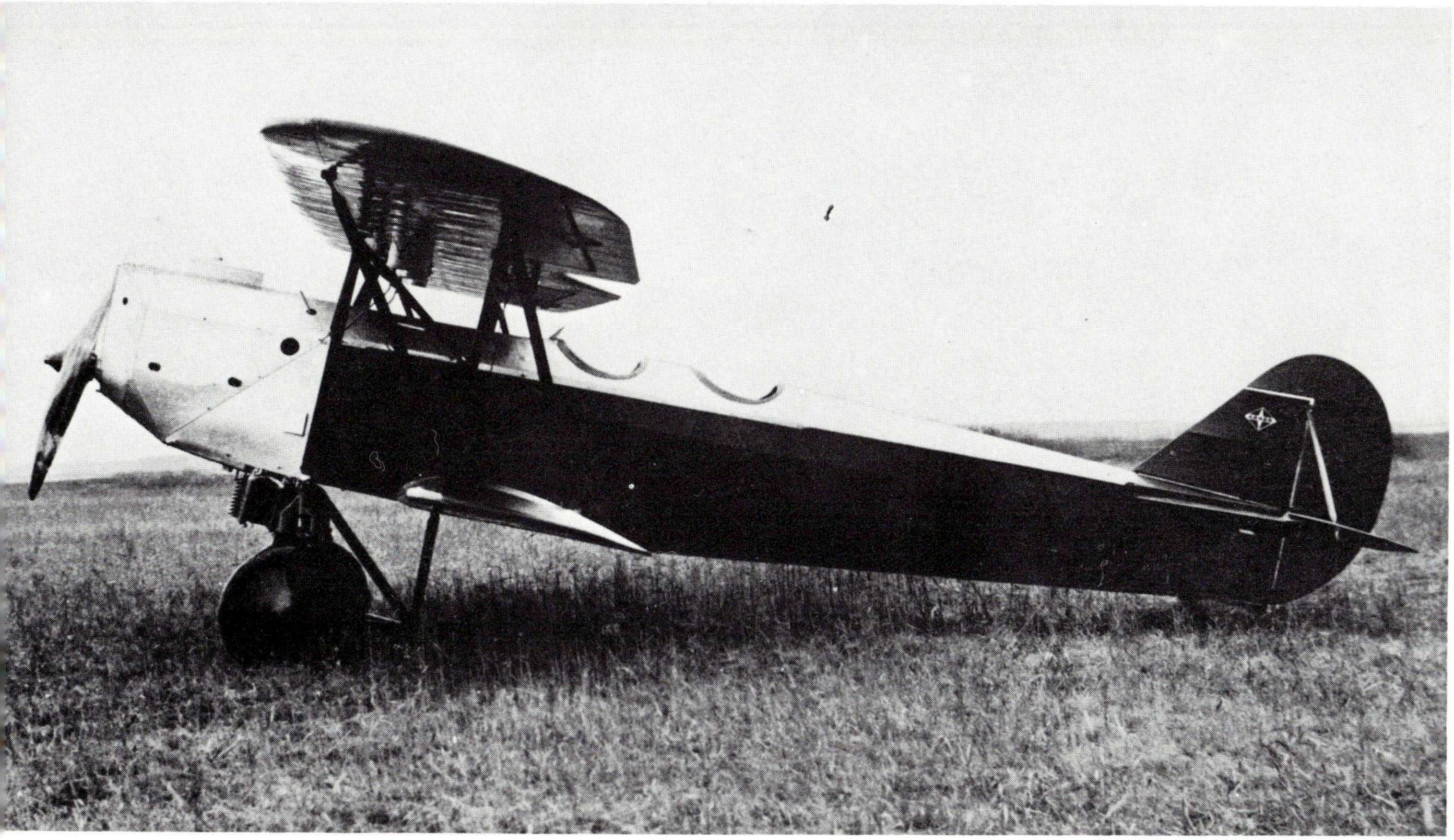

Dornier Do-D bas   1927

Nachdem die Do C zwar als Verkehrsflugzeug, nicht aber als Militärmaschine Anklang gefunden hatte und aus dem Ursprungstyp »Komet III« die »Merkur« entstanden war, lag es nahe, aus der »Merkur« ebenfalls eine Militärversion zu entwickeln. Die neue Maschine sollte als Seeflugzeug für Aufklärung, sowie Bomben- und Torpedowurf ausgerüstet werden. Der Bau erfolgte wieder in Zusammenarbeit mit dem deutschen Team unter Dr. Vogt bei Kawasaki in Kobe. Wieviel Maschinen für Japan gebaut wurden, ist unbekannt; drei Maschinen, die Werknummern 139 bis 141 gingen an die jugoslawische Marine. Eine Maschine, D-1541, ging zur Erprobung an die DVL, zwei weitere, D-1597 und D-1598 an die DVS. Do-D war, wie alle Dornier-Entwürfe, eine Ganzmetallkonstruktion, nur die Ruder waren stoffbespannt. Ein Nachteil, der auch von Lufthansa-Piloten, die die »Merkur« flogen, beanstandet wurde, war der Einbau des Führersitzes fast hinter der Tragflächenhinterkante, was schlechte Sicht-

möglichkeiten für den Flugzeugführer mit sich brachte. Urtyp der Do-D bas war eine »Komet III«. Als Triebwerk diente ein BMW VI von 500 PS. Die Schwimmerkonstruktion wurde wiederholt geändert. Ursprünglich befanden sich zwei Schwimmerträger auf jeder Seite, dann wurde daraus eine durchgehend verkleidete Schwimmerstrebenkonstruktion. Das Musterflugzeug erflog im Juli und August 1927 acht Weltrekorde. Die Besatzung bestand aus 2–3 Mann.

Spannweite	19,60 m
Länge	13,45 m
Höhe	4,62 m
Flächeninhalt	62,40 qm
Rüstgewicht	2950 kg
Zuladung	950 kg
Fluggewicht	3900 kg
Maximales Fluggewicht	4200 kg
Höchstgeschwindigkeit	195 km/h
Reisegeschwindigkeit	160 km/h
Landegeschwindigkeit	92 km/h
Steigzeit auf 3000 m	36 min
Gipfelhöhe	5000 m

	neuer Rekord:	alter Rekord:
Mit 1000 kg Nutzlast		
1. Geschwindigkeit über 100 km	209,546 km/h	190,637 km/h Savoia
2. Geschwindigkeit über 1000 km	177,279 km/h	175,600 km/h Dornier Do. D.
Mit 2000 kg Nutzlast:		
3. Geschwindigkeit über 100 km	209,546 km/h	190,435 km/h Dornier Do. D.
4. Geschwindigkeit über 500 km	179,416 km/h	173,567 Savoia
5. Geschwindigkeit über 1000 km	177,279 km/h	168,363 km/h Savoia
Mit 4000 kg Nutzlast:		
6. Dauer	6 h 1' 56''	
7. Strecke	1000 km	
8. Höhe	2845 m	
9. Geschwindigkeit über 100 km	209,546 km/h	
10. Geschwindigkeit über 500 km/h	179,416 km/h	
11. Geschwindigkeit über 1000 km	177,279 km/h	
12. Größte Nutzlast auf 2000 m Höhe	4037 kg	3504 kg P.-N. 10 USA.

Rechte Seite:

Oben: Dornier Do Dbas, erste Schwimmerstrebenausführung

Mitte: Dornier Do D als Torpedoflugzeug in Jugoslawien

Unten: Dornier Do Dbas, mit geänderten Schwimmerstreben und Leitwerk

Dornier R »Superwal« (4-mot) 1927

Der zweimotorige »Superwal« hatte die Forderungen der Reichsmarine insbesondere auf Höchstgeschwindigkeit und Steigfähigkeit nicht voll befriedigt. Mit den vorhandenen Triebwerken ließen sich aber keine besseren Ergebnisse erzielen. Es lag also nahe, statt zwei jetzt vier Motoren einzubauen, ohne an der Grundkonzeption etwas zu ändern. Als Triebwerke kamen in Frage: Gnôme-Rhône »Jupiter« 480 PS, Napier »Lion« 460 PS. Siemens »Jupiter« 525 PS und Pratt & Whitney »Hornet« 550 PS. Es wurden zwei »Superwale« mit dem letztgenannten Triebwerk nach USA verkauft. Angeblich versagten diese dort durch Triebwerkschwierigkeiten. Da der »Hornet« eins der besten Triebwerke seiner Zeit war, ist dies wenig wahrscheinlich. Wahrscheinlicher ist, daß der amerikanischen Flugzeugindustrie (Curtiss, Douglas, Sikorski) die Konkurrenz unbequem war. Die Hauptlast der Erprobung der viermotorigen »Superwale« lag auf den Schultern des Flugkapitäns Horst Merz, der die hier gesammelten Erfahrungen später bei der Do X bestens verwerten konnte. Merz führte die Erprobung in Zusammenarbeit mit der Lufthansa und der Reichsmarine durch. Insgesamt wurden sechzehn 4-motorige »Superwale« gebaut. Davon gingen D-1337 (Napier) an die Severa, D-1447 (Gnôme), D-1500 (Gnôme) und D-1761 (Sh Jupiter) an die Lufthansa, D-1782 und D-1785, beide mit Sh Jupiter, an die DVS. Die meisten gingen an die DVS. Eine Maschine ging nach Spanien, wo die ursprünglich für den zweimotorigen »Superwal« geplante Waffenerprobung durchgeführt wurde. Im Rahmen dieser Erprobung wurden nicht nur die alten MG 08/15, sondern auch die ersten neuen MG 15 erprobt. Als schwerste für damalige Zeiten überschwere Bewaffnung wurden in Bug- und Heckständen 2 cm-Kanonen des Typs Oerlikon »F« auf Drehring Type K eingebaut. Diese Waffe war auf der Grundlage der alten deutschen Becker-Kanone von 1918, die damals versuchsweise auch in dem See-Kampfzweisitzer Hansa-Brandenburg W 29 eingebaut gewesen war, von Oerlikon in Zusammenarbeit mit der Reichsmarine entwickelt worden.

Mit dem viermotorigen »Superwal« Werknr. 142 und der italienischen Zulassung I-RIDE, der mit 480 Gnôme-Rhône-Jupiter VI-Triebwerken ausgerüstet war, konnte der Dornier Chefpilot Richard Wagner in der Zeit von Januar bis Februar 1928 folgende Weltrekorde erobern, die die Leistungsfähigkeit dieses Bootes eindrucksvoll demonstrierten:

Technische Daten Dornier »Superwal« (4-mot)

Hauptabmessungen:
Spannweite	28,6 m
Gesamtlänge	24,6 m
Gesamthöhe	5,45 m
Flächeninhalt des Tragflügels	137 qm

Gewichte:
Reingewicht	7464 kg
Rüstgewicht	8672 kg
Zuladung	4536 kg
Normales Abfluggewicht	12 000 kg
Höchstmögliches Abfluggewicht	15 000 kg
Flächenbelastung	87,60 kg/qm
Leistungsbelastung	6,24 kg/PS

Ansprüche und Flugleistungen:
Höchstgeschwindigkeit	220 km/Std.
Reisegeschwindigkeit	190 km/Std.
Landegeschwindigkeit	113 km/Std.
Gipfelhöhe	3500 m
Brennstoffverbrauch im Reiseflug	400 kg/Std.
Ölverbrauch im Reiseflug	35 kg/Std.

Rechte Seite:

Oben: Dornier „Superwal" viermotorig (Do R IINas)

Unten links: Dornier „Superwal" mit MG-Ständen hinter der Tragfläche

Unten rechts: Dornier „Superwal" mit Bug-Kanone Oerlikon Modell F

Focke-Wulf W 4   1927

Als ersten Entwicklungsauftrag erhielt Focke-Wulf von der Reichsmarine die Bestellung für ein katapultfähiges See-Aufklärungsflugzeug, einen Typ, den dieses Werk noch nie gebaut hatte. Es liegt auf der Hand, daß Focke gegen den erfahreneren Konkurrenten Heinkel nicht viel Chancen hatte. Um eine möglichst hohe Geschwindigkeit zu erzielen, entschloß sich Focke zum Bau eines freitragenden Doppeldeckers mit Holzflügeln. Der Rumpf war eine stoffbespannte Stahlrohrkonstruktion. Als Triebwerk wurde ein Bristol »Jupiter« von 480 PS eingebaut. Zu einem Waffeneinbau kam es nicht. Es wurde nur ein Musterflugzeug D-1730 gebaut.

Spannweite	12,00 m
Länge	11,40 m
Höhe	4,55 m
Flächeninhalt	50 qm
Leergewicht	1700 kg
Zuladung	800 kg
Fluggewicht	2500 kg
Höchstgeschwindigkeit	210 km/h
Reisegeschwindigkeit	190 km/h
Landegeschwindigkeit	90 km/h
Steigzeit auf 1000 m	5 min
Gipfelhöhe	5000 m
Reichweite	600 km

Heinkel HE 7   1927

Torpedoflugzeug, dreisitzig. Nur Versuch. Bauart: zweimotoriger Tiefdecker in Gemischtbauweise. Flächen Holz, Rumpf und Leitwerk Stahlrohrgerüst mit Leinwandbespannung. Die Maschine wurde als D-1552 zugelassen. Wurde von der Marine wegen zu geringer Leistungen, insbesondere Steigfähigkeit, abgelehnt, flog aber noch bis April 1937.

Triebwerk	2 Gnôme & Rhône Jupiter 9 AB je 450 PS
Spannweite	24,00 m
Länge	16,00 m
Flächeninhalt	93,42 qm
Leergewicht	3800 kg
Zuladung	2200 kg
Fluggewicht	6000 kg
Höchstgeschwindigkeit	200 km/h
Landegeschwindigkeit	89 km/h
Steigzeit auf 1000 m	5,9 min
Gipfelhöhe	2300 m

Heinkel HD 15   1927

Anfang 1927 erhielt Heinkel von der Reichsmarineleitung den Auftrag zur Entwicklung eines Flugzeugkatapults und eines kleinen Flugboots, das für die Versuchsstarts benutzt werden sollte. So entstand im Laufe des Jahres 1927 das erste Flugzeugkatapult K 1 und das Flugboot HD 15. K 1 wurde auf einem Schwimmdock installiert. Es hatte eine Länge von 21,50 m und entwickelte einen Betriebsdruck von 90 atü. Die Beschleunigungsstrecke war 11,85 m lang, der Bremsweg, 2,20. Ein Flugzeug mit einem Maximalabfluggewicht von 2500 kg konnte mit einer Beschleunigung von 4,9 g eine Abfluggeschwindigkeit von 100 km/h erhalten. Bei dem Flugboot HD 15 griff Heinkel auf die Erfahrungen zurück, die er mit den für Hansa-Brandenburg entworfenen Flugbooten gemacht hatte. Die HD 15 erinnerte etwas an den Typ W 18. Es war ein verspannter Doppeldecker in Gemischtbauweise und stark

**Aufklärungsflugzeug
Focke-Wulf W 4**

**Torpedoflugzeug
Heinkel HE 7a**

**Katapultflugzeug
Heinkel HD 15**

151

gekieltem Bootsrumpf. Die Versuche verliefen erfolgreich, so daß nicht nur für deutsche Schiffe, sondern auch für die russische und die holländische Marine Katapulte von Heinkel geliefert wurden. HD 15 hatte als Triebwerk einen Gnôme-Rhône Jupiter VI von 450 PS, trug aber keine Bewaffnung.

Spannweite	12,40 m
Länge	10,70 m
Flächeninhalt	44 qm
Leergewicht	1450 kg
Zuladung	900 kg
Fluggewicht	2350 kg
Höchstgeschwindigkeit	172 km/h
Landegeschwindigkeit	85 km/h
Steigzeit auf 1000 m	3,6 min
Gipfelhöhe	4300 m
Besatzung	3 Mann

Heinkel HD 28   1927

Aufgrund einer Bestellung der japanischen Marine entstand das dreisitzige See-Aufklärungsflugzeug HD 28. Es war ein Doppeldecker in der bei Heinkel üblichen Gemischtbauweise, der ursprünglich nur unter dem Rumpf eine Seitenflosse hatte. Es stellte sich dann aber heraus, daß zur Verbesserung der Längsstabilität das Leitwerk geändert und auch oben eine Seitenflosse angebaut werden mußte. Die bei der Erprobung der HD 28 gewonnenen Erfahrungen haben dann später den Entwurf des deutschen See-Aufklärers und Bordflugzeugs He 60 beeinflußt. HD 28 war mit einem Lorraine-Dietrich Typ 28 von 650 PS als Triebwerk ausgerüstet. Die Maschine wurde pünktlich nach Japan abgeliefert. Über einen Nachbau ist nichts bekannt.

152

Spannweite	15,00 m
Länge	11,00 m
Flächeninhalt	59,50 qm
Leergewicht	2365 kg
Zuladung	1485 kg
Fluggewicht	3850 kg
Höchstgeschwindigkeit	198 km/h
Landegeschwindigkeit	96 km/h
Steigzeit auf 1000 m	4,1 min
Gipfelhöhe	4500 m

Heinkel HD 36   1927

In nur wenigen Exemplaren wurde das zweisitzige Schulflugzeug HD 36 für die Anfangsausbildung gebaut. Als Triebwerk diente der Mercedes D III von 160 PS, der 1916 in die ersten Jagdflugzeuge eingebaut gewesen war.

Spannweite oben	11,00 m
Spannweite unten	9,80 m
Länge	7,50 m
Flächeninhalt	30,75 qm
Leergewicht	940 kg
Zuladung	310 kg
Fluggewicht	1250 kg
Höchstgeschwindigkeit	130 km/h
Landegeschwindigkeit	70 km/h
Steigzeit auf 1000 m	3,7 min
Gipfelhöhe	5000 m

Junkers S 36/K 37   1927

Man hatte bei Junkers eingesehen, daß mit der G 24/K 30 kein Geschäft zu machen war und daß der allgemeine Trend zum zweimotorigen

See-Aufklärungsflugzeug Heinkel HD 28 der japanischen Marine

Schulflugzeug Heinkel HD 36

„Post"-Flugzeug Junkers S 36

Schwerer Bomber AB-Flygindustri-Junkers K 37

Bomber verlief. So entstand der Entwurf eines zweimotorigen »Post-, Kurier- und Luftbildvermessungsflugzeugs« S 36, dessen militärische Ausführung der Bomber K 37 werden sollte. Während die unbewaffnete S 36 Gnôme-Rhône »Jupiter« von 480 PS erhielt und in dieser Form nach Schweden überflogen wurde, bekam sie dort zwei 500 PS Siemens »Jupiter« und eine Bewaffnung von vier MG. Die eingebauten Lastenträger konnten eine Bombenlast bis zu 500 kg aufnehmen. Mit schwedischen Kennzeichen versehen, wurde die Maschine dann verschiedenen deutschen und ausländischen Interessenten vorgeführt. Die japanische Firma Mitsubishi erwarb tatsächlich die Nachbaurechte. Zu einem Bau der S 36/K 37 für die Reichswehr kam es nicht. Zumindest eine kleine Serie wurde nach der UdSSR geliefert und flog dort noch 1933.

Der Preis für die Lizenzvergabe brachte natürlich nicht das Geld, das der Serienbau in Schweden oder in Moskau-Fili gebracht hätte. So wuchsen die finanziellen Schwierigkeiten der Firma Junkers weiter an, die bereits durch die Fehlentwicklung in der UdSSR begonnen hatten und später zur Verstaatlichung des Unternehmens führen sollten.

Die Japaner übernahmen zwar das Musterflugzeug K 37 mit dem schwedischen Kennzeichen, das ursprünglich S-AABP gewesen und dann in SE-ABP geändert worden war, entwickelten aber daraus drei verschiedene Bomber, nachdem Junkers in Deutschland die K 37 noch weiter entwickelt hatte. Der erste japanische Bomber, der entstand und auch bei Kawasaki nachgebaut wurde, war Ki 1, bei dem sämtliche Abmessungen erheblich vergrößert wurden und zwei 700 PS Ha 2-III eingebaut wurden. Während die K 37 nur 500 kg Bomben tragen konnte, schleppte die Ki 1 1000 kg. Die Bewaffnung bestand aus drei 7,2 mm MG. Bei den Ha 2-III handelt es sich um 12-Zylinder-V-Motoren, während die K 37 luftgekühlte Sternmotoren gehabt hatte. Inzwischen hatte Junkers eine zweite K 37 mit geschlossenem Führerraum ausgerüstet und verkaufte die Nachbaurechte auch für diesen Typ an Mitsubishi. Das deutsche Flugzeug flog noch eine Weile mit den Kennzeichen D-AMIX bis nach 1935. D-AMIX wurde das Ausgangsmuster für die beiden Versionen des Bombers Mitsubishi Ki 2, die in den Abmessungen dem deutschen Ausgangsmuster sehr ähnlich waren, aber trotz relativ geringer Motorenleistungssteigerung erheblich bessere Leistungen aufwiesen. Während Ki 2/I noch die gleichen Waffentürme wie Ki 1 hatte, erhielt Ki 2/II modernere Waffenstände. Die Bewaffnung bestand bei beiden Ausführungen aus zwei MG 7,2 mm. Die Bombenlast konnte zwischen 300 und 400 kg variiert werden. Ki 1 und Ki 2, beide Ausführungen, sind in größeren Stückzahlen im chinesisch-japanischen Konflikt der 20/30er Jahre eingesetzt gewesen.

Münzel MR-1   1927

Beim Aufbau der Roten Luftflotte in den Jahren 1920–21 diente als erstes Aufklärungs- und Arbeitsflugzeug das englische Baumuster De Havilland DH 4 unter der Bezeichnung R-1. (R = Raswedtschik = Aufklärer). 1926 interessierte sich die sowjetische Marine für ein leichtes See-Aufklärungsflugzeug. Da noch große Bestände an R-1 vorhanden waren, griff man versuchsweise auf diesen Typ zurück. Die Umkonstruktion des ausgesprochenen Landflugzeugs DH 4 wurde nun von einem ehemaligen Mitarbeiter der Firma Rumpler (bis 1918),

Junkers K 37 in Japan

	S 36	K 37	Ki 1	Ki 2/I	Ki 2/II
Triebwerk	Gnôme	Sh	Ha 2-III	Type 94	Type 94
Leistung PS 2×	480	500	700	550	570
Spannweite m	20,0	20,14	26,50	19,96	19,96
Länge m	11,35	11,40	14,80	12,70	12,60
Höhe m	4,35	4,60	4,92	4,60	4,65
Flächeninhalt qm	47,20	54,25	90,74	46,50	55,20
Leergewicht kg	2490	2600	4880	2800	2800
Zuladung kg	1510	1700	3220	1900	1750
Fluggewicht kg	4000	4300	8100	4700	4550
Höchstgeschwindigkeit km/h	224	245	220	283	255
Reisegeschwindigkeit km/h	195	220	195	245	220
Landegeschwindigkeit km/h	105	115	115	115	110
Gipfelhöhe m	7000	7800	5000	5700	7000
Reichweite km	1000	1000	1100	3000	900
Steigzeit auf 3000 m			14 min		10 min
Steigzeit auf 2000 m				5,17 min	

Japanische Weiterentwick-
lung Mitsubishi Ki 2

155

namens Münzel durchgeführt. So entstand das See-Aufklärungsflugzeug MR-1 (Morskij Raswedtschik = Marine-Aufklärer). Die Erprobung der Maschine führte zu befriedigenden Ergebnissen, so daß 124 Maschinen dieses unter Mitarbeit eines deutschen Ingenieurs entstandenen Flugzeugtyps gebaut wurden. Die Maschine wurde von dem bekannten sowjetischen Piloten Gromow eingeflogen. Als Triebwerk diente ein Fiat A-12 von 240 PS. Die Bewaffnung bestand aus einem starren und einem beweglichen 7,62 mm MG. Die Maschine konnte an Lastenträgern unter Rumpf und Unterseite bis zu zwölf Bomben leichteren Kalibers mitführen.

Spannweite	14,02 m
Länge	10,58 m
Flächeninhalt	44,54 qm
Leergewicht	1384 kg
Zuladung	748 kg
Fluggewicht	2132 kg
Höchstgeschwindigkeit	183 km/h
Landegeschwindigkeit	100 km/h
Steigzeit auf 1000 m	5,5 min
Steigzeit auf 2000 m	12,3 min
Steigzeit auf 4000 m	45 min
Gipfelhöhe	4200 m
Reichweite	820 km

Reichsmarine (Bs X) in Auftrag gegeben worden. Das Boot wurde unter der Nr. D-1261 für die Lufthansa zugelassen, aber bei der »Severa« geflogen. Vom 21. 5. bis 16. 6. 1928 wurden von der »Severa« 47 Flüge auf der Strecke Travemünde-Kopenhagen-Göteborg-Oslo mit insgesamt 11 595 km durchgeführt. Obwohl die Maschine absolut positiv beurteilt wurde, zog es die Reichsmarine vor, den Dornier »Wal« als Fernaufklärer beizubehalten und weiterzuentwickeln.

Spannweite	26,0 m
Gesamtlänge	19,3 m
Gesamthöhe m. lauf. Schrauben	6,7 m
Flügelfläche	94m²
Reingewicht	6210 kg
Tragfähigkeit	3490 kg
Vollgewicht	9700 kg
Geschwindigkeit in 2000 m Höhe	193 km/h
Geschwindigkeit in Seehöhe	202 km/h
Landegeschwindigkeit	125 km/h
Gipfelhöhe	3000 m
Steigzeit auf 1000 m	6 min
Steigzeit auf 2000 m	16 min
Reichweite bei 160 km/h	1100 km
Betriebsstoffverbrauch	264 kg/h

Rohrbach Ro 5 »Rocco«   1927

Dieses Flugboot stellte bei seinem Erscheinen eine kleine Sensation dar, denn mit diesem Flugboot wurde ein Grad der Seetüchtigkeit erreicht, der vorher für unmöglich gehalten wurde. Dieses Boot war zwar als Verkehrsflugboot der Lufthansa deklariert, aber als mögliche Alternative zum Dornier »Wal« von der

Rohrbach-Beardmore Ro-VI »Bero«   1927

1924 lieferten die Konstruktionsbüros von Rohrbach in Berlin die Zeichnungen für diesen Bomber an die englische Firma Beardmore in Glasgow ab, wo unter Leitung von W. S. Shack-

De Havilland DH-4 mit von
dem deutschen Ing. Münzel
entwickelten Schwimmer-
unterbau. In der UdSSR MR-1

Rohrbach Hochseeflugboot
Ro V „Rocco"

Rohrbach-Beardmore
„Inflexible"

157

leton dann ein für damalige Zeiten riesiges Flugzeug für die Royal Air Force gebaut wurde, das den Namen »Inflexible« und die Zulassung J 7537 erhielt. Der Erstflug der »Inflexible« erfolgte mit Sqd. Ldr. U. G. Noakes am Steuer am 5. 3. 1928 in Martlesham Heath. 1929 wurde die Maschine zum ersten Mal in Hendon der Öffentlichkeit vorgeführt. Wie wenig man sich in England mit der Bauweise freitragender Ganzmetalleindecker befreunden konnte, geht aus der Tatsache hervor, daß man »aus Sicherheitsgründen« ein Seil vom Rumpfuntergurt zum Tragflügel anbrachte! An diesem Beispiel kann man ersehen, wie weit voraus die deutsche Flugtechnik dem Ausland gegenüber war. Übrigens hatte die »Inflexible« als erstes Flugzeug der Welt hydraulische Laufradbremsen. Sie waren die Idee eines Mitarbeiters von Rohrbach namens Kurt Tank, dem späteren Chefkonstrukteur von Focke-Wulf. Die »Inflexible« besaß als Triebwerk drei Rolls-Royce »Condor« Motoren von je 650 PS. Eine Bewaffnung ist in dieses Flugzeug nie eingebaut worden. 1930 wurden die Motoren ausgebaut, 1931 die Tragflächen abmontiert und für Korrosionsversuche im Freien gelagert. Die Beardsmore-Werke wurden 1928 liquidiert.

Spannweite	47,90 m
Länge	22,95 m
Höhe	6,45 m
Flächeninhalt	183 qm
Leergewicht	9380 kg
Zuladung	7400 kg
Fluggewicht	16 780 kg
Höchstgeschwindigkeit	180 km/h
Reisegeschwindigkeit	160 km/h
Landegeschwindigkeit	102 km/h
Steigzeit auf 1000 m	12 min
Steigzeit auf 2000 m	25 min
Steigzeit auf 3000 m	42 min
Gipfelhöhe	3800 m
Reichweite	1250 km

Kawasaki Army Type 88 1927

Nachdem Dr. Richard Vogt die Fertigung der Dornier Do N bei Kawasaki geleitet hatte, arbeitete er bis 1932 als Konstrukteur bei Kawasaki und entwickelte als erstes Flugzeug für die japanische Heeresfliegertruppe den halbfreitragenden Ganzmetall-Doppeldecker Type 88, der in zwei Ausführungen gebaut wurde, die sich äußerlich nur durch die Kühleranordnung unterschieden. Als Triebwerk kam der BMW VI von 500 PS zum Einbau. Die Bewaffnung bestand aus zwei starren und einem beweglichen 7,7 mm MG. Das Flugzeug sollte als Aufklärer oder leichter Bomber eingesetzt werden, ist aber nur in kleiner Serie gebaut worden.

Spannweite	15,00 m
Länge	12,80 m
Höhe	3,40 m
Flächeninhalt	48 qm
Leergewicht	1800 kg
Zuladung	1050 kg
Fluggewicht	2850 kg
Höchstgeschwindigkeit	210 km/h
Steigzeit auf 3000 m	16 min
Gipfelhöhe	5200 m
Reichweite	1200 km

Albatros L 75 1928

In großer Serie gebautes Ausbildungsflugzeug der Deutschen Verkehrs-Flieger-Schule. Auch bei den »Reklamestaffeln« eingesetzt. Konventioneller Doppeldecker in Gemischtbauweise. Größte Serie: L 75a »As« wurde in Berlin auf der Internationalen Luftfahrt-Ausstellung (ILA) und in Paris 1928 ausgestellt. Musterflugzeug war D-1348. L 75 e versuchsweise mit Handley-

Kawasaki (Vogt) Armee-Auf-
klärer Type 88/II

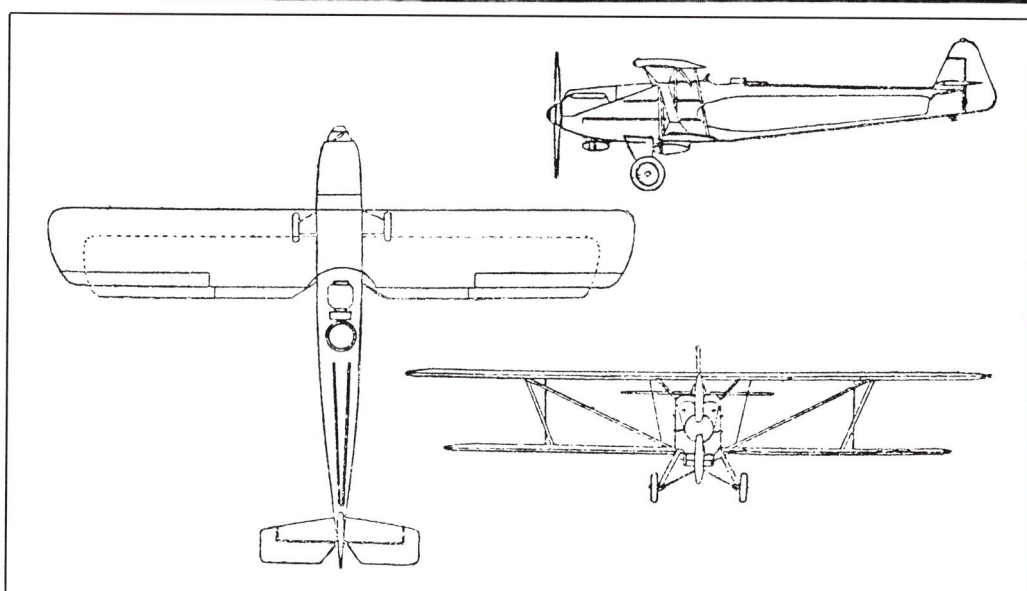

Dreiseitenriß Kawasaki Army
88/II

Staffel der DVS Staaken.
D-2206 Albatros L 75 DSB,
W. Nr. 10198 D-1536 Albatros
L 75b, W. Nr. 10133

159

	L 75	L 75a	L 75b	L 75c	L 75d	L 75 e	DSA	DSB
Triebwerk	BMW IV	V a	Jumo L-5	BMW Va	BMW Va	BMW Va	Va	L-5
PS	320	360	310	360	360	360	360	310
Spannweite m	12,5	12,5	12,5	12,5	12,5	12,5	12,5	12,5
Länge m	10,0	10,0	10,0	10,0	10,0	10,0	10,0	10,0
Höhe m	3,25	3,25	3,25	3,25	3,25	3,25	3,25	3,25
Fläche qm	37	37	37	37	37	37	37	37
Leergewicht kg	1085	1150	–	1150	1150	–	–	–
Zuladung kg	700	685	–	–	–	–	–	–
Fluggewicht kg	1785	1835	–	–	–	–	–	–
Höchstgeschwindigkeit km/h	200	217	200	210	210	210	210	200
Reisegeschwindigkeit km/h	170	178	170	175	175	175	175	175
Landegeschwindigkeit km/h	85	90	85	90	90	90	90	90
Gipfelhöhe m	5500	6500	5500	6000	6000	6000	6000	6000
Reichweite km	1700	1600	1700	1600	1600	1600	1600	1600

Page Vorflügel am Oberflügel, der nicht befriedigte, dafür dann Spalt-Querruder und größeres Höhenruder. Zelle mehrmals verbessert. L 75 DSA und DSBM zum Teil von Focke-Wulf gebaut. Insgesamt wurden 41 L 75 hergestellt.

Albatros L 77v   1928

Aufgrund der in Lipezk mit der L 76 gemachten Erfahrungen wurde diese zum schnellen Aufklärer und Jagdzweisitzer L 77v verbessert. Da die Lieferkapazität bei Albatros anscheinend nicht ausreichte, wurden einige L 77 bei Heinkel gebaut, wo noch einige Verbesserungsmöglichkeiten gefunden wurden. Rein äußerlich unterschied sich die L 77v von dem Ausgangsmuster L 76 hauptsächlich durch das geänderte Leitwerk. Die Bewaffnung bestand auch hier aus 2 starren und einem beweglichen MG, jedoch fanden bereits Versuche mit 2 cm Kanonen im Beobachterstand statt. Hierbei handelte es sich um frühe Ausführungen der

Hispano-Suiza Kanone MG/FF, die aus der deutschen Beckerkanone von 1918 entwickelt worden war. Auch bei L 77 v war der 600 PS BMW VI eingebaut. Abmessungen, Gewichte und Leistungen dürften weitgehend denen der L 76 entsprochen haben, nur wurde eine Höchstgeschwindigkeit von 250 km/h erreicht. Albatros baute nur drei L 77v: D-1547, D-1548 und D-1549, zwei weitere, D-1573 und D-1574 wurden von Heinkel hergestellt.

Albatros L 78   1928

In Anlehnung an die bewährte Konstruktion der L 75 entstand L 78 ein Aufklärungs- und Arbeitsflugzeug, das –mit dem 600 PS BMW VI ausgerüstet – dementsprechend stärker gebaut war. Die Maschine ist in mehreren Exemplaren in Lipezk geflogen und recht gut beurteilt worden. Eine L 78, D-1524, wurde mit dem verstärkten Triebwerk BMW VI U das 660 PS leistete, ausgerüstet und im Juli 1930

Albatros Mehrzweckflugzeug L 77v der DVL

Albatros Mehrzweckflugzeug L 78

Albatros L 75e mit Handley-Page. Schlitzflügel

161

von der DVL zur Erprobung übernommen. Die Abmessungen der L 78 dürften ähnlich denen der L 75a gewesen sein. Einem Forschungsbericht von 1935 ist zu entnehmen, daß die L 78 in größerer Stückzahl gebaut worden ist. Dabei wurden im normalen Flugbetrieb Geschwindigkeiten bis 350 km/h wiederholt erreicht. Im Mai 1930 trat bei einer Geschwindigkeit von nur 210 km/h ein Flattern der Tragflächen auf. Dies begann mit einem Vibrieren der Verbindungsstangen zwischen den Querrudern im Ober- und Unterflügel und setzte sich dann in den Tragflächen so stark fort, daß der Pilot den Steuerknüppel nicht mehr halten konnte. Bei Verminderung der Geschwindigkeit ließen diese Erscheinungen sofort nach.

Außer dem Musterflugzeug D-1524 wurden noch zwölf L 78 in Deutschland zugelassen: D-1791, 1988, 2093, 2094, 2098, 2099, 2131, 2132, 2173, 2174, 2467 und 2487.

Arado S III   1928

Da die S I von 1925 den inzwischen höheren Anforderungen an ein Schulflugzeug nicht mehr genügte, entwarf Rethel 1928 das Schulflugzeug S III mit 96 PS Siemens Sh 12 Motor.

Spannweite	11,50 m
Länge	7,50 m
Höhe	2,75 m
Flächeninhalt	27,3 qm
Leergewicht	600 kg
Zuladung	225 kg
Fluggewicht	825 kg
Höchstgeschwindigkeit	128 km/h
Reisegeschwindigkeit	105 km/h
Steiggeschwindigkeit	1,6 m/sec
Gipfelhöhe	3700 m

Der Arado-Entwurf konnte sich aber nicht gegen die Heinkel-Entwürfe durchsetzen, so daß es nicht zum Serienbau kam. Es wurde nur eine Maschine, W.Nr. 31, gebaut.

Arado SD I   1928

SD I war der erste Jagdeinsitzer, der gemäß den Forderungen von Hauptmann Student für den Typ »Heitag« entwickelt wurde. Es war ein Anderthalbdecker mit einer stoffbespannten Stahlrohr-Rumpfkonstruktion, Leitwerk in gleicher Bauart und Tragflächen in Holzkonstruktion mit Sperrholzbeplanung. Die beiden Prototypen erhielten als Triebwerk den Gnôme-Rhône »Jupiter« von 425 PS. Beide Maschinen wurden nach Flugerprobung in Rechlin nach Lipezk überführt, wo der Waffeneinbau (zwei der ersten MG 15) erfolgte. Bei Luftkampfübungen stellte sich dann heraus, daß die Festigkeit der Zelle den erhöhten Beanspruchungen in Kurvenlagen nicht gewachsen war, so daß der Typ der Ablehnung verfiel.

Spannweite	8,40 m
Länge	6,75 m
Flächeninhalt	16,70 qm
Leergewicht	850 kg
Zuladung	380 kg
Fluggewicht	1230 kg
Höchstgeschwindigkeit	275 km/h
Reisegeschwindigkeit	240 km/h
Gipfelhöhe	5500 m

Rechte Seite:

Oben: Schulflugzeug Arado S III   Unten: Jagdeinsitzer Arado SD I

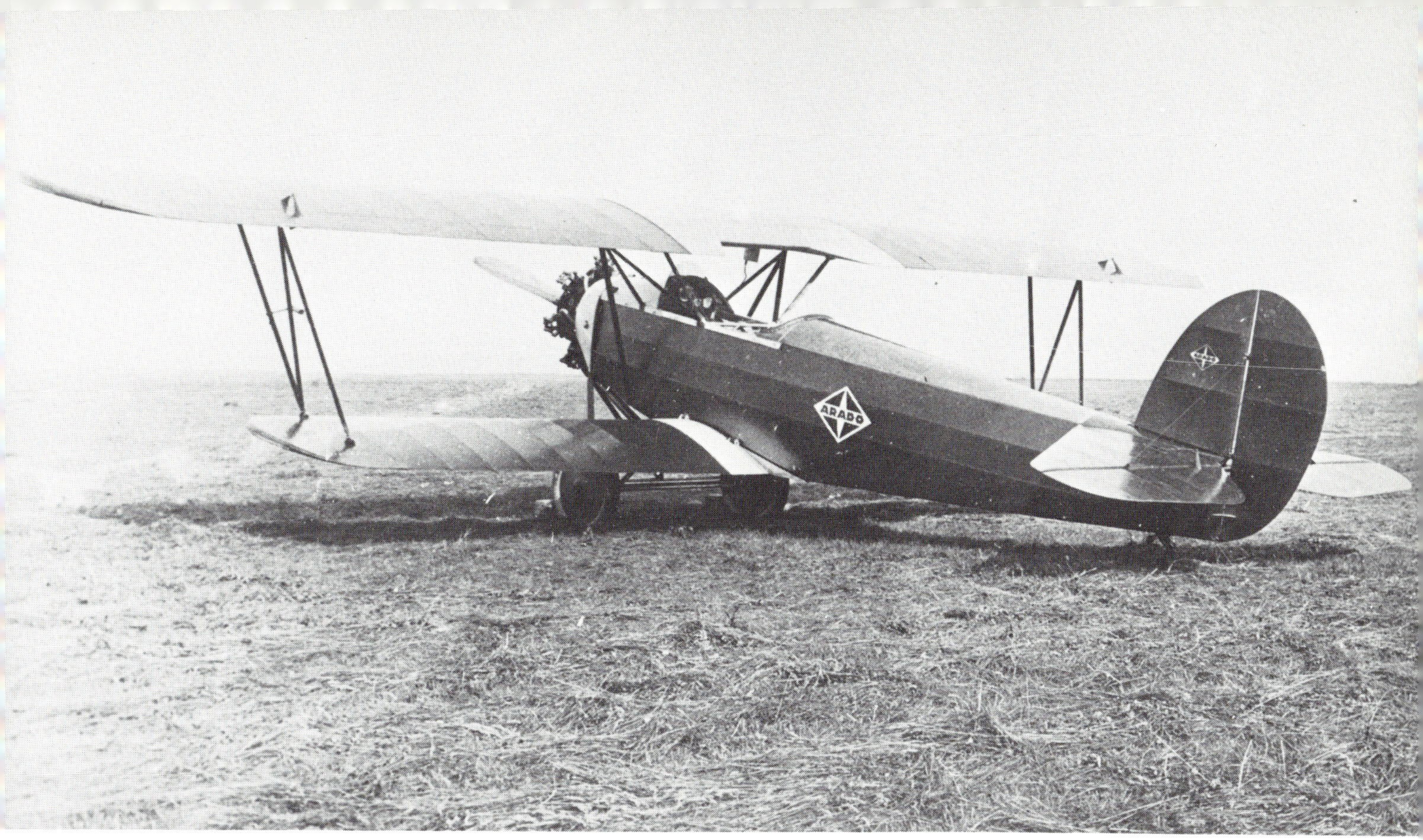
ARADO

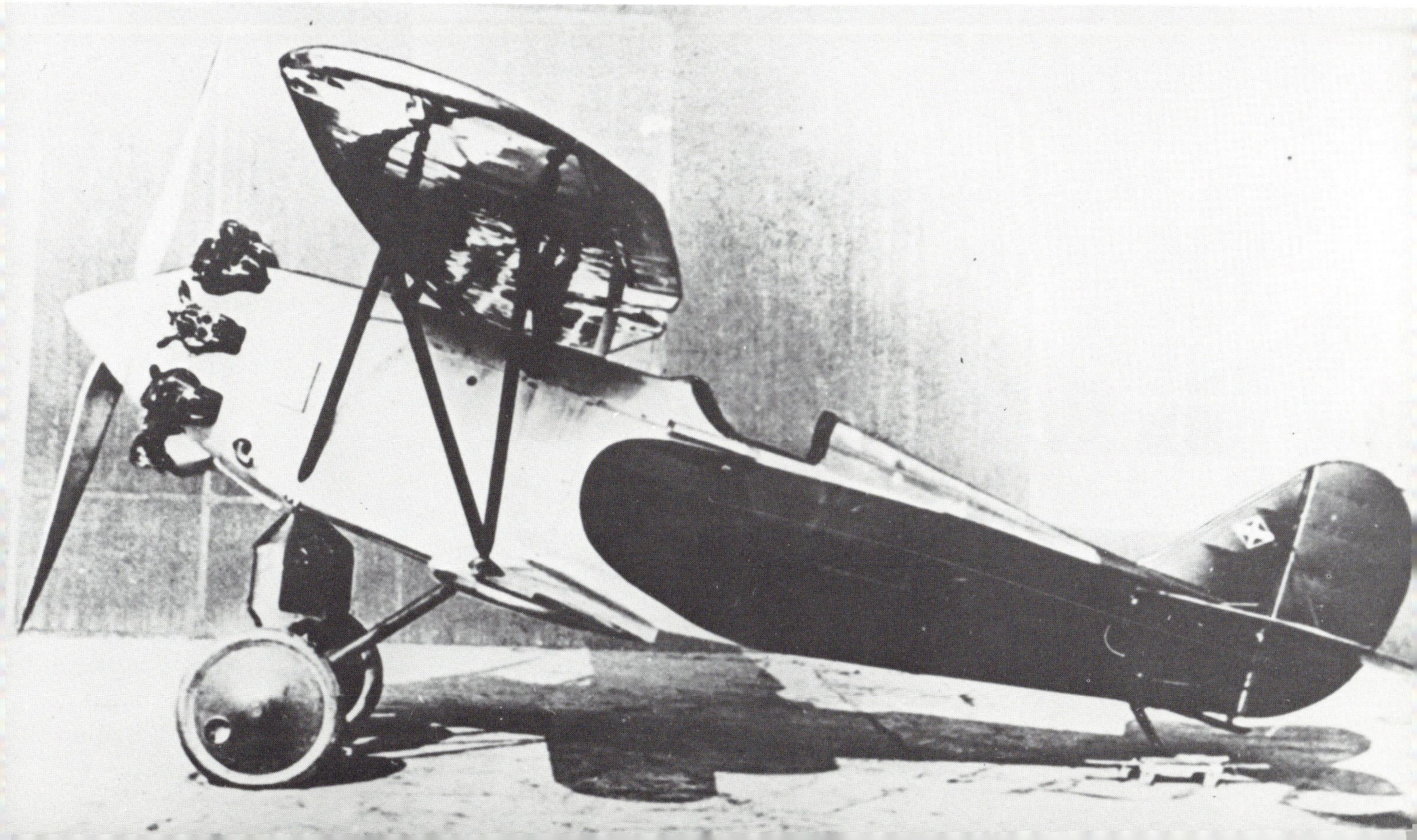

Bayrische Flugzeugwerke (BFW) M 21   1928

1927 versuchte Willi Messerschmitt, der gerade eine Interessengemeinschaft mit BFW eingegangen war, auch Aufträge der Reichswehr über das RVM zu erhalten. Dabei konnte er aber nicht die von ihm bevorzugte Eindeckerbauweise durchsetzen. Die Reichswehrflieger, die ja zum größten Teil den Ersten Weltkrieg als Flieger mitgemacht hatten, standen auf dem Standpunkt, daß nur der Doppeldecker genügend Steig- und Manövrierfähigkeit besitze. Sie standen mit dieser Meinung nicht allein. Auch im Ausland baute man zu dieser Zeit vorzugsweise Doppeldecker. Messerschmitt ging also mit der größten Aversion an die ihm gestellte Aufgabe, ein Schulflugzeug für die Anfangsschulung zu bauen. Das Resultat war der Doppeldecker M 21, der erste, den Messerschmitt konstruiert hatte. Es war der typische Gemischtbau, Rumpf Stahlrohr mit Stoffbespannung, Leitwerk desgleichen, Tragflächen Holz zweiholmig. Es wurden nur zwei Maschinen gebaut, M 21a mit Sh 11 96 PS und M 21b mit Sh 12 125 PS. Ein Serienbau erfolgte nicht.

	M 21a	M 21b
Spannweite	10,00 m	10,00 m
Länge	7,32 m	7,22 m
Höhe	2,77 m	2,77 m
Flächeninhalt	20,8 qm	20,8 qm
Rüstgewicht	460 kg	485 kg
Zuladung	280 kg	255
Fluggewicht	740 kg	740 kg
Höchstgeschwindigkeit	145 km/h	155 km/h
Reisegeschwindigkeit	140 km/h	140 km/h
Landegeschwindigkeit	75 km/h	75 km/h
Steigzeit auf 1000 m	9,5 min	7 min
Gipfelhöhe	3300 m	3800 m

Caspar C 33   1928

Als Nachfolger von Loessls konstruierte Reinhold Mewes, der später zeitweise für Heinkel und Fieseler arbeitete, den Schulzweisitzer mit nebeneinander liegenden Sitzen, was die breite Bauform erklärt. Obwohl die Maschine recht gute Flugeigenschaften hatte, konnte Caspar keinen Verkauf erzielen.
Triebwerk: Siemens Sh 11 80 PS. Als dieser sich als zu schwach erwies kam ein 125 PS Armstrong-Siddeley »Mongoose« zum Einbau.

Spannweite	8,00 m
Länge	5,30 m
Leergewicht	490 kg
Zuladung	260 kg
Fluggewicht	750 kg
Höchstgeschwindigkeit	155 km/h
Landegeschwindigkeit	85 km/h

Caspar C 36   1928

Bevor Caspar im April 1928 die Pforten schloß, brachte er noch diesen Land- und See-Aufklärer als letztes Flugzeug mit 600 PS BMW VI-Motor heraus, der aber auch keinen Abnehmer fand. Es wurde nur eine Maschine D-1316 gebaut, die mit Landfahrwerk ein Fluggewicht von 3000 kg hatte, mit Schwimmern aber 3300 kg wog. Das Leergewicht der Landausführung betrug 1900 kg. Als Landflugzeug betrug die Höchstgeschwindigkeit 255 km/h, als Seeflugzeug lag sie 8 km/h tiefer. Die Landegeschwindigkeit war etwa gleich: 110 km/h. Über das weitere Schicksal der Maschine ist nichts bekannt. Wahrscheinlich endete sie ihr Leben als Schulflugzeug.

**B.F.W. M 21 der DVS Schleiß-
heim am 2. 10. 1929**

**Jagd-Schulzweisitzer Caspar
C 33**

**Mehrzweckflugzeug Caspar
C 36**

165

Heinkel HE 8   1928

Für die Dänische Marine baute Heinkel eine Sonderausführung der bewährten HE 5, aber mit Armstrong-Siddeley »Jaguar« Motor von 450 PS. In Dänemark wurde die Maschine mit einer Bewaffnung von 2 MG ausgerüstet. Die Maschinen haben sich dort auch unter extremen Wetterbedingungen bestens bewährt. Von 22 HE 8 wurden 16 in der Dänischen Marinewerft gebaut. Von diesen waren 1940 noch 13 in

Dienst! Was diese Maschinen aushalten konnten, beweist folgende Tatsache: 1932 flogen drei HE 8 nach Nordostgrönland und führten dort Erkundungsflüge bei Temperaturen von zeitweise bis 40 Grad unter Null durch. Jede der drei Maschinen hatte während dieser Expedition eine reine Flugzeit von etwa 200 Stunden und eine Strecke von ca. 33 000 km in einer durchschnittlichen Höhe von 4000 m zu absolvieren. Als nördlichster Punkt wurde dabei 82°31' erreicht.

**Dreiseitenriß
Heinkel HE 8**

Spannweite	16,80 m
Länge	11,50 m
Flächeninhalt	47 qm
Leergewicht	1535 kg
Zuladung	830 kg
Fluggewicht	2365 kg
Höchstgeschwindigkeit	216 km/h
Landegeschwindigkeit	93 km/h
Steigzeit auf 1000 m	3 min
Gipfelhöhe	6200 m

Heinkel HE 9   1928–1930

Dieses Mehrzweckflugzeug für die Reichsmarine ist eine weitere Verbesserung der HE 5 und ist im Verlauf der Fertigung weiter verbessert worden. Genau wie HE 5 ist auch HE 9 bei der DVS eingesetzt gewesen. Einige Maschinen des Typs HE 9 d sind auch an die Sowjetunion geliefert worden. In Deutschland ist die Maschine nur ohne Bewaffnung geflogen worden. Als Triebwerk wurden verschiedene Versionen des BMW VI eingebaut. Die HE 9 wurde teils zwei- teils dreisitzig geflogen. Die letzten Maschinen flogen noch nach 1933. Von der Version 9a wurde wahrscheinlich nur eine

Marine-Mehrzweckflugzeug
Heinkel HE 8 für Dänemark

Marine-Aufklärer Heinkel
HE 9a, im Hintergrund Jagdeinsitzer HD 38

Marine-Aufklärer Heinkel
HE 9b

Marine-Aufklärer Heinkel
HE 9c

Marine-Aufklärer Heinkel
HE 9d

167

Maschine, Werknr. 319, mit der Zulassung D-1617 gebaut. Auch von der Version HE 9b ist nur eine Maschine, Werknr. 325, mit der Zulassung D-1625 bekannt. Dagegen ist von der Version HE 9c eine kleine Serie von vier Maschinen, Werknr. 328–331, mit BMW VI 5,5 Zu gebaut worden, die unter den Nummern D-1688 bis D-1691 zugelassen wurden. Von der Version HE 9 d wurden fünf Maschinen, Werknr. 360, 361, 362, 382, 383, gebaut, die unter den Nummern D-1941, D-1947, D-1950, D-2095 und D-2158 zugelassen worden. Die Maschinen wurden meist für die DVS zugelassen.

	HE 9a	HE 9b	HE 9c	HE 9d
Besatzung	2 – 3	3	2	2
Triebwerk	BMW	BMW	BMW	BMW
	VI	VI	VI	VI
	7,3 ZU	Z	Z	7,3 ZU
PS	600	600	600	600
Spannweite m	16,80	16,80	16,80	16,80
Länge m	11,60	11,60	12,00	11,60
Flächeninhalt qm	46,49	48,48	48,50	46,49
Leergewicht kg	2130	2050	2150	2610
Zuladung kg	870	1350	1050	790
Fluggewicht kg	3000	3400	3200	3400
Höchstgeschwindigkeit km/h	260	260	230	260
Landegeschwindigkeit km/h	91	95	90	91
Steigzeit auf 1000 m/min	2,5	3,8	–	2,5
Steigzeit auf 2000 m/min	5,1	9,0	–	5,1
Gipfelhöhe m	5900	4350	4400	5700

Heinkel HD 16   1928

Aufgrund der guten Erfahrungen mit Heinkel-Flugzeugen bestellte die Schwedische Marine zwei Torpedoflugzeuge, eins auf Schwimmern

und eins mit Radfahrgestell. Beide konnten binnen weniger Minuten in die andere Version umgebaut werden. Als Triebwerk wurde ein Armstrong-Siddeley »Leopard« von 675 PS eingebaut. Die Besatzung bestand aus drei Mann. Während der Erprobung in Deutschland wurde der Sitz des MG-Schützen abgedeckt. Anscheinend ist die Reichsmarine auch an dieser Maschine interessiert gewesen, denn die Torpedo-Abwurfversuche wurden bei der Torpedo-Versuchsanstalt durchgeführt. Die beiden Maschinen erhielten die schwedischen Reg.-Nr. 20 und 21. Nr. 20 hatte die Heinkel-Werk-Nr. 308.

	HD 16 L	HD 16 W
Spannweite	18,00 m	18,00 m
Länge	12,20 m	12,00 m
Flächeninhalt	96,90 qm	96,90 qm
Leergewicht	2170 kg	2570 kg
Zuladung	2000 kg	2000 kg
Fluggewicht	4170 kg	4570 kg
Höchstgeschwindigkeit	205 km/h	195,7 km/H
Landegeschwindigkeit	80 km/H	86 km/h
Steigzeit auf 1000 m	5,8 min	6,8 min
Steigzeit auf 2000 m	14,5 min	
Gipfelhöhe	4000 m	3300 m

Heinkel HD 19   1928

Erst 1928 erhielt die Reichsmarine das Aufklärungsflugzeug HD 19, obwohl die Konstruktion fast gleichzeitig mit der HD 17 erfolgte. Offiziell lief der Entwicklungsauftrag für Schweden zusammen mit der HD 16. Jedoch bestand zwischen der deutschen und der schwedischen Version ein wichtiger Unterschied: Sowohl die Land- als auch die Schwimmerausführung für die deutsche Marine erhielt als Triebwerk den

Torpedoflugzeug Heinkel HD 16L

Heinkel HD 16 W beim Torpe-dowurf über dem Breitling

See-Mehrzweckflugzeug Heinkel HD 19 W

Siemens »Jupiter VI« von 410 PS, die schwedische an Original Bristol »Jupiter« mit 450 PS. Siemens mußte die Nachbaurechte für den »Jupiter«, einen der besten Motoren seiner Zeit, von der französischen Firma Gnôme-Rhône kaufen, die einen Exclusiv-Vertrag mit der Herstellerfirma Bristol in England hatte. Die deutschen »Jupiter« haben nie die Leistungen der englischen Originalmotoren erreicht, wie auch später der deutsche BMW »Hornet«, später als BMW 132 bezeichnet, niemals die Leistungen des amerikanischen Ursprungsmotors Pratt & Whitney »Hornet« S1 EG erreichte. HD 19 war ein Zweisitzer. Auf den Abbildungen ist aber klar zu erkennen, daß der Beobachtersitz, der den MG-Drehring tragen sollte, mit einem normalen offenen Flugbegleiter-Cockpit getarnt ist. Die Leistungen sind auf den deutschen »Jupiter VI« 410 PS bezogen.

	HD 19 L	HD 19 W
Spannweite oben	11,00 m	11,00 m
Spannweite unten	9,50 m	9,50 m
Länge	7,80 m	9,00 m
Flächeninhalt	31,60 qm	31,60 qm
Leergewicht	1010 kg	1175 kg
Zuladung	550 kg	550 kg
Fluggewicht	1560 kg	1725 kg
Höchstgeschwindigkeit	228 km/h	215 km/h
Landegeschwindigkeit	84 km/h	90 km/h
Steigzeit auf 1000 m	1,75 min	2,4 min
Gipfelhöhe	7700 m	6400 m

Heinkel HD 30   1928

Mit welchen Tarnungsmitteln man damals arbeitete, ist an diesem Flugzeug besonders klar zu sehen. HD 30 wurde offiziell als »Krankentransportflugzeug« deklariert, nach dem

Kriege als Seenotflugzeug und im Fischereidienst tätig bezeichnet. Das Musterflugzeug D-1463 trug sogar das Abzeichen des Reichsverbandes der Deutschen Luftfahrtindustrie (RDL), der für viele derartige Flugzeugentwicklungen herhalten mußte. Sieht man aber, wie das Krankentransportflugzeug auf den Startwagen eines Flugzeugkatapultes gesetzt wird und der Beobachtersitz so gestaltet ist, daß jederzeit ein MG-Drehring eingebaut werden kann, dann wird jedem der militärische Verwendungszweck dieses Flugzeugs klar. Die Maschine wurde zweisitzig geflogen und hatte den Gnôme-Rhône »Jupiter« VI von 450 PS als Triebwerk.

Spannweite	12,40 m
Länge	10,30 m
Flächeninhalt	46,89 qm
Leergewicht	1695 kg
Zuladung	797 kg
Fluggewicht	2492 kg
Höchstgeschwindigkeit	215 km/h
Landegeschwindigkeit	90 km/h
Steigzeit auf 1000 m	5 min
Gipfelhöhe	4500 m

Heinkel HE 31   1928

Dieser zweisitzige See-Aufklärer stellt die letzte

Spannweite	16,80 m
Länge	12,20 m
Flächeninhalt	47,60 qm
Leergewicht	2240 kg
Zuladung	870 kg
Fluggewicht	3110 kg
Höchstgeschwindigkeit	250 km/h
Landegeschwindigkeit	95 km/h
Steigzeit auf 1000 m	2,5 min
Gipfelhöhe	5200 m

Rechte Seite:

Oben: See-Mehrzweckflugzeug Heinkel HD 30, W. Nr. 288 auf dem Katapult

Unten: Heinkel HE 31 war die letzte Entwicklung der See-Eindecker, die Heinkel mit der Hansa-Brandenburg W 29 begonnen hatte

Stufe der Entwicklung dar, die mit der Caspar S.1 begann. Im Grunde genommen ist HE 31 nur eine HE 9d mit amerikanischem Packard 3 A 2500 Motor von 800 PS. Auch hier ist klar zu erkennen, daß die hintere Sitzabdeckung durch einen MG-Stand ersetzt werden konnte.

Heinkel HD 32   1928

Dieses Schulflugzeug für die Anfangsausbildung war die Endlösung für das 1923 von der Reichswehr geforderte Schulflugzeug, einer Entwicklung, die über HD 21 und HD 29 führte. Die Maschinen wurden zum größten Teil für die DVS, zum Teil aber auch für den RDL registriert. Der in Gemischtbauweise hergestellte und mit dem Sh 12 von 100 PS ausgerüstete Doppeldecker wurde nur zweisitzig geflogen. Es wurden nur zehn HD 32 gebaut, davon vier von Arado. Es waren die Werknr. 16, 17, 18 und 19. Die Unterlagen von Arado geben hierfür die Zulassungen D-840, D-841, D-842 und D-843 an. Bei Heinkel gebaut wurden: D-92, D-432, D-590, D-663 und D-672.

Spannweite oben	10,50 m
Spannweite unten	9,00 m
Länge	6,80 m
Flächeninhalt	24,30 qm
Leergewicht	520 kg
Zuladung	380 kg
Fluggewicht	900 kg
Höchstgeschwindigkeit	140 km/h
Landegeschwindigkeit	70 km/h
Steigzeit auf 1000 m	7,5 min
Gipfelhöhe	3800 m

Heinkel HD 34   1928

Dieses als Bomber und Fernerkunder entworfene Flugzeug kann als Vorläufer der He 59 angesehen werden. In seinem Aufbau lehnte sich der Entwurf an den leichten Bomber Gotha GL VII von 1918 an. Insbesondere der kurze Rumpfbug, der hinter den eng zusammenstehenden Luftschraubenkreisen lag, war eine typische Eigenschaft der letzten Gotha G- und GL-Bomber gewesen. Von der HD 34 ist nur eine Maschine W.Nr. 287, D-1157, gebaut worden. Als Triebwerk dienten zwei BMW VI 7,3 Z von je 750 PS Startleistung. Als Bewaffnung waren 1 bis 2 MG 08/15 vorgesehen. Die Bombenlast sollte 500 kg betragen. Die Besatzung bestand aus 3–4 Mann. Während der Erprobung ging die HD 34 unter Führung des Piloten von Prondzynski am 25. 6. 1928 durch Totalschaden verloren. Erst mit der He 59 wurde bei Heinkel wieder ein zweimotoriges Flugzeug entwickelt.

Spannweite	18,00 m
Länge	11,70 m
Flächeninhalt	85,40 qm
Leergewicht	3000 kg
Zuladung	1500 kg
Fluggewicht	4500 kg
Höchstgeschwindigkeit	266 km/h
Landegeschwindigkeit	86 km/h
Steigzeit auf 1000 m	1,8 min
Gipfelhöhe	7600 m

Heinkel HD 37   1928

Ab 1928 entstanden bei Heinkel die ersten Jagdeinsitzer, die damals als »Versuchsflug-

Schulflugzeug Heinkel HD 32 der DVS Staaken

Mittlerer Bomber Heinkel HD 34

Jagdeinsitzer Heinkel HD 37, in UdSSR als I-7 geflogen

173

zeuge für Höhenflüge« bezeichnet und bei der DVL offiziell geführt wurden. Von diesen Einsitzern sind nur kleine Serien gebaut worden. Sie dienten der Erprobung und Entwicklung und führten in der letzten Stufe zur He 51, die dann in Serie gebaut wurde. Solange diese Flugzeuge in Deutschland geflogen wurden, hatten sie keine Bewaffnung. Diese wurde erst, wenn sie zur Erprobung nach Lipezk gingen, dort eingebaut. Sie bestand bei allen aus zwei 7,9 mm MG. Das Triebwerk der HD 37 wurde der stärkste damals zur Verfügung stehende deutsche Motor, der BMW VI 7,3 Z mit einer Startleistung von 750 PS und einer Dauerleistung von 500 PS. Nachdem die Erprobung in Lipezk abgeschlossen war, wo die Sowjets Gelegenheit hatten, die Maschine zu sehen, begannen sie sich für die Maschine zu interessieren und erhielten die Nachbaurechte. Die sowjetische Version hatte die deutsche Bezeichnung HD 37c. In der Sowjetunion erfolgte der Nachbau als I-7 (I = Istrebitelj = Jagdflugzeug).

Spannweite oben	10,00 m
Spannweite unten	8,50 m
Länge	7,00 m
Flächeninhalt	26,71 qm
Leergewicht	1267 kg
Zuladung	418 kg
Fluggewicht	1685 kg
Höchstgeschwindigkeit	312 km/h
Landegeschwindigkeit	96 km/h
Steigzeit auf 1000 m	1 min
Steigzeit auf 3000 m	3,8 min
Steigzeit auf 6000 m	10,5 min
Dienstgipfelhöhe	8700 m
Gipfelhöhe ohne Belastung	9400 m

In Deutschland sind nur zwei Maschinen HD 37a, Werknr. 291 und 292, gebaut worden.

Junkers K 45   1928

Dieses Projekt war wahrscheinlich eine Vorstudie für das Mehrzweckflugzeug K 53, zumal der Gesamtaufbau beider Muster sehr ähnlich ist. Die Maschine sollte, wie K 53 mit Rädern und mit Schwimmern angeboten werden. auch das Triebwerk, der Junkers L-5 von 310 PS ist dasselbe. Außer dem Leergewicht von 1140 kg, der Höchstgeschwindigkeit von 200 km/h und der Dienstgipfelhöhe von 5900 m sind keine Daten über die K 45 bekannt. Da die entsprechenden Daten der K 53 höher liegen, ist es wahrscheinlich, daß dieses Projekt zugunsten der K 53 aufgegeben wurde.

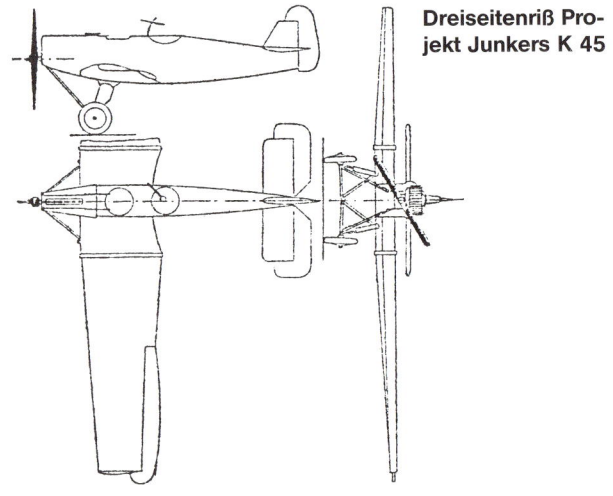

Dreiseitenriß Projekt Junkers K 45

Junkers A 48/K 47   1928

Obwohl dieses Flugzeug als Jagdzweisitzer entworfen wurde, sind mit ihm die ersten Sturzflugversuche mit Sturzflugbremsen nach dem

Rechte Seite:

Oben: Versuchsflugzeug Junkers A 48fi   Unten: Jagdzweisitzer Junkers K 47

Junkers-Patent Nr. 665 316 durchgeführt worden. Konstrukteure des Flugzeugs waren Karl Plauth, ehemaliger Jagdflieger und Mitbegründer der Akademischen Fliegergruppe Darmstadt († 1. 1. 1927) und Hermann Pohlmann, der geistige Vater des Stuka Ju 87, der bei dessen Konstruktion die mit der A 48 gewonnenen Erfahrungen verwerten konnte. Es sind im ganzen nur drei A 48 gebaut worden. K 47 war die Bezeichnung für die fertig ausgerüstete Maschine, die von der AB Flygindustrie ausgeliefert wurde. Die erste A 48 war die A 48ba mit Bristol »Jupiter« 600 PS. Sie erhielt relativ spät die Zulassung D-2284, da die anderen Maschinen erst schwedische Zulassungen erhielten. (z. B. SE-AABW, später SE-ABW). Der Werkpilot Risztics machte mit der D-2284 im September 1932 in Breslau Bruch. Sie wurde aber wieder repariert und flog weiter. Interessant ist, daß diese Maschine an diesem Tage, es war ein Flugtag, bereits Hakenkreuze auf den Tragflächen trug! Sie hatte die Werknr. 3355. Die nächste war W.Nr. 3363, D-1057, die zuerst mit einfachem Leitwerk flog, um sie nicht gleich als Militärmaschine kenntlich zu machen. Sie hatte die Typenbezeichnung A 48fi und hatte den Siemens »Jupiter VI«. Nach 1933 erhielt sie die Zulassung D-IPOS und machte im Juli 1935 im Schulbetrieb Bruch. W.Nr. 3365, D-2012, war eine A 48dy und hatte ursprünglich den Siemens Sh 20, wurde aber später auf BMW Hornet umgerüstet und flog nach 1933 im Schulbetrieb als D-ITOR, nachdem sie vorher offiziell für die DVL zugelassen worden war. Diese geänderte Version wurde als A 48 da bezeichnet. Sie erhielt später Luftwaffenkennzeichen TE+HR. Leider konnte nicht mehr genau festgestellt werden, mit welcher A 48 Dipl.-Ing. Achterberg, der Chef des Junkers-Motorenbaus am 12. 6. 1939 tödlich abstürzte. Wahrscheinlich war es die Werksmaschine D-2284.

Alle A 48/K 47 sind in Lipezk getestet worden. So flog unter anderem Leutnant Blumensaat, der 1939 als Hauptmann die 10. Staffel des Jagdgeschwaders 2 »Richthofen« führte, die A 48. In einer Tagebuchnotiz des Leutnants Harder wurde die A 48 als »fabelhafte« Maschine bezeichnet. Anscheinend sind Kostenfragen für die Ablehnung des Serienbaus entscheidend gewesen. Soweit feststellbar, sind die Sturzflugversuche mit der D-2284 durchgeführt worden.

Die K 47/A 48 ist nicht im Auftrag der Reichswehr, sondern auf eigenes Risiko der Junkerswerke konstruiert worden. Die Reichswehr kaufte nur D-1057 und D-2012 zu Erprobungszwecken an.

	A 48	K 47
Triebwerk	Sh Jupiter	BMW Hornet
Leistung	450 PS	500 PS
Bewaffnung		3 MG, 100 kg Bomben
Spannweite	12,40 m	12,40 m
Länge	8,55 m	8,55 m
Höhe	2,60 m	2,80 m
Flächeninhalt	22,80 qm	22,80 qm
Leergewicht	1035 kg	1090 kg
Zuladung	600 kg	560 kg
Fluggewicht	1635 kg	1650 kg
Höchstgeschwindigkeit	245 km/h	265 km/h
Reisegeschwindigkeit	210 km/h	220 km/h
Landegeschwindigkeit	105 km/h	105 km/h
Gipfelhöhe	8400 m	7500 m
Reichweite	480 km	440 km

Rohrbach Ro XII   1928

An einem schönen Sommertag des Jahres 1928 landete in Lipezk ein Flugzeug, das äußerlich

Rohrbach „Roland", D-991
nach Umbau zum Bomber
„Roka" in Lipezk

Bombenaufhängung beim
Rohrbach „Roka"

177

sich in nichts von den bei der Lufthansa im Dienst befindlichen Rohrbach »Roland I« unterschied. Der RDL-Ingenieur Richard Scholz, ein Berliner, nahm die Maschine in Empfang. Die Maschine hatte keinerlei Inneneinbauten und auch außen war nichts Auffälliges zu sehen. Die An- und Einbauteile kamen gesondert stückweise in Lipezk an und wurden dort in die normale Ro VIII »Roland I« ein- und angebaut. So entstand das »Rohrbach-Kampfflugzeug«, im Jargon der Flieger »Roka« genannt. Insgesamt wurden drei solche »Roka« zusammengebastelt. Die Zeichnungen für die »Sondereinbauten« entstanden, genau wie der Lufthansa-Roland, im Berliner Werk. In die Motorengondeln wurden Verlängerungen mit MG-Nestern eingebaut. Auf den Rumpfrücken kam ein dritter MG-Stand, alle hatten MG 08/15. Es wurden verschiedene Bombenaufhängungen erprobt. Als Übungsbomben dienten Nachbauten der alten P & W-Bomben von 1918. Probeweise wurde u. a. ein nach beiden Seiten aus dem Rumpf herausschiebbares Bombenmagazin eingebaut, das während des Fluges nachgeladen werden konnte. Diese Einrichtung bewährte sich aber nicht, so daß

man bei der externen Aufhängung unter dem Rumpf verblieb. Trotz aller dieser Versuche konnte sich aber bei der Reichswehr der dreimotorige Bomber (auch Junkers K 30/R 42) nicht durchsetzen. Maximal konnten 1000 kg Bomben an Bord genommen werden, meist aber nur 750 kg. Als Triebwerk dienten drei BMW Va von je 360 PS.

Albatros L 82   1929

Entwurf: Blume. Ursprünglich als reines Sportflugzeug entworfen und mit einem De Havilland »Gipsy«-Motor von 100 PS ausgerüstet, nahm die Version L 82b mit 82 PS Sh 13-Sternmotor am Europa-Rundflug 1929 teil. Als dann 1930 die »Reklamestaffeln« aufgestellt wurden, die der Reichswehr als Fliegerdarstellung dienten, wurde bei diesen die Version L 82 c mit 115 PS Sh 14 eingesetzt. Diese »Reklamestaffeln« wurden zur Tarnung bei den damals noch nicht von der Lufthansa vereinnahmten kleineren Regionalfluggesellschaften untergebracht.

		L 82a	L 82b	L 82c
Spannweite		9,00 m	9,00 m	9,00 m
Länge		7,52 m	7,41 m	7,41 m
Leergewicht		390 kg	–	440 kg
Zuladung		240 kg	–	320 kg
Fluggewicht		630 kg	–	760 kg
Höchstgeschwindigkeit		165 km/h	155 km/h	160 km/h

Spannweite	27,20 m
Länge	16,40 m
Höhe	4,50 m
Flächeninhalt	93,60 qm
Leergewicht	4100 kg
Zuladung	2000 kg
Fluggewicht	6100 kg
Höchstgeschwindigkeit	220 km/h
Reisegeschwindigkeit	190 km/h
Landegeschwindigkeit	105 km/h
Steigzeit auf 1000 m	8,2 min
Steigzeit auf 2000 m	17,4 min
Steigzeit auf 3000 m	23 min
Gipfelhöhe	4600 m
Reichweite	1500 km

Arado SD II und SD III   1929

Diese beiden Jagdeinsitzer, die nur je in einem Exemplar hergestellt wurden, unterschieden

Oben Albatros L 82a, unten
L 82b

Jagdeinsitzer Arado SD II

Jagdeinsitzer Arado SD III

179

sich grundsätzlich nur im Antrieb. Es waren vollkommen neue Entwürfe Rethels, die nichts mehr mit dem SD I zu tun hatten. In der Bauweise glichen sie allerdings ihrem Vorgänger. Während aber die Zellen fast identisch waren, hatte SD II einen Siemens »Jupiter« Getriebemotor mit einer Leistung von 530 PS, während SD III den normalen Siemens »Jupiter« mit 490 PS Leistung hatte. Die Bewaffnung wurde erst in Lipezk eingebaut und entsprach der von SD I. Rein äußerlich waren die beiden Maschinen dadurch zu unterscheiden, daß SD II durch das Getriebe eine etwas längere Nase und eine dreiflüglige Luftschraube hatte, während SD III in der Gesamtlänge etwa 25 cm mehr hatte und außerdem eine zweiflüglige Luftschraube trug. SD II hatte die Werknr. 52, D III W.Nr. 54. Nur SD III erhielt eine deutsche Zulassung D-1973.

sche Erprobung erfolgte in Deutschland. Dann wurde die Maschine mit Radfahrwerk umgerüstet und nach Lipezk gebracht, wo die eigentlich wehrtechnische Erprobung erfolgte. Die Maschine weist zwei Besonderheiten auf: es ist das erste deutsche Schwimmerflugzeug mit Zentralschwimmer und seitlichen Stützschwimmern, ganz im Gegensatz zu Heinkel, der grundsätzlich mit Schwimmerpaaren baute. Ferner fällt der große Tunnelkühler auf, dessen Lufteintrittsöffnung vor der unteren Tragflächenvorderkante liegt, der Austritt aber fast unter dem weit hinten liegenden Führersitz. Obwohl die obere Tragfläche auf die Rumpfoberseite heruntergezogen worden ist, dürften die Sichtverhältnisse für den Flugzeugführer bei Start und Landung nicht sehr gut gewesen sein. Als Triebwerk diente ein BMW VI von 650 PS. Als Bewaffnung waren zwei starre MG 15 vorgesehen.

	SD II	SD III
Spannweite	9,90 m	9,90 m
Länge	7,40 m	7,75 m
Höhe	3,20 m	
Flächeninhalt	22,90 qm	22,90 qm
Leergewicht	1445 kg	
Zuladung	325 kg	
Fluggewicht	1770 kg	
Höchstgeschwindigkeit	238 km/h	225 km/h
Reisegeschwindigkeit	205 km/h	200 km/H
Steigzeit auf 1000 m	1,39 min	
Gipfelhöhe	7000 m	6200 m

Spannweite	10,00 m
Länge	10,10 m
Höhe	3,50 m
Flächeninhalt	30,90 qm
Leergewicht	1627 kg
Zuladung	403 kg
Fluggewicht	2030 kg
Höchstgeschwindigkeit	280 km/h
Landegeschwindigkeit	105 km/h
Gipfelhöhe	6800 m

Arado SSD I   1929

Während SD I, II und III für die Reichswehr entwickelt wurden, entwarf Rethel für die Reichsmarine einen katapultfähigen Seejagdeinsitzer. Die Maschine wurde für den RDL mit der Kenn-Nr. D-1905 zugelassen. Die fliegeri-

Arado J 1 (Projekt)   1929

Etwa um diese Zeit entwarf man bei Arado ein Tropedoflugzeug J 1, über das so gut wie keine Einzelheiten bekannt sind. Es existieren nur Aufnahmen eines Modells, aus dem zu ersehen ist, daß zwei Torpedos unter den Tragflächen

Jagdeinsitzer Arado SSD I in
Kiel-Holtenau

Jagdeinsitzer Arado SSD I
mit Fahrwerk zum Transfer
nach Lipezk

Modell des Torpedoflugzeugs
Arado J I

aufgehängt werden sollten. Um diese Last tragen zu können, wurde die Tragfläche halbfreitragend konstruiert, wobei die Trägerstreben etwa am Aufhängungspunkt der Torpedos angriffen. Soweit sich aus dem Modell ersehen läßt, sollte sie einsitzig geflogen werden.

Arado W II   1929

Als leichtes Seeflugzeug zur Umschulung auf mehrmotorige Flugzeuge entwarf Rethel für die Marine das Schulflugzeug W II, von dem anscheinend nur zwei Maschinen D-1412 und D-1554 gebaut worden sind. Sie wurden von der Marine übernommen und bei der DVS in List auf Sylt stationiert. Als Triebwerk dienten zwei Siemens Sh 12 von je 96 PS.

Spannweite	17,40 m
Länge	12,46 m
Höhe	4,41 m
Flächeninhalt	53,8 qm
Leergewicht	1620 kg
Zuladung	360 kg
Fluggewicht	1980 kg
Höchstgeschwindigkeit	145 km/h
Reisegeschwindigkeit	115 km/h
Steiggeschwindigkeit	1,5 m/sec
Gipfelhöhe	2000 m

Bayrische Flugzeugwerke (BFW) M 22   1929

Dieses 2–3sitzig geflogene zweimotorige Flugzeug, das dem Student'schen Typ »Erkuni-

gros« entsprechen sollte, wurde eine noch größere Enttäuschung als M 21. Als Triebwerk dienten zwei Siemens »Jupiter«-Motoren von je 500 PS. Wieder mußte Messerschmitt gegen seinen Willen einen Doppeldecker bauen. Wie deprimierend diese Arbeit auf Messerschmitt gewirkt haben muß, kann man ungefähr ahnen, wenn man die untenstehenden Leistungen der M 22, die nur in einem Exemplar gebaut wurde, mit der etwa zur gleichen Zeit entstandenen M 20, dem Verkehrsflugzeug der Lufthansa vergleicht, die mit *einem* Motor von rund 600 PS, also nur wenig mehr als die Hälfte der Kraft der M 22-Motoren, eine Nutzlast von 2050 kg mit einer Reisegeschwindigkeit von 160 km/h beförderte.

Spannweite	17,00 m
Länge	13,60 m
Höhe	4,80 m
Flächeninhalt	63,20 qm
Leergewicht	2900 kg
Zuladung	900 kg
Fluggewicht	3800 kg
Höchstgeschwindigkeit	220 km/h
Reisegeschwindigkeit	185 km/h
Steigzeit auf 1000 m	2,4 min
Steigzeit auf 3000 m	8,5 min
Gipfelhöhe	6200 m
Reichweite	500 km

Heinkel HD 38   1929/30

Trotz der Ähnlichkeit mit dem Vorgänger HD 37 ist HD 38 eine völlige Neukonstruktion, bei der gleichzeitig Brauchbarkeit für See- und Landverwendung und Katapultfähigkeit bei beiden Ausführungen zu verbinden waren. Das Grundkonzept HD 37 wurde aber beibehalten. Der

Arado W II zur Umschulung auf Schwimmerflugzeuge

Bomber der Bayrischen Flugzeugwerke (BFW) M 22

	HD38aL	HD38bL	HD38aW	HD38bW	HD38cW	HD38dW
Triebwerk	BMW VI	BMW VI	BMW VI	Jumo	BMW VI	BMW VI
	7,3 Z	7,3 Z	7,3 Z	L-5	600	7,3 Z
PS	750	750	750	375	10,0	750
Spannweite m	10,0	10,0	10,0	10,0	8,8	10,0
Länge m	8,8	8,8	8,8	8,8	30,15	8,8
Flächeninhalt m	30,15	30,15	30,15	30,15	1575	30,15
Leergewicht kg	1445	1445	1585	1555	415	1585
Zuladung kg	425	495	415	425	1820	415
Fluggewicht kg	1870	1940	2000	1980	290	2000
Höchstgeschwindigkeit km/h	298	295	285	220	95	285
Landegeschwindigkeit km/h	95	95	95	95	1,4	95
Steigzeit auf 1000 m/min	1,1	1,4	1,2	1,8	6500	1,2
Gipfelhöhe m	7000	7500	6650	4800		6650

Jagdeinsitzer Heinkel HD 38dW

Rumpf wurde zur Aufnahme der Katapultkräfte neu und wesentlich verstärkt und das gegen einander austauschbare Land- und See-Rollwerk mit speziellen Katapultstreben versehen. Um die hierbei nicht zu vermeidende Erhöhung des Leergewichts auszugleichen, wurde der Flächeninhalt vergrößert, indem Ober- und Unterflügel gleich groß konstruiert wurden. Dadurch liegen die Leistungswerte bei HD 38 niedriger als bei HD 37. HD 37 und 38 entsprachen den damals höchsten Festigkeitsanforderungen und waren voll kunstflugtauglich. Als Triebwerk wurden Jumo L 5 und verschiedene BMW VI-Versionen eingebaut. Der Waffeneinbau wurde nur bei den nach Lipezk verbrachten Land-HD 38 vorgenommen.

Insgesamt wurden wahrscheinlich zwölf HD 38 gebaut:

HD 38a	Werknr. 320	D-1609	BMW VI 7,3Z
HD 38b	366	D-2061	
HD 38bW	367		Bruch 29. 1. 1931, Dr. King †
HD 38bW	368	D-2062	
HD 38bW	369	D-2272	
HD 38bW	384	D-2013	
HD 38bW	385		
HD 38c	386	D-2213	
HD 38c	387	D-IXAH	
HD 38c		D-IHUX	
HD 38c		D-IDYV	
HD 38c		D-2289	

Dornier Do X   1929

Wie bisher alle Dornier-Flugbootentwicklungen erfolgte auch der Bau des damals größten Flugboots der Welt, der Do X, auf Veranlassung der Reichsmarine. Dieses »Flugschiff« war als Fernaufklärer großer Reichweite, Minenleger und Torpedoträger vorgesehen. Diese Entwicklung war verfrüht, denn die Lösung der Triebwerksfrage kam zu dem Resultat, daß der Treibstoffverbrauch zu hoch war um den Transport einer ausreichenden Nutzlast über größere Entfernungen zu gewährleisten. Schon der erste Einbau von zwölf Siemens »Jupiter«-Motoren, zeigte, daß deren Kraft nicht ausreichte, diesen riesigen Bootskörper sicher über größere Entfernungen zu tragen. So erfolgte ein zweiter Versuch mit 600 PS Curtiss »Conqueror« Motoren. Zu diesem Zeitpunkt existierte aber bereits ein Modell der Do X mit militärischer Ausrüstung: je ein MG- oder Kanonen-Stand auf der Oberseite der Tragflächen einer im Bug, zwei weitere im hinteren Teil des Bootes und zwei weitere auf den zur Stabilisierung auf dem Wasser dienenden Tragflächenstummeln. An deren Außenseite befanden sich außerdem auf jeder Seite zwei Bombenträger für Bomben bis 250 kg oder Torpedos. Nach zwei Jahren Bauzeit erfolgte der Erststart der Do X, D-1929, am 12. 7. 1929. Der Rund-um-die-Welt-Flug der Do X mit »Conqueror«-Motoren war ein äußerer Erfolg, aber gleichzeitig ein Beweis, daß die Zeit für derartige Großraumflugzeuge wegen der zu schwachen Triebwerke noch nicht gekommen war.

Trotzdem bestellte Italien zwei Do X, die mit 560 PS Fiat A 22-Motoren ausgerüstet wurden. Die beiden Boote, »Umberto Maddalena« und »Alessandro Guidoni« wurden der Grundstock für eine Versuchsstaffel für schwere Bomber der »Regia Aeronautica«, der italienischen Luftwaffe, der in La Spezia stationierten 62. Squadriglia SBP (Sperimentale Bombardamento Pesante), wo neben den beiden Do X

Oben: Dornier Do X, 1. Ausführung, Mitte: Do X-Projekt mit Waffen, Unten: Do X der italienischen Luftstreitkräfte

noch andere italienische schwere Bomber erprobt wurden. Die beiden Do X sind aber niemals zu Kampfaufgaben sondern stets nur für militärische Transportaufgaben herangezogen worden

	Do X 1	Do X 2	Do X 3
Besatzung	14	14	14
Triebwerk	Sh-Jupiter	Curtiss	Fiat A 22 R
Leistung	12×525 PS	12×640 PS	12×580 PS
Spannweite	48,00 m	48,00 m	48,00 m
Länge	40,90 m	40,90 m	40,90 m
Höhe	10,10 m	10,10 m	10,10 m
Flächeninhalt	450 qm	450 qm	450 qm
Rüstgewicht	28 250 kg	32 675 kg	34 820 kg
Zuladung	17 050 kg	15 325 kg	13 180 kg
Fluggewicht normal	45 300 kg	48 000 kg	48 000 kg
Fluggewicht maximal	–	57 500 kg	–
Höchstgeschwindigkeit	210 km/h	210 km/h	210 km/h
Reisegeschwindigkeit	175 km/h	175 km/h	175 km/h
Steigzeit auf 1000 m	21 min	14 min	18 min
Gipfelhöhe	3200 m	3200 m	3200 m
Reichweite	2800 km	2800 km	2800 km

dehnten Erprobung unterworfen. Man entschied sich dann für die Version HD 41c, Werk-Nr. 363, D-1011. Diese Maschine wurde dann entsprechend den Forderungen der Reichswehr umgebaut und wurde das erste Vorserienmuster des Aufklärers He 45 A. Eine zweite, nachträglich gebaute HD 41c, W.Nr. 364, D-2064, wurde dann der Prototyp der He 45 unter der Bezeichnung He 45a, später ebenfalls He 45 A mit neuem Kennzeichen D-ILEU.

Besatzung	2 Mann
Bewaffnung	keine
Triebwerk	Sh Jupiter Gebläsemotor
Leistung	431/504 PS
Spannweite oben	11,50 m
Spannweite unten	10,00 m
Länge	9,81 m
Flächeninhalt	34,57 qm
Leergewicht	1700 kg
Zuladung	735 kg
Fluggewicht	2435 kg
Höchstgeschwindigkeit	232 km/h

Mit BMW VI lag das Fluggewicht bei 2570 kg und die Höchstgeschwindigkeit bei 240 km/h.

Heinkel HD 41   1929

Von diesem seinerzeit als »Motorenversuchsflugzeug« bezeichneten Baumuster sind drei Exemplare hergestellt worden: HD 41a mit Siemens »Jupiter« 431/504 PS, HD 41 b mit BMW VI O und HD 41c mit BMW VIu 7,3Z. Die drei Maschinen wurden in Rechlin einer ausge-

Heinkel HD 44   1929

Die Erprobung neuer Triebwerke für die Fliegertruppe war eine wichtige Aufgabe, die sowohl in Rechlin als auch in Lipezk durchgeführt wurde. HD 44 war der übliche Gemischtbau mit bespanntem Stahlrohrrumpf und Holzflächen. Hinter dem Triebwerk befand sich eine geräumige Kabine für 2 Prüfer und ihre Geräte.

Rechte Seite:

Oben: Fernaufklärer Heinkel HD 41a   Unten: Fliegender Prüfstand Heinkel HD 44, Werknr. 332, D-1762

Dahinter befand sich Führersitz und Platz für einen Bordmonteur. Hauptsächlich wurde HD 44 zur Erprobung der verschiedenen Versionen des BMW VI verwendet, u. a. des BMW VI 5,5 ZU, der 500/640 PS leistete.

Spannweite oben	17,60 m
Spannweite unten	15,10 m
Länge	12,20 m
Flächeninhalt	75,50 qm
Leergewicht	2050 kg
Zuladung	1070 kg
Fluggewicht	3120 kg
Höchstgeschwindigkeit	206 km/h
Landegeschwindigkeit	77 km/h
Steigzeit auf 1000 m	2,8 min
Steigzeit auf 2000 m	6,2 min
Gipfelhöhe	5500 m

Junkers G 38/K 51   1929

Das Verkehrsflugzeug G 38 war von Prof. Junkers als Zwischenstufe zur Verwirklichung seines Projektes eines Nurflügel-Transporters J 1000 gedacht. Es war zur Zeit seiner Entstehung das größte Landflugzeug der Welt. Die erste Maschine D-2000, später D-AZUR, wurde unter Mitwirkung des Flugkapitäns Otto Brauer von der Lufthansa entwickelt und auch von ihm eingeflogen. Die immer wachen Japaner waren von diesem Flugzeug so beeindruckt, daß sie von Junkers Entwürfe einer Bomberversion dieses Musters anforderten. Dieses Projekt ist aber nie in Deutschland realisiert worden. Mitsubishi erwarb die Nachbaurechte des projektierten Bombers K 51 und baute dann selbst sechs Flugzeuge dieses Typs unter der Bezeichnung Ki 20. Sie erwarben auch die Nachbaurechte des Motors Junkers L 88, der in

der D-2000 eingebaut war und bauten diese Motoren in die Ki 20 ein.

Die erste G 38 machte unter Flugkapitän Zimmermann bereits während des Einflugbetriebes Bruch. Die zweite, D-2500, später D-APIS, flog noch, nachdem sie 1931 auf der Strecke Berlin–London unter Flugkapitän Brauer den Flugbetrieb aufgenommen hatte, ab 1940 als Militärtransporter unter seiner Führung, bis sie 1941 durch einen englischen Luftangriff in Athen zerstört wurde. Die Mitsubishi Ki 20 sind noch bis 1941 im Truppendienst geflogen worden.

	G 38	K 51/Ki 20
Besatzung	7 + 34	10
Triebwerk Junkers	L 88	L 88
Leistung	800 4 × PS	4 × PS
Spannweite	44,00 m	44,00 m
Länge	23,20 m	23,20 m
Höhe	7,20 m	7,00 m
Flächeninhalt	305 qm	294 qm
Leergewicht	16 800 kg	14 912
Zuladung	6200 kg	10 536
Fluggewicht	23 000	25 448 kg
Höchstgeschwindigkeit	210 km/h	200 km/h
Reisegeschwindigkeit	185 km/h	180 km/h
Landegeschwindigkeit	78 km/h	80 km/h
Gipfelhöhe	3700 m	3500 m
Reichweite	1000 km	1000 km
Bewaffnung Ki 20		1 MK 20 mm
		4 MG 7,2 mm
		2000–5000 kg
		Bomben

Junkers A 50 »Junior«   1929

Wenn auch die Hälfte der gebauten 40 Maschinen dieses Typs als private Sportflugzeuge

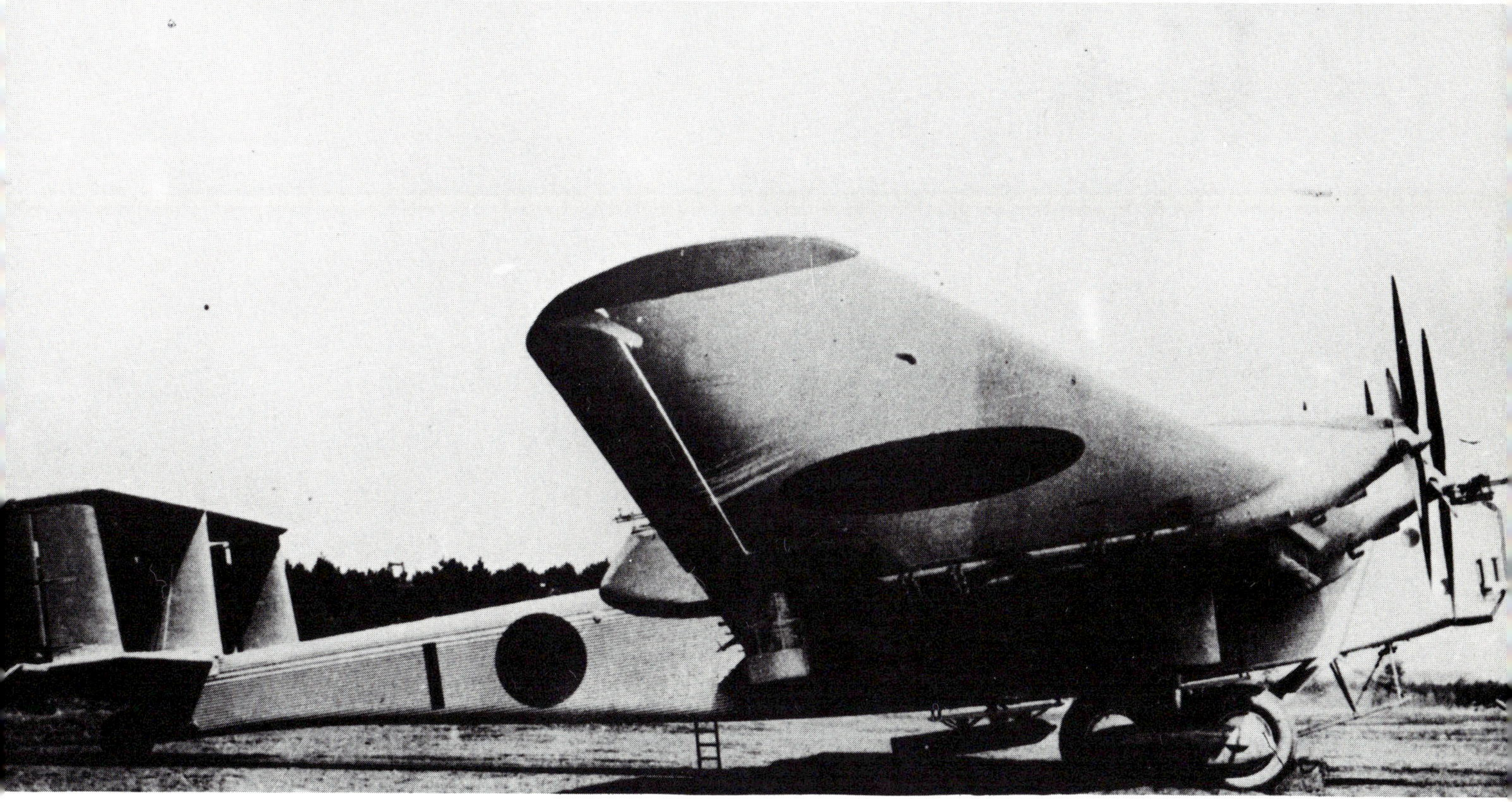

Die erste Junkers G 38, D-2000 (Oben)   Mitsubishi Ki 20 (Junkers K 51) (Unten)

verwendet wurden, so sind doch 10 bei der DLH und zehn beim DLV für die vormilitärische Fliegerei verwendet worden. Es handelte sich um ein zweisitziges Ganzmetallflugzeug in der bekannten Junkers-Wellblech-Bauart. Als Triebwerk diente ein Armstrong-Siddeley »Genet« Motor von 88 PS. Die stabile Bauart dieses Typs erwies sich durch die Tatsache, daß zumindest eine Maschine noch in der Bundesrepublik existiert.

Spannweite	10,00 m
Länge	7,10 m
Flächeninhalt	13,70 qm
Leergewicht	360 kg
Zuladung	240 kg
Fluggewicht	600 kg
Höchstgeschwindigkeit	172 km/h
Reisegeschwindigkeit	145 km/h
Gipfelhöhe	4600 m

Albatros L 101   1930

Als Kurt Tank als Nachfolger Blumes bei Albatros eintrat und die L 101 vorfand, flog er sie selbst und stellte erhebliche Schwächen dieses Baumusters fest. Er änderte sie, verstärkte vor allem die Flächenstreben und entwickelte so die Al 101d, von der vor Übernahme von Albatros durch Focke-Wulf nur eine gebaut wurde. Eine Al 101 a mit 115 PS Cirrus »Hermes« Triebwerk hatte am Europa-Rundflug teilnehmen sollen, wurde aber zurückgezogen. Bei Focke Wulf wurde noch eine L 101c mit 110/135 PS Argus As 8a entwickelt, bis dann die L 101 d die Endlösung brachte. Von L 101 a und b sind vier Stück gebaut worden, dazu die bereits erwähnte L 101 d. Nach der Übernahme

durch Focke-Wulf sind dann 68 L 101 D gebaut und bei den Fliegerschulen der DVS von Reichswehrflugschülern geflogen worden. Nach 1935 wurde auch beim NSFK die L 101 D für die vormilitärische Schulung benutzt.

Spannweite	12,50 m
Länge	8,50 m
Leergewicht	515 kg
Zuladung	315 kg
Fluggewicht	830 kg
Höchstgeschwindigkeit	171 km/h
Landegeschwindigkeit	70 km/h
Reichweite	930 km

Arado Ar 64   1930

Das Ergebnis der Erprobung von Arado SD II und III wurde SD IV, die dann nach der neuen Bezeichnungsmethode Ar 64 wurde. Von diesem Jäger wurden vorerst sechs Versuchsmuster in Auftrag gegeben. Diese sollten vor allem der Erprobung verschiedener Triebwerke dienen, denn die Triebwerke der geplanten Hochleistungsflugzeuge waren das Hauptproblem der deutschen Konstrukteure. Im Augenblick standen an deutschen Triebwerken dieser Klasse nur der deutsche Nachbau des Bristol »Jupiter«, der bei Siemens gebaut wurde, und der BMW VI zur Verfügung. So erhielt die Ar 64 a einen 530 PS Sh-Jupiter VI, dann kamen zwei Ar 64 b mit BMW VI 6,3, gefolgt von der Ar 64c, die äußerlich der Version a entsprach. Die endgültige Serienversion wurde dann Ar 64d, bei der das Leitwerk etwas vergrößert und das Fahrwerk verstärkt wurde. Ar 64a, c und d hatten vierblättrige Luftschrauben, während die wenigen Ar 64e zweiblättrige hatten. Insgesamt sollten ab 1932 monatlich 27

Schulflugzeug Albatros-Focke-Wulf L 101d

Werner Mölders als Reichs-wehr-Flugschüler mit Albatros L 101

Jagdeinsitzer Arado Ar 64

191

Ar 64 gebaut werden. Tatsächlich sind aber nur 25 Ar 64 im ganzen gebaut worden, da das Nachfolgemuster schneller anlief, als erwartet wurde, zumal nach Januar 1933 die Ausbringung an BMW VI-Motoren wesentlich gesteigert wurde. Bewaffnung: 2 MG 08/15

Spannweite	9,90 m
Länge	7,82 m
Leergewicht	1210 kg
Zuladung	470 kg
Fluggewicht	1680 kg
Höchstgeschwindigkeit	250 km/h
Reisegeschwindigkeit	210 km/h
Gipfelhöhe	6000 m

Anscheinend sind alle Ar 64 a, b, c und e sofort nach Lipezk überführt worden, denn lediglich die Ar 64 d D-1039, D-2277, 2278, 2279, 2280, 2338 und D-2470 sind in Deutschland zugelassen und bei der DVS geflogen worden.

Dornier Do P   1930

Dieser viermotorige, sechssitzige Bomber stellt das Gegenstück zum Bomber Do N dar. War dieser die Landversion des »Wal«, so wurde Do P die Landversion des »Superwal«. Aufgrund einer Anforderung der Fliegergruppe im Reichswehrministerium (RWM) erteilte das Reichsverkehrsministerium 1929 den Entwicklungsauftrag an Dornier. Der Bau erfolgte im Schweizer Werk von Dornier. Die erste Versuchsmaschine erhielt die Schweizer Zulassung Nr. 302. Als Bewaffnung waren drei MG 15 (Bug, Rumpfhinterteil oben und unten) vorgesehen. Als Triebwerk wurden vier Siemens »Jupiter« je 525 PS mit Getriebe eingebaut. Der

Erstflug fand am 31. 3. 1930 statt. Die Maschine wurde dann nach Lipezk überführt, wo sie nach verschiedenen Erprobungsflügen ein trauriges Ende fand; bei einer Landung schwebte sie zu lange aus, überrollte das Startbahnende und blieb dann mit dem Rumpf über einem ziemlich steilen Abhang hängen. Es erwies sich als unmöglich, die Maschine wieder herzurichten. Man mußte sie abwracken. Eine zweite Do P wurde unter der Nummer D-1982 in Deutschland zugelassen. Ohnehin wurde die Do P in Lipezk als »ohne strategischen Wert« beurteilt.

Spannweite	30,00 m
Länge	23,40 m
Höhe	7,30 m
Flächeninhalt	152,60 qm
Rüstgewicht	8000 kg
Zuladung	4000 kg
Fluggewicht	12 000 kg
Höchstgeschwindigkeit	210 km/h
Steigzeit auf 2000 m	13,2 min
Gipfelhöhe	3500 m
Reichweite mit 1300 kg Nutzlast	1000 km

Heinkel HD 55   1930

Die Sowjetunion interessierte sich auch für Heinkels Katapultentwicklungen und bestellte ein Katapult K 3 mit einem katapultfähigen Flugboot. Die Maschine war eine direkte Weiterentwicklung des ersten Katapultflugbootes HD 15. Katapult und Flugboot wurden geliefert und von der sowjetischen Marine einer intensiven Erprobung unterworfen. Nach sowjetischen Quellen sind daraufhin 30 Boote dieses Typs HD 55 bestellt und geliefert worden, obwohl Heinkel selbst nur von zwanzig berich-

Rechte Seite:

Oben: Schwerer Bomber Dornier Do P mit Schweizer Kennzeichen
Unten: UdSSR-KR-1 (Heinkel HD 55) in einem Schwarzmeerhafen

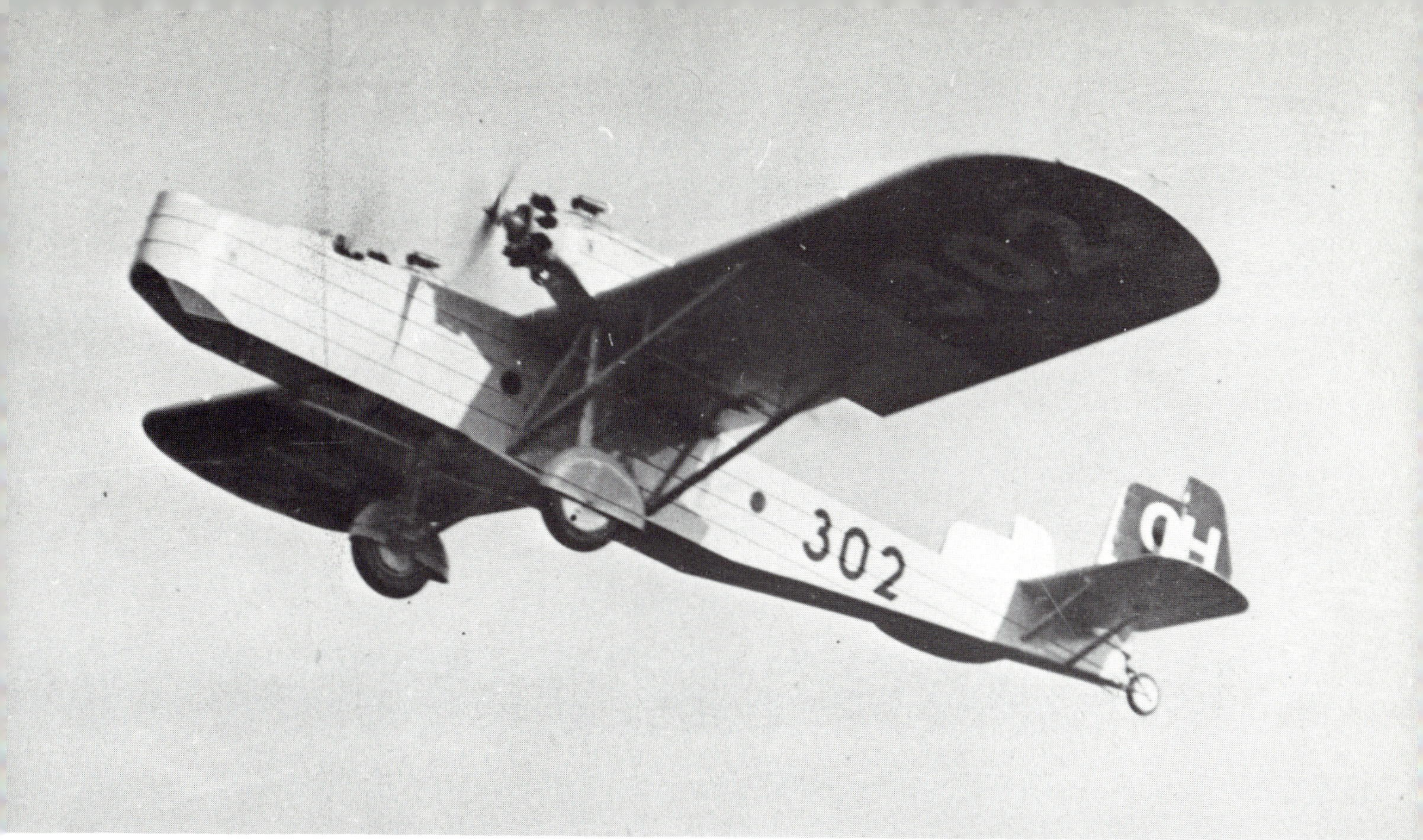
302

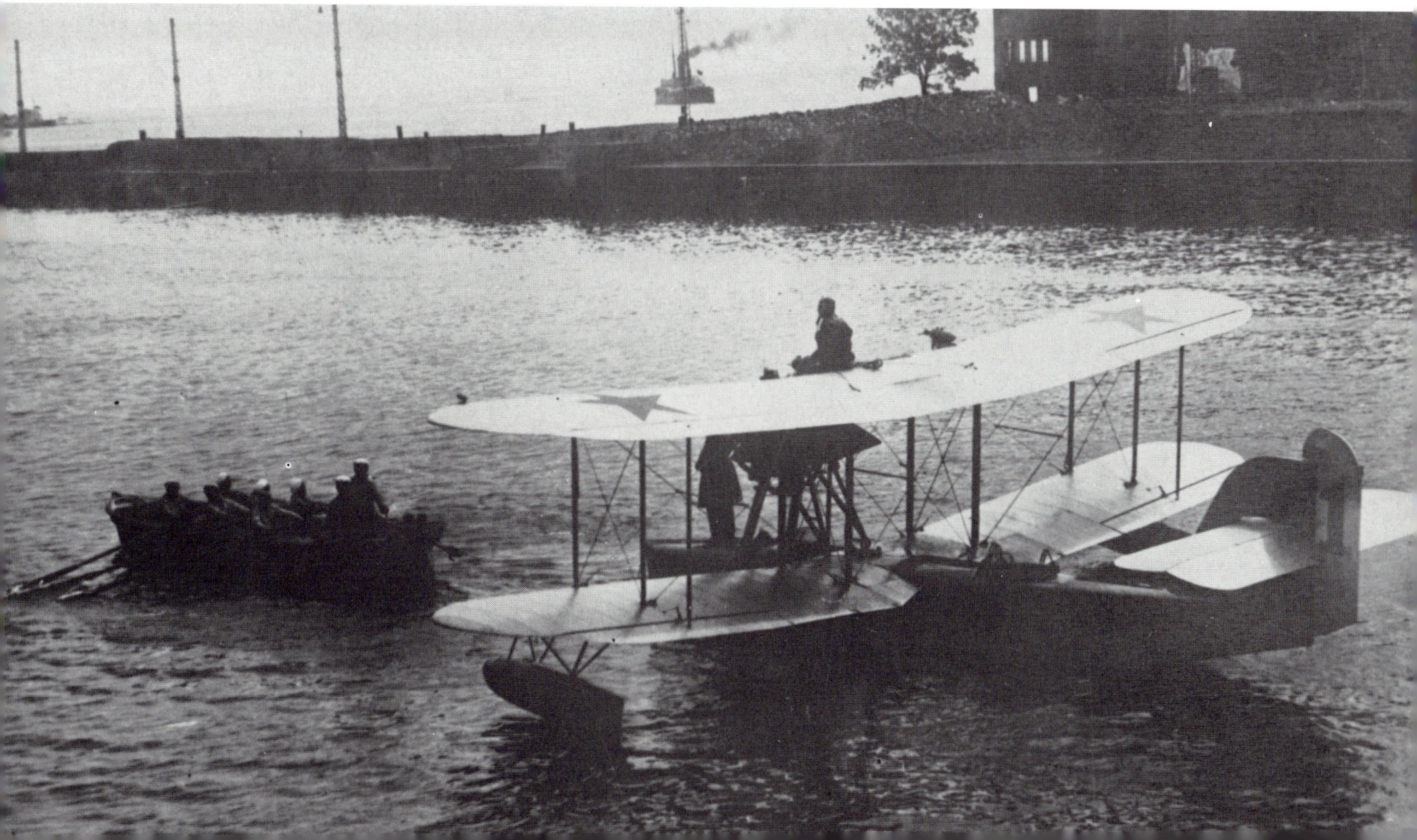

tet. Die Boote wurden mit in der Sowjetunion gebauten Bristol Jupiter Motoren ausgerüstet, der dort als M-22 bezeichnet wurde. Die erste HD 55 war noch mit Siemens »Jupiter VI 6,3 geliefert worden. Die Boote sind noch viele Jahre in der Sowjetunion im Dienst gewesen. Die nachstehenden Daten betreffen die mit M-22 ausgerüstete Ausführung, nicht das Musterflugzeug. In der Sowjetunion wurde die HD 55 als KR-1 bezeichnet und hatte eine Besatzung von 2 Mann. Der Beobachtersitz war mit einem 7,62 mm Zwillings-MG ausgerüstet.

Spannweite	14,00 m
Länge	10,40 m
Flächeninhalt	56,90 qm
Leergewicht	1550 kg
Zuladung	650 kg
Fluggewicht	2200 kg
Höchstgeschwindigkeit	194 km/h
Landegeschwindigkeit	71 km/h
Steigzeit auf 1000 m	4 min
Steigzeit auf 2000 m	9 min
Steigzeit auf 3000 m	25,2 min
Reichweite	800 km

Junkers Ju 52   1930

Von der F 13 ausgehend, hatte man bei Junkers erst die G 23, dann die G 24 und aus dieser die G 31 als Transportflugzeug entwickelt. 1929 begann Dipl.-Ing. Ernst Zindel nun die Entwicklung eines einmotorigen Frachtflugzeugs, das über besonders gute Lademöglichkeiten verfügen sollte. Ende September 1930 war die erste Ju 52 ba, Werk-Nr. 4004, D-1974, fertiggestellt. Der Erstflug fand am 13. 10. 1930 statt. Der eingebaute Junkers L-88-Motor befriedigte aber nicht. So wurden andere Triebwerke getestet, bis schließlich ein BMW VIIa U als Triebwerk ausgewählt wurde. Am 17. 2. 1931 wurde die D-1974 in Berlin-Tempelhof erstmals der Öffentlichkeit vorgestellt. Dann übernahm die Gesellschaft »Luftfrako Air Express Berlin«, die offiziell Lufttransporte durchführte, die Maschine. Im September 1932 wurde eine weitere einmotorige Ju 52ce, Werk-Nr. 4004, D-2317, an die DVS abgeliefert. Sie wurde kurze Zeit später von Räderfahrwerk auf Schwimmer umgerüstet. Im Dezember 1932 erhielt sie die schwedische Zulassung SE-ADM. Sie wurde mit Torpedo-Abwurfvorrichtung ausgerüstet. Anschließend fanden die ersten Torpedo-Abwurfversuche in Travemünde statt. Nach Abschluß dieser Versuche erhielt die Maschine wieder die alte deutsche Zulassung und flog anschließend als Luftzielschlepper bei einem Luftdienstkommando. Im Februar 1933 ging eine weitere einmotorige Ju 52, Werk-Nr. 4005, D-2356, an den RDL, d. h. an die Erprobungsstelle in Berlin-Staaken. Sie stürzte aber bereits im Mai 1933 brennend ab. Diese Maschine war als Reiseflugzeug ausgerüstet und flog als Verbindungsflugzeug zwischen den einzelnen Erprobungsstellen. Wahrscheinlich ist die Initiative zur Entwicklung einer dreimotorigen Ju 52 vom RWM ausgegangen, denn für militärische Zwecke reichte die Leistung der einmotorigen Version nicht aus. Bereits 1931 war in der Planung der Reichswehrfliegertruppe die dreimotorige G 24 als Nachtbomber vorgesehen. Eine dreimotorige Ju 52 hätte den Forderungen noch besser entsprochen. Man hatte dabei den Vorteil, daß der Bau als Lufthansa-Auftrag reibungslos über das RVM laufen konnte. Bevor es aber dazu kam, sollte die dreimotorige Ju 52 ihre militärische Verwendbarkeit bereits an anderer Stelle unter Beweis stellen. Bolivien hatte für seine Luftverkehrsgesellschaft »Lloyd Aereo Boliviano«

194

Behelfsbomber Ju 52-3m. Unter dem Rumpf der klappbare „Topf".

zwei Ju 52/3 m bestellt, die mit drei Pratt & Whitney »Hornet« ausgerüstet werden sollten. Die beiden Maschinen, Werk-Nr. 4008 und 4009, wurden unter der Bezeichnung Ju 52/3 m de ausgeliefert. Zwei weitere folgten, eine Ju 52/3 m ce und eine ge. Der Unterschied lag im Triebwerk. BMW hatte die Nachbaurechte des »Hornet« erworben und baute ihn als BMW 132. Ju 52/3 m ge war die Version mit dem deutschen Hornet. Als nun der Chaco-Krieg zwischen Bolivien und Paraguay ausbrach, wurden die vier Maschinen, zusammen mit zwei W 34, von der bolivianischen Luftwaffe als Schwimmermaschinen behelfsmäßig militärisch ausgerüstet und erfolgreich gegen Paraguay eingesetzt. Die Ganzmetallbauweise machte sie in dem feuchten Klima weniger anfällig als andere Flugzeuge. Im Mai 1932 wurde die erste Ju 52-3 m ce an die Lufthansa geliefert. Es war die Werk-Nr. 4013, D-2201. Sie wurde im September 1934 an die Flugbereitschaft des RLM abgegeben und erhielt die neuen Kennzeichen D-ADOM. Der Auftrag für die Lufthansa wurde schnell erweitert. Der wesentlichste Beitrag zur Luftaufrüstung durch die Lufthansa war das Umtauschprogramm Ju 52. Das RLM lieferte im Austausch gegen alte DLH-Maschinen, die als Schulflugzeuge zur DVS kamen, nagelneue Ju 52/3 m als Grundstock für das erste Behelfsbombengeschwader der noch getarnten Luftwaffe. Die DLH erhielt 25 neue Ju 52/3 m und gab dafür 100 alte F 13, G 24, G 31, Dornier »Merkur«, Focke-Wulf »Möwe« A-17 und A-38, sowie Rohrbach »Roland« an die DVS ab. Für die DLH war es ein gutes Geschäft – und eine gute Tarnung für die Luftwaffe. Diese DLH-Ju 52/3 m flogen auf den bereits erwähnten Reichsbahnstrecken, die in Wahrheit Blindflugübungsstrecken für Bomberbesatzungen waren. Dieser Verband wurde zeitweise als »Streckenschule der DLH« bezeichnet. Aus ihm entstand das spätere »Flugkommando Berlin-Streckenschule«. Am 14. 3. 1935 flogen in diesem Verband folgende Ju 52-3 m: D-ABAT, D-ADIH, D-ADOM, D-ADYL, D-AFIR, D-AJUP, D-ANUT, D-APYX, D-AQAM, D-ARES, D-ATOL, D-AVES und D-AFIR. Davon waren D-ADOM ex D-2201, D-ADYL ex D-2202 und D-AFIR ex D-2468 echte alte DLH-Maschinen, die im Oktober im Rahmen des Umtauschprogramms übernommen wurden.

Aus diesem ersten Behelfsbomberverband entstanden dann die ersten Bombergruppen, die nun auch eine behelfsmäßige Bewaffnung erhielten. Sie bekamen einen MG-Stand (MG 15) auf dem Rumpfrücken und einen zweiten unmittelbar hinter dem Fahrwerk. Dieser bestand aus einem Topf, der im Fluge heruntergekurbelt werden konnte und nach vorn durch einen teilverglasten Windschutz abgedeckt war. Diese Anlage war nicht nur Abwehrstand für ein MG 15 nach hinten, sondern gleichzeitig auch mit Bombenzielgerät (Lotfe) für den Bombenschützen ausgestattet. Bei Start und Landung mußte der Topf immer hochgekurbelt werden. Diese Ju 52/3 m ge, die offiziell als Ju 52/3 m K bezeichnet wurde, konnte in Vertikalmagazinen 30 SC 50, 120 SC 10 und 1080 1 kg-Brandbomben laden, dazu 5 SC 250 in Einzelrahmen unter dem Rumpf. Nachdem das Fehlen einer Abwehrbewaffnung im vorderen Sektor beanstandet worden war, wurde noch ein MG 15-Stand in der Kanzel installiert.

Als Hitler am 16. März 1935 die Beseitigung des Artikels 198 des Versailler Vertrages und die Aufstellung der deutschen Luftwaffe als drittem Wehrmachtsteil verkündete, flogen bereits die ersten mit Ju 52/3 m K ausgerüsteten Kampfgruppen über dem gesamten Reichsgebiet, um das Bestehen dieser neuen Luftwaffe zu dokumentieren. Und nach dem Parteitag der

**Albatros L 102 wurde
Focke-Wulf Fw 55 L**

**Albatros L 102 W =
Focke-Wulf Fw 55 W**

**Das erste Pressebild einer
Arado Ar 65 im März 1935**

Liste eingereiht wurde, wurde der letzte Jäger, den Walter Rethel für Arado erarbeitete. Er wurde aus den beiden Ar 64 b entwickelt, die mit BMW VI 6,3 nach Lipezk geschickt worden waren. Das Musterflugzeug wurde unter der Nr. D-2218 zugelassen. Die Ar 65 ist zwar in mehreren Versionen gebaut worden, die aber nur kleinere Unterschiede zeigten. Da noch nicht genügend der neuen MG 15 zur Verfügung standen, die Produktion aber laufend beschleunigt wurde (1934 wurden bereits 80 Stück gebaut) mußten die meisten Ar 65 mit den alten MG 08/15 ausgerüstet werden. Aufgrund der Jabo-Erfahrungen mit den alten Fokker D XIII wurden die letzten Versionen Ar 65 e und f bereits mit Abwurfgeräten für sechs 10 kg Bomben ausgerüstet. Als Hitler am 16. März 1935 die Wiederauferstehung der deutschen Luftwaffe verkündete, erschienen als erste Ar 65-Staffeln über Berlin. Und die ersten Jagdflugzeuge, die in der deutschen Presse abgebildet wurden, waren ebenfalls Ar 65.

Triebwerk	BMW VI 7,3Z
Leistung	750 PS
Spannweite	11,20 m
Länge	8,37 m
Höhe	3,40 m
Flächeninhalt	30,00 qm
Leergewicht	1490 kg
Zuladung	439 kg
Fluggewicht	1929 kg
Höchstgeschwindigkeit	282 km/h
Reisegeschwindigkeit	242 km/h
Landegeschwindigkeit	100 km/h
Steigzeit auf 1000 m	1,6 min
Steigzeit auf 2000 m	3,4 min
Steigzeit auf 4000 m	8,4 min
Steigzeit auf 6000 m	17,0 min
Gipfelhöhe	7350 m
Reichweite	420 km
Startstrecke	90 m
Landestrecke	255 m

200

Dornier Do C 1 (Do 10) 1931

Aufgrund der Definition von Hauptmann Student für den Typ »Najaku« (Nachtjäger und -aufklärer) arbeitete man bei Dornier an einem einmotorigen Jagdzweisitzer, dessen Konstruktion 1930 abgeschlossen wurde. Es wurden zwei Maschinen, Werk-Nr. 226 und 227, gebaut, die als D-1592 und D-1898 zugelassen wurden. Auch dieser Auftrag wurde über das RVM abgewickelt. Um Kurzstarts zu ermöglichen, war das Triebwerk schwenkbar angeordnet. Nach Abheben vom Boden wurde das Triebwerk wieder in Normallage gebracht. Als Triebwerk diente ein BMW VI Z 7,6 von 710 PS Startleistung. Der Erstflug des Prototyps D-1592 fand am 24. 7. 1931 statt. Die beiden Maschinen wurden nach Aufstellung der LC-Liste des RLM 1933 in diese unter der Bezeichnung Do 10 aufgenommen, da die Erprobung noch nicht abgeschlossen war. Do C 1 war dann der Ausgangstyp für die Entwicklungsreihe C 2a, C 3 zur Do 22.

Spannweite	15,00 m
Länge	10,50 m
Höhe	4,30 m
Flächeninhalt	33 qm
Rüstgewicht	2200 kg
Zuladung	340–440 kg
Fluggewicht	2540–2640 kg
Höchstgeschwindigkeit	288–290 km/h
Steigzeit auf 5000 m	12,8 min
Gipfelhöhe	7500 m
Reichweite	550–750 km

Dornier Do C 2a 1931

Aus der Do C 1 mit BMW VI entstand noch im

Jagdzweisitzer Dornier Do C I
(Do 10)

Dornier Do 10 mit Motor in
Startstellung

Dornier Do C II im Chaco-
krieg in Bolivien

201

gleichen Jahr die Do C 2, die mit einem Hispano-Suiza 12 Nbr Motor von 740 PS ausgerüstet war, aber nur als Schwimmerflugzeug C 2a geliefert wurde. Abnehmer war Bolivien, das sich im sogenannten »Gran Chaco-Krieg« mit Paraguay befand und für den Dschungelkrieg Flugzeuge brauchte. Auch die ersten als Verkehrsflugzeuge gelieferten Ju 52–3 m wurden von Bolivien für diesen Zweck verwendet. Die erste Do C 2a wurde von dem deutschen Flugzeugführer Maringer in Bolivien vorgeführt und wahrscheinlich auch im Einsatz geflogen.

Spannweite	15,00 m
Länge	12,80 m
Höhe	5,10 m
Flächeninhalt	32,40 qm
Rüstgewicht	2550 kg
Zuladung	650 kg
Fluggewicht	3200 kg
Höchstgeschwindigkeit	250 km/h
Steigzeit auf 4000 m	26 min
Gipfelhöhe	4400 m

Dornier Do C 3   1931

Um die Steigfähigkeit zu erhöhen, baute man der C 2a ein zweites kleineres Tragdeck an. So entstand der Anderthalbdecker Do C 3. Auch dieser erhielt einen Hispano-Suiza Motor, allerdings von nur 725 PS. Der Erstflug des Prototyps fand am 18. September 1931 auf dem Bodensee statt. Da die Änderung von C 2a in C 3 nicht befriedigende Verbesserungen der Leistungen des Typs erbrachte, erfolgte kein Serienbau. Die C 3 wurde dreisitzig geflogen und kann als direkter Vorläufer der Do 22 angesehen werden, die 1938 nach Jugoslawien und Finnland geliefert wurde.

Spannweite	15,00 m
Länge	12,70 m
Höhe	4,70 m
Flächeninhalt	44,60 qm
Rüstgewicht	2700 kg
Zuladung	600 kg
Fluggewicht	3300 kg
Höchstgeschwindigkeit	235 km/h
Steigzeit auf 3000 m	13 min
Gipfelhöhe	5500 m

Dornier Do Y   1931

Von diesem sechssitzigen Bombenflugzeug wurden zwei Maschinen auf Reparationskonto an Jugoslawien geliefert. Eine dritte Maschine ist wahrscheinlich zur Erprobung nach Lipezk geliefert worden. Die beiden jugoslawischen Maschinen waren die Werk-Nr. 232 und 233 und erhielten die jugoslawischen Kennzeichen D-3 und D-6. Ob nun die Do Y mit den Schweizer Kennzeichen HB-GOE eine dieser beiden Maschinen war oder die unbekannte dritte, ist nicht einwandfrei festzustellen. Wenn auch alle Do Y den Gnôme-Rhône 9 Kers von 625 PS erhielten, so sind doch verschiedene Triebwerksverkleidungen verwendet worden. HB-

Spannweite	28,00 m
Länge	18,20 m
Höhe	7,50 m
Flächeninhalt	111 qm
Rüstgewicht	6360 kg
Zuladung	2140 kg
Fluggewicht	8500 kg
Höchstgeschwindigkeit	300 km/h
Steigzeit auf 4000 m	12,1 min
Gipfelhöhe	8300 m
Reichweite	750 km

Rechte Seite:

Oben: Dornier Do C IIa am Kran   Unten: Dornier Do Y, Bomber für Jugoslawien, mit Schweizer Kennzeichen

GOE hatte NACA-Ringe, die beiden jugoslawischen Maschinen mit Tarnanstrich auch, während die dritte kantige Townendringe hatte, wie sie bei den englischen Bombern Boulton & Paul »Sidestrand« und »Overstrand« verwendet wurden. Der Erstflug der Do Y fand am 17. 10. 1931 statt.

Die Bewaffnung wurde erst in Jugoslawien eingebaut und bestand aus drei MG's. Die Bombenlast betrug maximal 1000 kg.

Focke-Wulf W 7   1931

Wie der Vorgänger W 4 wurde W 7 als See-Aufklärer von der Reichsmarine, bzw. deren Tarnorganisation »Büro Spieß« bei Focke-Wulf bestellt, obwohl Henrich Focke den Auftrag ablehnte. Das »Büro Spieß« delegierte dann für diese Arbeit den vorher bei Udet beschäftigten Konstrukteur Hermann, dessen U 12 »Flamingo« einen guten Ruf hatte, zu Focke-Wulf. Hermann entwarf dann allein, ohne Unterstützung von Focke, den zweisitzigen Doppeldecker W 7, der zwar als Seeflugzeug geplant war, aber wahrscheinlich immer nur als Landflugzeug geflogen ist, da ja die Erprobung in Lipezk durchgeführt werden sollte. Hermann leistete keine saubere Arbeit: Bereits beim Erstflug, den er selbst durchführte, sprangen die Steuerseile aus den Rollen und Hermann hatte mehr als Glück, daß er trotz blockierter Steuerung noch sicher auf den Boden kam. Die Marine verlor daraufhin das Interesse an der Maschine und kehrte zum Stamm-Lieferanten Heinkel zurück. Die W 7 wurde überarbeitet und dann nach Lipezk überführt. Die Erprobung erbrachte keine besonders guten Ergebnisse.

So überließ man die Maschine den Sowjets. In Deutschland war die Maschine für den RDL unter der Nr. D-2216 zugelassen. Als Triebwerk diente ein BMW VI UZ von 650 PS. Über Abmessungen, Leistungen und Gewichte der Maschine ist nichts bekannt.

Focke-Wulf S 39   1931

Aufgrund einer Anforderung vom WaPrw 1, die auch an Heinkel gerichtet wurde, entwickelte im Auftrag Fockes der Konstrukteur Bansemir dieses zweisitzige Aufklärungsflugzeug. Nach Fertigstellung des Prototyps D-1708 übernahm Testpilot Edzard die Maschine und stellte bereits beim Erstflug Schwierigkeiten bei den Querrudern fest. Nach dem Erstflug, bei dem sie praktisch blockiert waren, wurde der Nasenausgleich vergrößert, aber leider zu viel, denn jetzt wackelte im Fluge der Steuerknüppel wie ein Lämmerschwanz. Die Maschine wurde nun wesentlich geändert. Der 510 PS Siemens »Jupiter« erhielt eine NACA-Haube. Die Parallelstreben zwischen Rumpf und Fläche wurden durch V-Streben ersetzt und größere Querruder eingebaut. In dieser Form ging die Maschine nach Rechlin und wurde dort von dem späteren Oberstabsingenieur Läutert nachgeflogen, der sich befriedigend über die Maschine äußerte. Die Maschine sollte bei Lizenzfirmen in Serie gebaut werden. Es zeigte sich aber, daß die Querruder-Schwierigkeiten im Serienbau nicht zu beseitigen waren. So kam es nur zum Bau weniger Maschinen. Außer der Höchstgeschwindigkeit von 265 km/h ist über Abmessungen, Gewichte und Leistungen der S 39 nichts bekannt.

Rechte Seite:

Oben: Aufklärer Focke-Wulf W 7   Unten: Aufklärer Focke-Wulf S 39

Heinkel He 42   1931

Für die Seefliegerausbildung der Reichsmarine entwickelte Heinkel aus der HD 24 das See-Ausbildungsflugzeug He 42, das in seinen Leistungen so befriedigte, daß es in der Planstudie, bei der Übersicht über die Flugzeug-Rü-Typen und ihre Ausrüstung der Wehrmacht-Luft-Abteilung offiziell in das Marinefliegerprogramm aufgenommen wurde. Die HD 42, später als die He 42 in die LC-Typenliste des Technischen Amtes der Luftwaffe aufgenommen, ist noch nach 1939 in der Seefliegerausbildung verwendet worden.

Besatzung	2 Mann
Bewaffnung	bedarfsweise 1 MG 15
Spannweite oben	14,00 m
Spannweite unten	13,00 m
Länge	10,60 m
Flächeninhalt	56,03 qm
Leergewicht	1595 kg
Zuladung	590 kg
Fluggewicht	2185 kg
Höchstgeschwindigkeit	190 km/h
Landegeschwindigkeit	80 km/h
Steigzeit auf 1000 m	5,6 min
Gipfelhöhe	3000 m

Heinkel HD 43   1931

Dieser Jagdeinsitzer, der nur in wenigen Versuchsmustern gebaut wurde, kann als letzte Stufe der Entwicklung HD 37, 38 angesehen werden. Er lehnt sich im Grundkonzept immer noch an die Fokker D VII von 1918 an und ist einer der Beweise dafür, daß die Männer, die im geheimen am Aufbau einer Reichswehrfliegertruppe arbeiteten, immer noch von den Luft-kriegsideen des I. Weltkriegs geleitet wurden. Man erwartete von einem Jagdeinsitzer vor allem Steigfähigkeit, die ja beim Doppeldecker höher war als beim Eindecker, und Wendigkeit; die Geschwindigkeit mußte darunter leiden. Dies war aber nicht nur in Deutschland so, wo erst Messerschmitt und Heinkel nach 1933 begannen, den Jagdeindecker in Ganzmetallbauweise zu entwickeln. Vorläufig baute man in allen Ländern wie 1918 noch den verspannten Jagd-Doppeldecker in Gemischtbauweise, nur mit stärkeren Motoren. Im ganzen sind nur vier HD 43 gebaut worden. Hiervon wurden die Werknummern 326 und 327 als HD 43a bezeichnet, und die Werknummern 344 und 345 als HD 43b, obwohl alle vier Maschinen mit dem BMW VI 7,3 Z ausgerüstet waren. Es kann sich also nur um geringe strukturelle Unterschiede gehandelt haben.

Triebwerk	BMW VI
Leistung	500/750 PS
Bewaffnung	2 MG
Spannweite oben	10,00 m
Spannweite unten	8,00 m
Länge	7,10 m
Flächeninhalt	26,56 qm
Leergewicht	1280 kg
Zuladung	420 kg
Fluggewicht	1700 kg
Höchstgeschwindigkeit	322 km/h
Landegeschwindigkeit	95 km/h
Steigzeit auf 1000 m	1,2 min
Gipfelhöhe	8000 m

Heinkel He 46   1931

Der Nahaufklärer He 46 gehörte zu den etwa 7 Typen, die 1931 in Lipezk erprobt und für die

Marine-Schulflugzeug Heinkel HD 42 (wurde He 42)

Jagdeinsitzer Heinkel HD 43

Aufklärer Heinkel HD 46a (Prototyp)

207

Fertigung ausgewählt wurden und dann 1933 den Grundstock der neuen Luftwaffe bildeten. Sie stammten alle aus der Ausschreibung von 1929/30. Die He 46 war für taktische, Gefechts- und Nachtaufklärung sowie zum Artillerie-Einschießen vorgesehen. Daher wurde weniger auf Geschwindigkeit als auf robuste Bauweise Wert gelegt. Als Triebwerk wurde der Siemens »Jupiter VI« vorgesehen. Nach Aussage von Ernst Heinkel und Oberstabsing. a. D. Scholz verursachte dieser Motor ein derartiges Schütteln, daß man die Instrumente im Führersitz oft nur mit einigem Glück ablesen konnte, was den ersten He 46 A und B den Beinamen »Rüttelfalke« einbrachte. Erst nachdem der verbesserte Siemens SAM 22 B (später Bramo/BMW 322) zur Verfügung stand, wurde es besser. Aber ideal war es auch noch nicht. Die ersten beiden He 46 a und b waren auf Wunsch als Doppeldecker entwickelt worden, bis man feststellte, daß ein Hochdecker dem Beobachter bessere Sichtmöglichkeiten gab. So wurde die He 46c ein Hochdecker mit dem neuen SAM 22 B. Die He 46c hatte auch schon eine Bewaffnung von einem MG 15 für den Beobachter. Nach diesem Muster wurde dann die erste C-Serie von 24 Maschinen, davon 18 für Bulgarien, von der Gothaer Waggonfabrik gebaut. Von Fieseler, Siebel und der MIAG wurden weitere Maschinen in Lizenz gebaut, insgesamt mit dem Heinkel-Werk zusammen wurden 481 He 46 gebaut. Eine He 46 C, D-3258, wurde voll bewaffnet und ausgerüstet und wurde Musterflugzeug für die D-Serie. Sie entsprach äußerlich der geplanten B-Serie, unterschied sich aber durch den SAM 22 B von dieser Serie, die man bald wegen des Schüttelns gestoppt hatte. Von den ersten Do-O erhielt eine, D-ILHE, eine NACA-Haube über dem Motor und wurde als He 46e Musterflugzeug für eine neue E-Serie. Aus der He 46 C

entstand noch ein Schul-Aufklärer He 46 F, der einen bei Siemens in Lizenz gebauten englischen Armstrong-Siddeley »Panther« erhielt. Von dieser Version sind 14 Maschinen gebaut worden. Die He 46 ist noch im Zweiten Weltkrieg im Frontdienst eingesetzt gewesen, bis sie von der Henschel Hs 126 abgelöst wurde.

Heinkel He 50   1931

Die Entwicklung dieses Sturzbombers geht nicht auf deutsche Initiative sondern auf eine der Japanischen Marine zurück. Diese verlangte einen Sturzbomber mit einer Tragfähigkeit für Bomben bis 500 kg, der aber auch mit Schwimmern geliefert werden sollte, um ihn als Katapultflugzeug einsetzen zu können. So entstand das als He 50 aW bezeichnete Schwimmerflugzeug, das aber nur der Erprobung der Flugeigenschaften dienen sollte. Diese Maschine wurde Mitte 1931 fertig, ging aber kurz nach Beginn der Erprobung bei der Wasserung zu Bruch. Die weitere Erprobung wurde mit dem zweiten Musterflugzeug HD 50a, Werk-Nr. 408, D-2471, durchgeführt, das mit einem festen stabilen Landfahrwerk ausgerüstet war und als Triebwerk den Siemens »Jupiter« 490 PS hatte. Das Schwimmerflugzeug hatte nur einen Junkers L 5 380 PS gehabt. D-2471 ging durch die Werkserprobung und dann nach Rechlin. Das Triebwerk erwies sich aber für die von den Japanern geforderte Bombenlast von 500 kg als zu schwach. So wurden drei neue Musterflugzeuge He 50 A mit dem von Siemens-Flumo-Werk neu entwickelten SAM 22 B hergestellt, der 600 PS leistete. 1932 wurde dann ein Serienauftrag für die He 50 A

Heinkel He 46	a/b	B-0	C-1	D-1	E-1	F-1
Baujahr	1931	1932	1933	1934	1934	1935
Triebwerk	Sh Jup. VI	Jup. VIu	SAM 22B	SAM 22B	Diverse	AS Panther
Leistung PS	450	500	650	600	–	752
Spannweite oben m	11,50	14,00	14,00	14,00	14,00	14,00
Spannweite unten m	8,80	–	–	–	–	–
Länge m	9,38	9,30	9,50	9,50	9,50	9,70
Höhe m	3,40	3,40	3,40	3,40	3,40	3,40
Flächeninhalt qm	31,60	32,30	32,90	32,30	32,30	32,20
Leergewicht kg	1600	1410	–	1465	–	–
Zuladung kg	570	744	–	835	–	–
Fluggewicht kg	2170	2154	2360	2300	–	2510
Höchstgeschwindigkeit km/h	198	237	280	260	–	325
Reisegeschwindigkeit km/h	165	202	240	220	–	–
Landegeschwindigkeit km/h	102	95	100	95	–	95
Gipfelhöhe m	5200	6000	6000	6000	–	6500
Reichweite km	600	500	750	800	–	750
Startstrecke m	240	200	180	180	–	175
Landestrecke m	380	400	280	280	–	300

Die Bewaffnung der He 46 bestand im allgemeinen ab C-1 aus 1 MG 08/15 starr, später MG 17 und einem MG 15 für den Beobachter. Es konnten 12 Splitter- oder Leuchtbomben im Gesamtgewicht von 23 kg mitgenommen werden.

Sturzbomber Heinkel HD 50a, D-2471, Werknr. 408

209

	He 50 aW	He 50 aL(V 1)	He 50 A	He 50 B	He 50 C	D1A1	D1A2
Triebwerk	Jumo L 5	Sh Jupiter	SAM 22B	SAM 22B	BMW 132E	94	96
Leistung P,S	380	490	600	600	650	580	730
Spannweite m	11,50	11,50	11,50	11,50	11,50	11,49	11,40
Länge m	10,20	9,60	9,60	9,60	9,60	9,60	9,30
Höhe m	–	4,13	4,40	4,40	4,40	3,92	3,90
Flächeninhalt qm	34,80	34,80	34,80	34,80	34,80	34,80	34,70
Leergewicht kg	1760	1535	1600	–	–	–	1516
Zuladung kg	450	790	1020	–	–	–	984
Fluggewicht kg	2210	2325	2620	2660	2820	–	2500
Höchstgeschwindigkeit km/h	200	246	235	240	260	240	260
Reisegeschwindigkeit km/h	175	220	190	215	220	210	225
Landegeschwindigkeit km/h	–	82	95	100	100	95	105
Gipfelhöhe m	–	5400	6400	6200	6500	6000	8000
Reichweite km	–	650	600	600	580	600	570

Die höchstzulässige Sturzgeschwindigkeit der He 50 A und der D1A2 lag bei 400 km/h.

erteilt, der noch über das RVM lief. Japan nahm nur die zu Bruch gegangene und wieder aufgebaute Schwimmermaschine ab, scheint aber doch die Zeichnungen der He 50 a erhalten zu haben, denn bei Aichi entstand 1932 bereits ein Sturzbomber D1A1 mit 580 PS-Motor, der aber noch nicht befriedigte, denn er wurde durch die D1A2 ersetzt, die einen 730 PS-Motor erhielt. Diese Version ist dann bei Aichi in Serie gebaut und im chinesisch-japanischen Konflikt eingesetzt worden. Sie ist der erste trägergestützte Sturzbomber der japanischen Marine gewesen. Bei der Luftwaffe hat sich die He 50 nicht lange halten können, wie die Entwicklung des »Stuka« bewiesen hat. Die He 50 ist aber noch lange als Übungssturzbomber und leichter Nachtbomber verwendet worden.

Heinkel He 63   1931

Dieses zweisitzige Schul- und Übungsflugzeug, eine Konkurrenzentwicklung zur Arado Ar 66, ist aber nur in kleiner Versuchsserie

gebaut worden. Während bei der Ar 66 Ober- und Unterflügel gepfeilt waren, war bei He 63 nur der Oberflügel gepfeilt, eine Bauart, die man auch bei älteren Curtiss-Doppeldeckern findet. He 63 war in der üblichen Gemischtbauweise hergestellt und wurde als Land- oder Seeflugzeug geliefert.

	He 63 L	He 63 W
Spannweite oben	10,00 m	10,00 m
Spannweite unten	8,00 m	10,00 m
Länge	8,20 m	8,65 m
Flächeninhalt	24,37 qm	30,36 qm
Leergewicht	820 kg	1000 kg
Zuladung	430 kg	400 kg
Fluggewicht	1250 kg	1400 kg
Höchstgeschwindigkeit	201 km/h	177 km/h
Landegeschwindigkeit	76 km/h	64 km/h
Steigzeit auf 1000 m	5,2 min	8,0 min
Gipfelhöhe	3900 m	3000 m

Kawasaki Army Type 92   1931

In ähnlicher Bauweise wie den Type 88 entwickelte Dr. Vogt den Jagdeinsitzer Type 92, der

Japanischer Nachbau der He 50: Aichi D1A2

Schulflugzeug Heinkel He 63 L

Kawasaki (Dr. Vogt) Armee-Jäger Type 92

211

ebenfalls mit dem BMW VI 500 PS ausgestattet wurde. Die Bewaffnung bestand aus zwei starren 7,7 mm MG. Auch diese Maschine wurde in kleiner Serie gebaut und gegen China eingesetzt.

Spannweite	9,55 m
Länge	7,10 m
Höhe	3,10 m
Flächeninhalt	24,00 qm
Leergewicht	1350 kg
Zuladung	450 kg
Fluggewicht	1800 kg
Höchstgeschwindigkeit	320 km/h
Steigzeit auf 3000 m	4 min
Steigzeit auf 5000 m	8 min
Gipfelhöhe	9400 m
Reichweite	850 km

Focke-Wulf S 40 — 1932

Dieses zweisitzige Aufklärungsflugzeug ist eine Parallelentwicklung zur S 39, die aber von Ing. Klages durchgeführt wurde. Das Musterflugzeug D-1908 erhielt nach dem 30. 1. 1933 die neue Zulassung D-IJEF. Die Ähnlichkeit der S 40 mit der Heinkel He 46b ist unverkennbar. Da auch in diesem Fall sämtliche Unterlagen bei Focke-Wulf verloren gingen, ist über diese Maschine sehr wenig bekannt. Herr Professor Focke erinnerte sich nach dem Kriege nur, daß die Leistungen der S 40 besser waren als die der S 39. Triebwerk war auch bei der S 40 ein 510 PS Siemens »Jupiter«. Das Rüstgewicht betrug 1450 kg, die Zuladung 825 kg, das Abfluggewicht 2275 kg.

Albatros L 81 — 1932

Von diesem Militärflugzeug ist nur ein Versuchsmuster D 2198 gebaut worden. Der Entwurf dürfte von den Konstruktionen des Italieners Caproni weitgehend beeinflußt worden sein, der in diesen Jahren eine ganze Reihe von Doppeldeckern baute, deren obere Tragfläche kleiner als die untere war. Über Abmessungen, Gewichte und Leistungen dieses Flugzeugs liegen keine zuverlässigen Angaben vor, doch dürften die Abmessungen denen des Musters L 75a geähnelt haben. Die Maschine war mit einem BMW Va von 360 PS ausgerüstet, jedoch war auch der Einbau anderer Triebwerke wie Junkers L-5, Sh Jupiter u. ä. vorgesehen.

Dornier Do F (Do 11a) — 1932

1929 entschied die Reichswehr, einen Nachtbomber bei der Industrie entwickeln zu lassen. Da Junkers sich weigerte, einen Bomber nach den Vorstellungen des RWM zu bauen, sondern die dreimotorige G 24 bewaffnen und als Bomber verkaufen wollte, erhielt Dornier diesen Auftrag. Der Auftrag ging offiziell über das RVM für ein zweimotoriges Frachtflugzeug. Das Ergebnis war ein zweimotoriger Schulterdecker in Ganzmetallbauweise, dessen Räder in die Motorgondeln eingezogen werden konnten, während die Abstrebungen außen blieben. Die Bezeichnung Do 11 erfolgte erst nach Einrichtung des Reichskommissariats für Luftverkehr, also im Sommer 1933. Die Do F wurde der erste echte zweimotorige Bomber Deutschlands nach 1918. Musterflugzeug wurde die

Aufklärer Albatros L 81

Aufklärer Focke-Wulf S 40 (Fw 40)

Bomber Dornier Do 11 a

213

Werk-Nr. 230, die die Zulassung D-2270 erhielt und mit zwei Siemens »Jupiter VI« Motoren von je 550 PS ausgerüstet war. Die Maschine ging zuerst an die Erprobungsstelle des RDL in Staaken und dann zum Waffen- und Geräteeinbau nach Lipezk.

Spannweite	28,00 m
Länge	18,64 m
Höhe	5,55 m
Flächeninhalt	111 qm
Rüstgewicht	4770 kg
Zuladung	3230 kg
Fluggewicht	8000 kg
Höchstgeschwindigkeit	250 km/h
Reisegeschwindigkeit	220 km/h
Landegeschwindigkeit	102 km/h
Steigzeit auf 1000 m	7 min
Gipfelhöhe	4700 m
Reichweite	1200 km

(Firmenangaben, die sich von den Daten des LC-Amtes etwas unterscheiden)

Dornier Do 11 D   1932/33

Die Erprobung der Do F führte zu der Erkenntnis, daß einige Änderungen notwendig waren. Außerdem hatte das Siemens & Halske Flugmotorenwerk einen neuen Motor entwickelt, den Sh 22, später als SAM 22 B bezeichnet. Dieser Motor erbrachte eine Leistung von 650 PS, litt aber noch unter einigen »Kinderkrankheiten«. Der Erstflug, der nunmehr viersitzigen Do 11 D fand am 7. 5. 1932 statt. Ein Zwischentyp Do 11 C hatte noch die Abmessungen der Do F gehabt, war aber schon in kleiner Serie mit einer Bewaffnung von drei MG 15 geflogen worden. Bei der Version D war es gelungen die Leistungen weiter zu verbessern. Die Bewaff-

nung war beibehalten worden. Die Bombenlast von 1000 kg wurde in Vertikalmagazinen im Rumpf untergebracht. Die Truppenerprobung fand auf den bereits erwähnten Reichsbahnstrecken, als »FlEi-Verkehr« deklariert statt. Diese für die Lufthansa registrierten Maschinen trugen als Abzeichen ein geflügeltes Eisenbahnrad am Rumpf. Am 1. April 1935 flogen noch folgende Do 11 D als Reichsbahnflugzeuge: D-ABEL, D-ABEX, D-ABOS, D-ADAN, D-ADUL, D-AFEZ, D-AGIF, D-AHER, D-AJOL und D-AZUN.

Spannweite	26,30 m
Länge	18,80 m
Höhe	5,60 m
Flächeninhalt	107,80 qm
Rüstgewicht	5830 kg
Zuladung	2370 kg (davon 1000 kg Bomben)
Fluggewicht	8200 kg
Höchstgeschwindigkeit	260 km/h
Reisegeschwindigkeit	225 km/h
Landegeschwindigkeit	105 km/h
Steigzeit auf 4000 m	38 min
Gipfelhöhe	4100 m
Reichweite	960 km

Focke-Wulf Fw 44 »Stieglitz«   1932

Der vom Reichskommissariat für Luftfahrt 1933 in Angriff genommene schnelle Aufbau einer Luftwaffe erforderte natürlich auch moderne Schulflugzeuge. In Konkurrenz standen Focke-Wulf und Heinkel. Aber wenn auch die He 72 in Serie gebaut wurde, der größere Erfolg war doch die Fw 44. Noch heute fliegen einige »Stieglitze«, auch in der Bundesrepublik! Das Musterflugzeug D-2409 wurde von Gerd Achgelis, dem deutschen Kunstflugmeister einge-

**Dornier Do 11 D im „FIEi"
(Flugzeug-Eisenbahn)-Verkehr**

**Gerd Achgelis beim Einflie-
gen der ersten Focke-Wulf
Fw 44**

**Focke-Wulf Fw 44 der Schwe-
dischen Luftwaffe**

215

flogen. Während der Erprobung waren nur geringe Änderungen erforderlich. Waren vor Januar 1933 nur einige Fw 44 gebaut worden, so ging die Produktion im Laufe des Jahres 1933 bereits sprunghaft in die Höhe. Später nahmen Argentinien, Brasilien und Schweden den Lizenzbau auf. Viele andere Länder kauften den »Stieglitz« nicht nur als Sportflugzeug, sondern auch als Schulflugzeug für ihre Luftstreitkräfte. Der »Stieglitz« ist mit verschiedenen Triebwerken geflogen worden, meist jedoch mit 150 PS Siemens Sh 14 A.

Spannweite	9,00 m
Länge	7,30 m
Höhe	2,70 m
Flächeninhalt	20,00 qm
Leergewicht	525 kg
Zuladung	375 kg
Fluggewicht	900 kg
Höchstgeschwindigkeit	185 km/h
Reisegeschwindigkeit	172 km/h
Landegeschwindigkeit	74 km/h
Reichweite	675 km
Gipfelhöhe	3900 m

Heinkel He 45   1932

Wie bereits geschildert, entstanden die ersten He 45 A durch Umbau aus zwei HD 41c, D-1011 und D-2064. Anscheinend sind keine weiteren He 45 A gebaut worden. Da Werk-Nr. 391 eine He 45 b ist, könnten höchstens die Werk-Nr. 388–390 noch HD 41c oder He 45 A gewesen sein. Werk-Nr. 391, D-2238, und auch 392, D-2286, waren He 45b bzw. B. Die He 45 B ist dann das erste Serienmuster gewesen, das ab 1933 bei Focke-Wulf, BFW und Gothaer Waggonfabrik nachgebaut wurde. Da die Leistungen der

He 45 insbesondere in bezug auf Steigfähigkeit nicht befriedigten, sind eine ganze Reihe He 45 mit aerodynamischen Verbesserungen oder stärkeren Triebwerken ausgerüstet worden. Diese He 45 wurden als He 45 MO 1 bis MO 5 bezeichnet. Später erhielten sie die allgemein eingeführten V-Bezeichnungen. So wurde W.Nr. 1975, D-ITZA He 45 V10, W.Nr. 1976, D-IZEO He 45 V11. Beide waren mit Daimler-Benz DB 600 oder 600 A ausgestattet und hatten verkleidete Fahrwerke. Eine He 45M04, D-IDAQ, war mit BMW 116 ausgestattet He 45M05 mit DB 600 (D-ITIN). Diese beiden waren normale He 45 B, nur mit anderen Triebwerken. Ein weiterer Versuchsträger war D-IVAZ, die wahrscheinlich den neuen Jumo 210 trug. Im Truppendienst stellte sich dann heraus, daß die Abgase des BMW VI die Flugzeugbesatzung erheblich belästigten. Daraufhin erhielten die He 45 B Abgasrohre, die die Abgase nach unten ableiteten. Während die He 45 A nur ein MG 15 im Beobachtersitz hatte, hatte die B-Serie zusätzlich ein starres MG 17 für den Flugzeugführer. Da die He 45 als Fernerkunder und leichter Bomber eingesetzt werden sollte, konnte bei Bedarf ein Bombenträger für 100 kg Last unter dem Rumpf angebracht werden. Reihenbildgeräte verschiedener Größen und eine Handkamera 13/18 gehörten zur ständigen Ausrüstung. Die geplante C-Serie ist nicht gebaut worden, da man sich für zweimotorige Fernerkunder entschied, nachdem sich in Spanien die He 70 dafür als ungeeignet erwies.

Heinkel He 49   1932

Die Konstruktion dieses Jagdeinsitzers ist, vergleicht man ihn mit den Vorgängern HD 37, 38

**Fernaufklärer
Heinkel He 45a**

Triebwerk	He 45A BMW VI 0	He 45B BMW VI u 7,3Z	He 45C DB 600	He 45 MO 4 BMW 116	He 45 MO 5 DB 600 A
Leistung PS	600	700	1000	685	1020
Spannweite oben m	11,50	11,50	11,50	11,50	11,50
Spannweite unten m	10,00	10,00	10,00	10,00	10,00
Länge m	10,60	10,60	10,60	10,60	10,60
Höhe m	3,60	3,60	3,60	3,60	3,60
Flächeninhalt qm	34,59	34,59	34,59	34,59	34,59
Leergewicht kg	1725	1742	2026	–	–
Zuladung kg	885	974	974	–	–
Fluggewicht kg	2610	2716	3000	2860	3050
Höchstgeschwindigkeit km/h	250	261	362	255	362
Reisegeschwindigkeit km/h	220	225	325	–	–
Landegeschwindigkeit km/h	105	114	120	115	120
Steigzeit 1000 m/min	2,8	2,4	–	–	–
2000 m/min	6,2	5,3	–	–	–
4000 m/min	19,4	14,2	–	–	–
Gipfelhöhe m	5000	5000	6000	6000	7500

**Jagdflugzeug
Heinkel He 49**

217

und 43, sichtlich von dem englischen Jagdeinsitzer Hawker Fury beeinflußt worden, wie der Übergang von der gedrungenen zur schlanken eleganten Form beweist. Man kann diesen Typ, von dem nur ein Flugzeug, Werk-Nr. 371, Zulassung D-2363, hergestellt wurde, als ersten Prototyp des Jagdeinsitzers He 51 bezeichnen. Die Entwicklung leitete übergangslos zur He 51 über. Die Maschine ist sowohl mit Radfahrwerk als auch mit Schwimmern geflogen worden. Der Umbau konnte in relativ kurzer Zeit durchgeführt werden.

	He 49 L	He 49 W
Spannweite oben	11,00 m	11,00 m
Spannweite unten	8,50 m	8,60 m
Länge	8,24 m	8,57 m
Fluggewicht	1950 kg	1970 kg
Höchstgeschwindigkeit	325 km/h	310 km/h
Landegeschwindigkeit	90 km/h	100 km/h
Steigzeit auf 1000 m	1,4 min	1,5 min
Steigzeit auf 2000 m	3,0 min	3,4 min
Gipfelhöhe	8000 m	7500 m

Heinkel He 59   1932

Bereits 1930 erhielt der damalige Konstruktionschef Heinkels, Reinhold Mewes, den Auftrag ein zweimotoriges Mehrzweckflugzeug zu entwickeln. Auftraggeber war offiziell der RDL, tatsächlich die Abteilung BSx der Reichsmarine. Es wurden drei Musterflugzeuge gebaut: He 59a, Werk-Nr. 378, Zulassung D-2214, He 59b, Werk-Nr. 379, D-2215 und He 59c Werk-Nr. 380, D-2622. D-2214 entsprach bereits weitgehend der Serienausführung, hatte aber noch keinen unteren MG-Stand mit Seitenfenstern.

Auch der obere hintere MG-Stand war noch ohne Bewaffnung. Außerdem hatte sie ausgeglichene Seitenruder mit Hilfsrudern. Als Triebwerk dienten zwei BMW VI 6,0 ZU von je 660 PS. Das Schwesterflugzeug D-2215 mußte aber wesentlich geändert werden, da es zur Waffenerprobung nach Lipezk gehen sollte. Die Maschine erhielt ein mit Hosen verkleidetes Fahrwerk. Oberer und unterer MG-Stand waren abgedeckt. Die Bugkanzel wurde ebenfalls abgedeckt. So konnte man die Maschine als Fracht- oder Postflugzeug deklarieren. Die Erprobungen von D-2214 in Travemünde und D-2215 in Lipezk verliefen befriedigend. So wurde D-2622 gleich mit den erforderlichen Änderungen versehen und stellte den Prototyp der ersten A-O-Serie dar. Charakteristisch war das verkleinerte Seitenruder mit verringertem Ausgleich, die steilere Abschrägung am unteren MG-Stand und dessen große Seitenfenster. Den Serienbau der ersten Serie B-1 und auch späterer übernahm Walter Bachmann in Ribnitz. Bachmann war alter Marineflieger und hatte in Warnemünde unter dem Decknamen »Aerosport« offiziell einen Flugzeugreparaturbetrieb, in dem Marineflieger ausgebildet wurden.

Heinkel He 61   1932

Dieses Flugzeug, das in kleiner Serie für China gebaut wurde, ist die Exportausführung der He 45. Als Triebwerk diente der BMW VI 6,0 ZU, der 660 PS beim Start leistete. Die Maschine unterscheidet sich konstruktiv nur wenig von der He 45, war aber ohne alle militärischen

Marine-Mehrzweckflugzeug
Heinkel He 59c

	He 59A	He 59B	He 59C	He 59D
Spannweite m	23,66	23,66	23,66	23,66
Länge m	17,35	17,40	17,35	17,40
Höhe m	7,10	7,10	7,10	7,10
Flächeninhalt qm	153,40	153,40	153,20	153,20
Leergewicht kg	–	5440	5440	5440
Zuladung kg	–	3560	3430	3510
Fluggewicht kg	7275	9000	8870	8950
Höchstgeschwindigkeit km/h	228	280	280	240
Reisegeschwindigkeit km/h	200	235	230	205
Landegeschwindigkeit km/h	90	90	90	88
Steigzeit auf 1000 m/min	4,9	4,6	4,6	4,7
Reichweite km	780	775	775	775
Gipfelhöhe m	3400	3500	3500	3500
Besatzung bei allen Ausführungen:	4 Mann			
Bewaffnung bei allen Ausführungen:	3 MG 15			

Heinkel He 59b zum Land-
flugzeug umgebaut für Überführung nach Lipezk

219

Einbauten. Besatzung 2 Mann, Zweck: Aufklärer und leichter Bomber.

Spannweite oben	11,50 m
Spannweite unten	10,00 m
Länge	10,60 m
Flächeninhalt	34,59 qm
Leergewicht	1695 kg
Zuladung	880 kg
Fluggewicht	2575 kg
Höchstgeschwindigkeit	255 km/h
Landegeschwindigkeit	100 km/h
Gipfelhöhe	6000 m

Kawasaki Ki 3   1932

Dieser Aufklärer-Bomber ist eine direkte Weiterentwicklung des Typs 88. Die Maschine war mit einem in Deutschland nicht gebauten BMW IX von 800 PS ausgerüstet und trug eine Bewaffnung von zwei 7,7 mm MG und eine Bombenladung zwischen 300 und 500 kg. Die Maschine ist nur in kleiner Serie gebaut worden, da Triebwerkschwierigkeiten auftraten. Es war eine der letzten Arbeiten Dr. Vogt's für Kawasaki.

Spannweite	13,00 m
Länge	10,00 m
Höhe	3,00 m
Flächeninhalt	38,00 qm
Leergewicht	1650 kg
Zuladung	1450 kg
Fluggewicht	3100 kg
Höchstgeschwindigkeit	260 km/h
Steigzeit auf 3000 m	12 min
Gipfelhöhe	7000 m

220

Aero A 42 (Tschechoslowakei)   1932

Obwohl dieser tschechische Bomber bereits einige Rekorde geflogen hatte, erwies sich seine Flügelkonstruktion als zu schwach. So erhielt Rohrbach den Auftrag, einen Metallflügel für diesen Bomber zu entwickeln. Da aber um diese Zeit Rohrbachs Unternehmen keine Unterstützung vom RVM mehr erhielt, mußte er liquidieren, so daß der tschechische Auftrag nicht mehr durchgeführt werden konnte.

Rohrbach »Roterra« (Avia 46)   1932

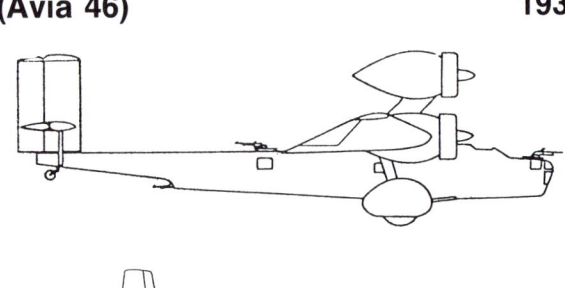

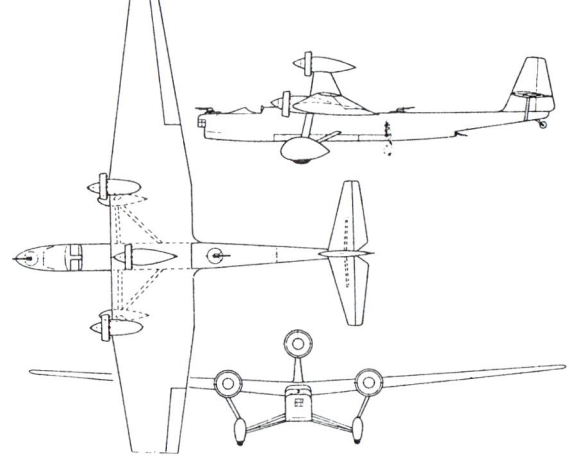

Bomber-Projekt Rohrbach „Roterra"

Aufklärer Heinkel He 61 für China

Leichter Bomber Kawasaki (Dr. Vogt) Ki 3

Leichter Bomber Aero A-42, für den Rohrbach festere Tragfläche entwickeln sollte.

221

Nach der Liquidation seines Werkes 1931 entwarf Rohrbach für die tschechische Firma Avia einen dreimotorigen Bomber, der aber nicht die Zustimmung des verantwortlichen Ingenieurs Novotny fand, der ihn leicht änderte. Es sollte ein dreimotoriger Schulterdecker sein, bei dem der dritte Motor, ähnlich wie bei der Dornier Do Y, auf einem Bock über dem Rumpf aufgebaut werden sollte. Novotny konstruierte ihn dann, da die vorgesehenen Triebwerke nicht zur Verfügung standen auf zweimotorigen Antrieb um. Rohrbach lieferte an Avia die Konstruktion des Flügels, die sich aber der geforderten Beanspruchung nicht gewachsen gezeigt haben soll. So zerschlug sich das zwei-motorige Projekt Avia B 546. Es blieb das Projekt Avia B-46, alias »Roterra«.

Besatzung	6 Mann
Triebwerk	Avia 29, 3 × 600 PS
Spannweite	30,00 m
Länge	20,00 m
Flächeninhalt	110 qm
Leergewicht	5400 kg
Zuladung	4430 kg
Fluggewicht	9830 kg
Höchstgeschwindigkeit	246 km/h
Reisegeschwindigkeit	200 km/h
Gipfelhöhe	5400 m
Reichweite	1000 km

TEIL IV

Deutsche Militärflugzeuge
vom Beginn der Machtübernahme am 30. 1. 1933
bis zur Enttarnung am 16. 3. 1935

Arado Ar 66   1933

Diese letzte Arbeit Rethels bei Arado wurde von seinem Nachfolger Walter Blume, der vorher bei Albatros gearbeitet hatte und 1918 einer der erfolgreichsten Jagdstaffelführer gewesen war (Pour le Mérite), in einigen Punkten geändert, während das Musterflugzeug bereits im Bau war, durch die aber die Flugeigenschaften verbessert wurden. Charakteristisch für die Ar 66 ist das stark gestaffelte, und gepfeilte Tragwerk, sowie das weit vor dem Seitenleitwerk liegende Höhenleitwerk. Dieses als Übungsflugzeug entworfene zweisitzige und mit einem 240 PS Argus As 10 c ausgerüstete Flugzeug ist einer der langlebigsten Flugzeugtypen gewesen. Noch 1945 flogen Ar 66 Einsätze als Nachtaufklärer und leichte Störbomber!

Spannweite	10,00 m
Länge	8,30 m
Höhe	2,93 m
Flächeninhalt	29,60 qm
Leergewicht	905 kg
Zuladung	425 kg
Fluggewicht	1330 kg
Höchstgeschwindigkeit	210 km/h
Reisegeschwindigkeit	180 km/h
Steiggeschwindigkeit	4,3 m/sec
Gipfelhöhe	5200 m
Reichweite	720 km

Arado Ar 67   1933

Blumes erste eigene Konstruktion bei Arado war der Jagdeinsitzer Ar 67, von dem aber nur ein Musterflugzeug hergestellt wurde, nachdem sich der Parallelentwurf Ar 68 als besser herausgestellt hatte. Es ist also nur eine Ar 67 V1 gebaut worden. Besonders auffällig an dieser Maschine ist das groß dimensionierte auf den Rumpf aufgesetzte Seitenleitwerk und das erst bei Seitenruder beginnende Höhenleitwerk. Diese Maschine erhielt einen der wenigen in England angekauften Rolls-Royce Kestrel IV Motoren von 640 PS. Die Bauart war die gleiche, die Rethel angewendet hatte. Als Bewaffnung waren zwei MG 17 vorgesehen. Zum Einbau kam es aber nicht.

Spannweite	9,68 m
Länge	7,90 m
Höhe	3,10 m
Flächeninhalt	25,10 qm
Leergewicht	1270 kg
Zuladung	390 kg
Fluggewicht	1660 kg
Höchstgeschwindigkeit	340 km/h
Reisegeschwindigkeit	290 km/h
Steiggeschwindigkeit	11,2 m/sec
Gipfelhöhe	9300 m

Gotha Go 145   1933

Zu den ersten Firmen, die neben den bestehenden in das Luftrüstungsprogramm 1933 einbezogen wurden, gehört die Gothaer Waggonfa-

Spannweite	9,00 m
Länge	8,70 m
Höhe	2,90 m
Flächeninhalt	21,75 qm
Leergewicht	880 kg
Zuladung	500 kg
Fluggewicht	1280 kg
Höchstgeschwindigkeit	212 km/h
Reisegeschwindigkeit	180 km/h
Landegeschwindigkeit	90 km/h
Gipfelhöhe	3700 m
Reichweite	630 km

Schulflugzeug Arado Ar 66 B

Jagdeinsitzer Arado Ar 67

Schulflugzeug Gotha Go 145
mit MG 15

brik, die im Ersten Weltkrieg zu den führenden Unternehmen der damaligen Flugzeugindustrie gehört hatte. Neuer Chefkonstrukteur wurde Dipl.-Ing. Kalkert, dessen erste Konstruktion ein Konkurrenzmuster für die Arado Ar 66 wurde. Es war ein zweisitziges Schulflugzeug mit Doppelsteuerung. Als Triebwerk diente der Argus As 10 C 240 PS. Zur Ausbildung für Bordschützen konnte im hinteren Sitz die Steuerung ausgebaut und dafür ein Drehring mit MG 15 eingebaut werden.

Dornier Do 13   1933

Trotz aller Änderungen und Verbesserungen blieb die Do 11, auch in der Version D, ein Problemflugzeug. Die Flugeigenschaften befriedigten nicht, wegen Flügelschwingungen mußten Geschwindigkeits- und Kurvenflugbeschränkungen in Kauf genommen werden. So entschloß man sich zu grundlegenden Änderungen: größere Spannweite, getrennt

	Do 13 A	Do 13 C
Spannweite	28,00 m	28,00 m
Länge	18,75 m	18,80 m
Höhe	5,65 m	5,40 m
Flächeninhalt	112 qm	112 qm
Rüstgewicht	5530 kg	6050 kg
Zuladung	2470 kg	2550 kg
Fluggewicht	8000 kg	8600 kg
Höchstgeschwindigkeit	245 km/h	260 km/h
Reisegeschwindigkeit	200 km/h	225 km/h
Landegeschwindigkeit	102 km/h	110 km/h
Steigzeit auf 3000 m	27,4 min	18 min
Gipfelhöhe	3600 m	4600 m
Reichweite mit 1055 kg Nutzlast	1300 km	1200 km
Bewaffnung	3 MG 15	3 MG 15
Bombenlast	1055 kg	1075 kg

angeordnete Querruder, Landeklappen und feststehendes Fahrwerk. Das so entstandene, der Do 11 D ähnliche, aber doch neue Flugzeug wurde als Do 13 A bezeichnet. Die Maschine wurde viersitzig geflogen und erhielt als Triebwerk zwei Siemens »Jupiter VI« von je 530 PS. Nach Bau einiger Versuchsmuster wurde nochmals geändert. Es entstand die Do 13 C mit zwei BMW VI von je 750 PS. Diese Maschine erwies sich als besonders gefährlich. Es traten sogar Flügelbrüche auf. Es wurden auch noch Do 13 D und E versucht. Aber dann gab man auf und ging zur Do 23 über. Erstflug Do 13 A: 13. 2. 1933.

Focke-Wulf Fw 56 »Stößer«   1933

Dieser als Heimatjäger geplante Einsitzer wurde von Oberingenieur Blaser aus dem Zweisitzer Albatros L 102/Fw 55 abgeleitet und enthielt daher einige typische Merkmale dieses Typs: leicht gepfeilter, abgestrebter Hochdekkerflügel, vorversetztes Höhenleitwerk. Als Triebwerk erhielt die Fw 56, wie ihr Konkurrenzmuster Arado Ar 76, den Argus As 10 c 240 PS. Der Bau der drei Prototypen wurde in Rekordzeit durchgeführt: sie waren im Dezember 1933 fertig zum Einfliegen. Die Erprobung war werksseitig bereits im Februar 1934 abgeschlossen. Schwierigkeiten bereitete nur das Fahrwerk. Es lag an der Fahrwerksverkleidung, auf die man verzichten mußte. Es entstanden dadurch die für die Fw 56 charakteristischen Stummelbeine. Im Juni 1935 lief die Vorserie an. Die weitere Entwicklung der Fw 56 gehört zeitmäßig nicht mehr in diesen Bericht. Soweit

Bomber Dornier Do 13 C

**Übungsjäger Focke-Wulf
Fw 56 mit erstem Fahrwerk**

**Einbau von zwei MG 17 bei
Focke-Wulf Fw 56**

227

die Maschine zur direkten Jägerschulung eingesetzt war, hatte sie eine Bewaffnung von zwei starren MG 17 über dem Motor.

Spannweite	10,55 m
Länge	7,60 m
Höhe	2,55 m
Flächeninhalt	14,00 qm
Leergewicht	755 kg
Zuladung	240 kg
Fluggewicht	985 kg
Höchstgeschwindigkeit	278 km/h
Reisegeschwindigkeit	255 km/h
Landegeschwindigkeit	90 km/h
Steigzeit auf 1000 m	2,2 min
Gipfelhöhe	6200 m
Reichweite	385 km

Heinkel He 51   1933

Wenn auch die He 49 als Prototyp der He 51 angesehen werden kann, so ist doch die He 51a, D-ILGY, das eigentliche Musterflugzeug der He 51 gewesen. Sie unterscheidet sich von der danach gebauten A-O-Serie durch einen Rückenwulst als Kopfschutz für den Flugzeugführer und kurze Auspuffstutzen. Bei der Erprobung stellte sich eine erhebliche Belästigung des Flugzeugführers durch die Motorabgase heraus. Daraufhin wurden bereits in der folgenden A-O-Serie die für die He 51 charakteristischen Auspufftüten eingebaut. Da der Rückenwulst die Sicht nach hinten behinderte wurde er fallen gelassen. Die A-O-Serie bestand aus: A-01 = D-IQEE, A-02 = D-IHAO, A-03 = D-ITIU, A-04 = D-IJAY, A-05 = D-IDIE, A-06 = D-IREI, A-07 = D-IMIP, A-08 = D-IZER und A-09 = D-IROL. Diese ersten He 51 gingen erst nach Rechlin und von dort zur »Reklamestaffel Mitteldeutschland«, aus der das JG 132 »Richthofen« hervorging. Die Serienlieferung der He 51A-1 begann erst nach der Enttarnung. Für die Marine, die einen Seejagdeinsitzer verlangte, wurde eine A-1 zur Schwimmermaschine A-2 umgebaut. Dieser Prototyp der Serie A-2, von der ebenfalls nach der Enttarnung acht Maschinen gebaut wurden, war die He 51 A, D-2727. Von der A-1 Serie wurden von April 1935 bis Januar 1936 75 Stück abgeliefert, die alle zum JG 132 kamen. Die ersten Maschinen der ab Februar 1936 gelieferten Serie B-1 gingen an das JG 131 »Schlageter«. Da sich die weitere Entwicklung nach dem 16. März 1935 abspielte, gehört sie nicht mehr in diesen Bericht.
Die Einführung der He 51 bei der Jagdwaffe stieß anfangs auf Schwierigkeiten, denn die He 51 war nicht so einfach zu fliegen wie die

	He 51 A-0	He 51 A-1/B-1	He 51 A-2/B-2
Triebwerke aller He 51: BMW VI 7,3 mit Heißkühlung 750 PS			
Bewaffnung: 2 MG 17			
Spannweite oben m	11,00	11,00	11,00
Spannweite unten m	8,60	8,60	8,60
Länge m	8,40	8,40	9,10
Höhe m	3,20	3,20	3,90
Flächeninhalt qm	27,20	27,20	27,20
Leergewicht kg	1473	1473	1525
Zuladung kg	427	447	442
Fluggewicht kg	1900	1920	1967
Höchstgeschwindigkeit km/h	320	325	318
Reisegeschwindigkeit km/h	275	280	264
Landegeschwindigkeit km/h	95	95	100
Steigzeit auf 1000 m/min	–	1,4	1,5
2000 m/min	3,2	3,1	3,4
4000 m/min	7,8	7,8	9,0
6000 m/min	16,5	16,5	–
Gipfelhöhe m	7700	7700	7400
Reichweite km	710	700	670
Startstrecke m	100	100	180
Landestrecke m	150	150	220

Prototyp des Jagdeinsitzers
Heinkel He 51

Heinkel He 51 der „Reklamestaffel Mitteldeutschland"

See-Jagdeinsitzer Heinkel
He 51 W

229

Arado Ar 65. Es gab mehrere schwere Brüche, teilweise mit tödlichem Ausgang. Unter anderem ist der spätere General der Jagdflieger, Adolf Galland, als Leutnant mit der He 51 im Raum Bernburg abgestürzt.

Heinkel HD 56   1933

Bereits 1932 fragte die japanische Marine bei Heinkel nach einem katapultfähigen Bordaufklärer an. Heinkel bot drei Versionen , zwei einsitzige Muster und ein zweisitziges Muster an, von denen aber wahrscheinlich nur eines realisiert wurde. Die Japaner entschieden sich, da der Flugzeugführer damals noch nicht die Aufgaben des Beobachters mit übernehmen konnte, für die zweisitzige Ausführung die dann später bei Aichi unter der Bezeichnung E3A1 in Serie gebaut wurde. Das Musterflug-

zeug HD 56 A konnte ein- und zweisitzig geflogen werden und war mit dem japanischen Kotobuki II Kai 1-Motor ausgerüstet, der 535 PS leistete. Dasselbe Flugzeug wurde dann auch mit dem amerikanischen Wright »Whirlwind« 240 PS getestet. Es ist rätselhaft, was die Japaner bewog, einen so schwachen Motor zu erproben, denn die diesem Typ entsprechenden Vought 03U-Aufklärer hatten alle 450/550 PS-Triebwerke. Tatsache ist jedoch, daß die Japaner die zweisitzige HD 56 B mit einem japanischen Nachbau des »Whirlwind« von 200 PS als Aichi E3A1 in Serie bauten.

Heinkel He 62   1933

Die Japaner waren mit der HD 56, die sie als E3A1 in Lizenz bauten, recht zufrieden, fragten

	HD 56A/1	HD 56A/1	HD 56B	E3A1
Besatzung	1	1	2	2
Triebwerk	Kotobuki	Wright	Kotobuki	Wright-Kopie
Leistung PS	580	240	580	200
Spannweite m	11,00	11,00	11,40	11,70
Länge m	10,75	10,75	11,10	8,48
Höhe m	4,30	4,30	4,30	3,67
Flächeninhalt qm	32,00	32,00	38,70	36,70
Leergewicht kg	2075	1940	2235	1028
Zuladung kg	545	399	685	472
Fluggewicht kg	2610	2339	2920	1500
Höchstgeschwindigkeit km/h	294	188	252	185
Reisegeschwindigkeit km/h	245	175	220	165
Landegeschwindigkeit km/h	80	80	85	80
Gipfelhöhe m	6000	4200	5300	3270
Steigzeit 1000 m/min	4	5,9	4,6	–
2000 m/min	9,8	14,6	11,0	–
3000 m/min	15,2	21,8	19,2	35,18
Reichweite km	940	1000	1360	1000
Bewaffnung	2 MG	0	1 MG	2 MG
Startstrecke m	600	640	640	640
Landestrecke m	720	710	740	710

Bordaufklärer Heinkel He 56

Japanischer Nachbau der He 56 Aichi E3A1

See-Aufklärer Heinkel He 62

aber bei Heinkel an, ob noch Verbesserungen möglich seien. Daraufhin bot Heinkel den mit dem Triebwerk Kotobuki Kai von 600 PS ausgerüsteten katapultfähigen Bordaufklärer He 62 an. Aichi baute aber nur ein Versuchsflugzeug mit der Bezeichnung AB 5 nach, das keine wesentlichen Verbesserungen gegenüber der E3A1 zeigte. Nach Erprobung verschiedener anderer Muster von Nakajima und des Marine-Arsenals von Yokosuka entschieden sie sich dann für den Serienbau des Kawanishi-Musters E7K1.

Spannweite	11,40 m
Länge	11,10 m
Flächeninhalt	38,70 qm
Fluggewicht	2920 kg
Höchstgeschwindigkeit	235 km/h
Bewaffnung, vorgesehen	2 MG

zuverlässig erwies, worauf die dritte Mustermaschine He 60 c, D-IROL, wieder das Triebwerk der He 60a erhielt. Mit ihr wurden im Frühjahr 1933 die ersten Katapultversuche erfolgreich durchgeführt, so daß die Freigabe des Serienbaus erfolgen konnte. Im April 1933 startete dann die He 60 V4, D-IHOH, die praktisch die erste Maschine der A-O-Serie war. Die Vorserie He 60A-01 bis A-014 ging dann zur Erprobung an die Seefliegerschulen. Sechs Maschinen dieser Vorserie hatten aber keine Katapultbeschläge. Von einer B-Serie wurden 1934 nur wenige Maschinen gebaut. Die endgültige Serienausführung, wurde dann die He 60 C, die vor dem März 1935 bereits in größeren Stückzahlen gebaut wurde und sowohl als Bordflugzeug als auch bei den Küstenfliegergruppen eingesetzt wurde.

Heinkel He 60   1933

Bereits 1931 hatte die Reichsmarine die Forderung nach einem katapultfähigen, hochseetüchtigen Aufklärungsflugzeug gestellt. Der mit der Konstruktion beauftragte Reinhold Mewes lehnte sich an den Landaufklärer He 45 an. So entstand das Schwimmerflugzeug He 60, dessen Prototyp Anfang 1933 fertiggestellt wurde. Die Maschine war mit einem BMW VI 6,0 ZU ausgerüstet und wurde unter der Nr. D-2157 zugelassen. Die Flugeigenschaften waren sehr gut, nur die Motorenstärke war etwas knapp. 660 PS für 3400 kg Fluggewicht waren gerade noch ausreichend. Während die Erprobung der He 60 a noch lief, wurde He 60 b, D-2325, fertig. Hier war ein BMW VI 7,3 mit 750 PS eingebaut, der sich aber als nicht

Heinkel He 70 E-1   1933

Nachdem die von der Lufthansa bestellte Schnellverkehrsmaschine He 70 a bereits im Februar 1933 mit 500 kg Nutzlast 348 km/h auf der 100 km-Strecke erreicht und im März Flugkapitän Untucht sieben Weltrekorde mit der Maschine errungen hatte, darunter einen mit 1000 kg über 500 km mit 355 km/h, und damit schneller war als alle ausländischen Jäger und noch 30 km/h schneller als die He 51, die man gerade als modernen Jäger in die noch getarnte Luftwaffe eingereiht hatte, merkte man im Reichskommissariat, daß der Doppeldecker doch wohl nicht ganz das richtige sei. Außerdem war man der Meinung, aus der He 70 müsse man doch auch einen Bomber-Aufklärer machen können. So erhielt Heinkel den Auf-

Küsten- und Bordaufklärer
Heinkel He 60a

	He 60A	He 60B-2	He 60B-3	He 60C
Triebwerk BMW	VI 6,0ZU	VI 6,0ZU	DB 600 A	VI 6,0ZU
Spannweite oben m	13,50	13,50	13,50	13,50
Spannweite unten m	12,40	12,40	12,40	12,40
Länge m	11,50	11,50	11,50	11,50
Flächeninhalt qm	56,20	56,00	56,20	56,20
Leergewicht kg	2410	2410	–	–
Zuladung kg	990	990	–	–
Fluggewicht kg	3400	3400	3690	3710
Höchstgeschwindigkeit km/h	240	240	295	235
Landegeschwindigkeit km/h	90	90	100	95
Steigzeit auf 1000 m	3,2	3,2	3,0	3,4
Gipfelhöhe m	5000	5000	5800	4800

Bei Weserflug wurde die He 60 D gebaut, die im wesentlichen der He 60 C entsprach. Die Bewaffnung bestand vorerst aus einem MG 15 im Beobachtersitz, später wurde auch ein starres MG 17 über dem Motor eingebaut.

Heinkel He 70 V-4 nach
Umbau zum Fernerkunder

trag, vorerst eine zivile He 70 entsprechend umzubauen. Es wurde die He 70 V 4, D-UNYS, entsprechend umgebaut und zum Musterflugzeug für die erste militärische Version He 70 E-1. Diese Ausführung hatte ein hinten offenes Cockpit mit Schiebehaube und Drehring mit MG 15. Als Funkgerät war ein FuG II vorgesehen. Neben verschiedenen Reihenbildgeräten war auch eine 13/18 cm Handkamera an Bord. Es wurden nur wenige He 70 E-0 gebaut. Die He 70 E-1 war zwar als Bomber vorgesehen. Da die Bombenlast aber zu gering war, die man laden konnte, wurde aus der E-1 schnell eine F-1, die sowohl als Bomber als auch als Fernerkunder eingesetzt werden konnte. Soweit feststellbar, sind E-1 und F-1 (1934) überwiegend bei Fernaufklärungsstaffeln eingesetzt gewesen. Erst im Spanienkrieg stellte sich heraus, daß die He 70 für den Fronteinsatz unter Kriegsverhältnissen nicht verwendbar war. He 70 E und F hatten als Triebwerk einen BMW VI 7, 3Z, Serie 7.

Spannweite	14,80 m
Länge	11,70 m
Flächeninhalt	36,50 qm
Leergewicht	2360 kg
Zuladung	1026 kg
Fluggewicht	3386 kg (mit Überlast 3500 kg)
Höchstgeschwindigkeit	360 km/h
Reisegeschwindigkeit	280 km/h
Landegeschwindigkeit	100 km/h
Steigzeit auf 1000 m	2,5 min
Steigzeit auf 2000 m	5,5 min
Steigzeit auf 3000 m	9,2 min
Steigzeit auf 4000 m	15,0 min
Gipfelhöhe	5300 m
Reichweite	1820 km

Heinkel He 72 »Kadett«   1933

Dieses zweisitzige Flugzeug für die Anfangschulung bildete neben dem Fw 44 »Stieglitz« den Grundstock für die vormilitärische Fliegerausbildung der noch getarnten Luftwaffe im Rahmen des Deutschen Luftsport-Verbandes (DLV). Wegen des Engpasses an Motoren mußte man bei den ersten Serien die Maschine mit verschiedenen Triebwerken bauen. Hierfür kamen der Argus As 8 B, der Hirth HM 501 und der Siemens Sh 14A in Frage, der anfangs nur 150, später 168 Ps leistete. Von der Version A-1 mit As 8B sind nur kleine Serien gebaut worden, von der Serie A-2 mit dem 160 PS HM 501 desgleichen. Als dann der Sh 14A in genügender Stückzahl zur Verfügung stand, ist bei allen späteren Serien, abgesehen von den erst nach März 1935 gebauten Serien E und F, nur noch der 168 PS Sh 14A eingebaut worden. Einzelne Maschinen dieses Baumusters flogen noch nach 1945 in der Tschechoslowakei.

Heinkel He 74   1933

Dieser Übungseinsitzer ist Heinkels Beitrag zum Heimatschutz-Jäger-Programm gewesen, aus dem Ar 76 und Fw 56 als Sieger hervorgingen. Das erste Musterflugzeug erhielt die Bezeichnung He 74a und diente lediglich der Flugeigenschaftserprobung unter Verwendung verschiedener Flächenprofile. Mit abnehmender Profildicke verbesserte sich zwar die Geschwindigkeit, aber die Wendigkeit ließ noch zu wünschen übrig. Daraufhin wurde die Spannweite verkleinert und der Rumpf verkürzt. Das neue Musterflugzeug He 74b ent-

Heinkel He 72 „Kadett"
W. Nr. 560

He 72	A–1	A–2	B–1	B–1W	C–1	D–1
Triebwerk	As 8B	HM 501	Sh 14A	Sh 14A	Sh 14A	Sh 14A
Leistung PS	139	160	150	168	168	168
Spannweite m	9,00	9,00	9,00	9,00	9,00	9,00
Länge m	7,50	7,50	7,50	7,90	7,40	7,40
Höhe m	2,70	2,70	2,70	3,20	2,70	2,70
Flächeninhalt qm	20,70	20,70	20,70	20,70	20,70	20,70
Leergewicht kg	540	555	540	620	538	570
Zuladung kg	337	325	325	345	320	320
Fluggewicht kg	877	880	877	965	858	890
Höchstgeschwindigkeit km/h	183	200	180	182	185	180
Reisegeschwindigkeit km/h	170	175	170	152	170	170
Landegeschwindigkeit km/h	80	85	80	80	80	80
Steigt auf 1000 m/min	6	4,8	6	5,2	6	6
Gipfelhöhe m	3500	4000	3600	3800	3500	3500
Reichweite km	550	500	530	530	530	530

Übungsjagdeinsitzer Heinkel
He 74a, W. Nr. 441

235

sprach der geplanten Serienausführung. Es wurde nur noch eine dritte He 74 gebaut, die der He 74b entsprach. Die drei Maschinen gingen dann zur Jagdschule. Die He 74 ist in Gemischtbauweise hergestellt und hatte als Triebwerk den 240 PS Argus As 10c. Auch die fünf He 74B-0, die noch gebaut wurden, gingen zu den Schulen. Alle B-Maschinen hatten ein starres MG 17 als Bewaffnung.

	He 74a	He 74b
Spannweite oben	8,25 m	8,15 m
Spannweite unten	7,00 m	7,00 m
Länge	6,80 m	6,50 m
Höhe	2,25 m	2,25 m
Flächeninhalt	14,95 qm	14,92 qm
Leergewicht	730 kg	705 kg
Zuladung	230 kg	305 kg
Fluggewicht	960 kg	1010 kg
Höchstgeschwindigkeit	288 km/h	285 km/h
Reisegeschwindigkeit	240 km/h	215 km/h
Landegeschwindigkeit	90 km/h	90 km/h
Steigzeit auf 1000 m	2 min	2,4 min
Steigzeit auf 5000 m	5 min	6,5 min
Gipfelhöhe	6200 m	5000 m
Reichweite	380 km	340 km
Startstrecke	340 m	360 m
Landestrecke	470 m	450 m

Henschel Hs 121   1933

Als Junkers 1931 in finanzielle Schwierigkeiten geriet, erwog Oscar Henschel, Chef der 1848 gegründeten Firma Henschel & Sohn in Kassel, in den Flugzeugbau einzusteigen. Die Verhandlungen verliefen aber nicht in seinem Sinn. Er brach die Verhandlungen ab und beauftragte seinen Direktor Max Hormel, ein eigenes Flugzeugwerk aufzubauen. Zu diesem Zeitpunkt zeichnete sich nämlich bereits die Machtübernahme Januar 1933 ab und Henschel sah ein lukratives Geschäft in Aussicht.

Für den Anfang kaufte man die Ambi-Budd-Werke in Johannisthal bei Berlin auf und begann dort mit den ersten Arbeiten, während südlich von Berlin in Schönefeld, einer ehemaligen Domäne an der Straße nach Königswusterhausen ein großes Werk neu gebaut wurde, das aber erst nach 1935 zum Tragen kam. Als erste Aufgabe wurde Henschel, deren Konstruktionschef Dipl.-Ing. Erich Koch wurde, mit dem Bau eines Heimatschutzjägers im Rahmen des Programms beauftragt, in dem Ar 76 und Fw 56 entstanden. Koch entwickelte parallel zueinander zwei Muster mit fast gleichen Abmessungen: den Schulterdecker Hs 121 und den Tiefdecker Hs 125. Beide erhielten den Argus As 10 C 240 PS als Triebwerk. Hs 121 wurde Ende Dezember 1933 fertiggestellt und startete am 4. 1. 1934 mit Prof. Scheubel am Steuer zum Erstflug. Das Flugzeug war hauptsächlich in Ganzmetallschalenbauweise hergestellt, nur Ruder und Teile der Unterflügel waren stoffbespannt. Die Maschine sah zwar gut aus, hatte aber schlechte Sichtverhältnisse und unangenehme Flugeigenschaften und verfiel daher der Ablehnung.

Spannweite	10,00 m
Länge	7,30 m
Höhe	2,30 m
Flächeninhalt	14,00 qm
Leergewicht	710 kg
Zuladung	250 kg
Fluggewicht	960 kg
Höchstgeschwindigkeit	278 km/h
Reisegeschwindigkeit	245 km/h
Landegeschwindigkeit	88 km/h
Gipfelhöhe	6500 m

Kawaskaki Ki 10   1933

Bei diesem bei Kawasaki in Serie gebauten

**Übungsjagdeinsitzer
Henschel Hs 121**

**Jagdeinsitzer Kawasaki
(Dr. Vogt?) Ki 10**

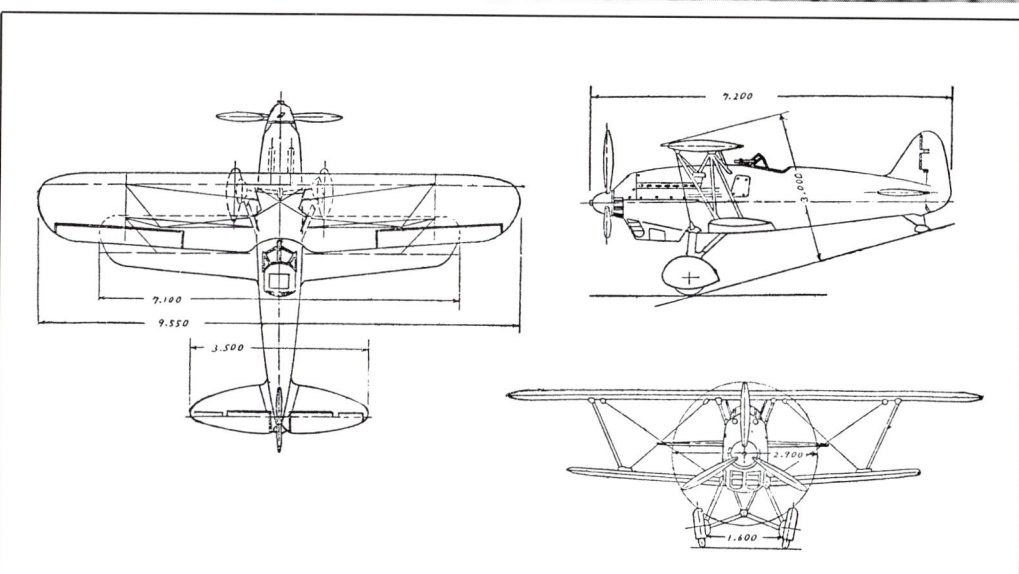

Dreiseitenriß Kawasaki Ki 10

237

Jagdeinsitzer ist es nicht sicher, daß Dr. Vogt am Entwurf mitgearbeitet hat, da es sich um ein Flugzeug in Gemischtbauweise handelt. Die Anlehnung an deutsche Entwürfe von Heinkel ist aber unverkennbar. Auch die Verwendung eines deutschen BMW-Nachbau-Motors Ha 9-II mit einer Leistung von 800 PS spricht für eine deutsche Konstruktion. Die Bewaffnung bestand aus zwei starren 7,2 mm MG.

Spannweite	9,55 mm
Länge	7,20 m
Höhe	3,30 m
Flächeninhalt	20,00 qm
Leergewicht	1300 kg
Zuladung	350 kg
Fluggewicht	1650 kg
Höchstgeschwindigkeit	400 km/h
Reisegeschwindigkeit	260–290 km/h
Steigzeit auf 1000 m	1 min 4 sec
Steigzeit auf 5000 m	5 min
Gipfelhöhe	10 000 m
Reichweite	1100 km

Arado Ar 68

Dieser Jagdeinsitzer war eine Parallelentwicklung zur Ar 67, unterschied sich aber hauptsächlich dadurch, daß bei den vier Musterflugzeugen nur deutsche Motoren verwendet wurden. Ar 68 a, D-IKIN, hatte einen BMW VId, der 550 PS leistete. Ar 68b, D-IVUS, und Ar 68c, D-IBAS, erhielten die ersten Jumo 210 A, der 610 PS leistete. Da der Jumo 210 aber noch lange Zeit in Lieferschwierigkeiten steckte, wurde als erste Serie die mit BMW VI ausgerüstete Ar 68 F gebaut. Als erster Verband wurde das spätere JG 26 »Schlageter« mit diesem Typ ausgerüstet. Bei der Truppe war die Ar 68

schnell beliebt, beliebter als ihr Konkurrenz-muster, die Heinkel He 51. Als die Klagen über die He 51 zu laut wurden, fand ein Vergleichsfliegen zwischen Ar 68 F und He 51 statt, bei dem der neue Chef des Technischen Amtes, Oberst Udet, die Ar 68 flog. Es stellte sich heraus, daß an sich nicht viel Leistungsunterschied zwischen den beiden Maschinen bestand, nur war die Ar 68 leichter zu fliegen und besaß gutmütigere Flugeigenschaften.

Spannweite oben	11,00 m
Spannweite unten	8,00 m
Länge	9,50 m
Höhe	3,30 m
Flächeninhalt	27,30 qm
Leergewicht	1600 kg
Zuladung	420 kg
Fluggewicht	2020 kg
Höchstgeschwindigkeit in 0 m	330 km/h
Höchstgeschwindigkeit in 4000 m	310 km/h
Höchstgeschwindigkeit in 6000 m	295 km/h
Gipfelhöhe	7400 m
Reichweite	500 km

Arado Ar 69   1934

Von diesem Flugzeug für die Anfangschulung wurden nur wenige Exemplare gebaut. Musterflugzeuge waren Ar 69a, D-2821, und Ar 69b, D-2827. Sie wiesen zellenmäßig keine Unterschiede auf, nur war Ar 69a mit einem Reihenmotor Hirth HM 504 A von 105 PS und Ar 69b mit einem 150 PS Siemens Sh 14A ausgerüstet. Von dem Vorgängermuster Ar 66 unterschied sich Ar 69 hauptsächlich durch die für Blume charakteristische Leitwerksanordnung, die

Jagdeinsitzer Arado Ar 68a
(F)

Schulflugzeug Arado Ar 69A

Schulflugzeug Arado Ar 69B

239

zuerst bei der Ar 67 angewandt worden war. Die Ar 69 war als Konkurrenzmuster zum Focke-Wulf Fw 44 »Stieglitz« entwickelt worden, konnte sich aber nicht gegen diesen durchsetzen.

Spannweite	9,00 m
Länge	7,22 m
Höhe	2,75 m
Flächeninhalt	20,70 qm
Leergewicht	540 kg
Zuladung	300 kg
Fluggewicht	840 kg
Höchstgeschwindigkeit	184 km/h
Reisegeschwindigkeit	150 km/h
Landegeschwindigkeit	72 km/h
Steigzeit auf 1000 m	3,4 min
Steiggeschwindigkeit	3,1 m/sec
Gipfelhöhe	5600 m
Reichweite	560 km

Arado Ar 76   1934

Dieser Einsitzer war Blumes Entwurf für den vom RLM ausgeschriebenen Wettbewerb für einen leichten Jagdeinsitzer, der für den Heimatschutz eingesetzt werden sollte. Konkurrenztypen waren: Henschel Hs 121, Hs 125, Heinkel He 74 und Focke-Wulf Fw 56. Das Musterflugzeug Ar 76a, D-ISEN, ging bereits 1934 in die Erprobung. Dieses Flugzeug hatte noch ein leicht-V-förmiges Höhenleitwerk, ging jedoch während der Erprobung in Warnemünde zu Bruch und wurde durch Ar 76b, D-IRAS, ersetzt. Ar 76 und Fw 56 erhielten noch 1935 Vorserien-Bauaufträge. Die weitere Entwicklung überschreitet den Rahmen dieses Berichts. Bekannt wurde die Ar 76 durch den

Film »Spione«, in dem eine Staffel Ar 76 den »von Agenten entführten Sturzbomber He 51« jagte. Als Triebwerk besaß die Ar 76 einen 240 PS Argus As 10c. Bewaffnung: Trainer 1 MG 17, Jäger 2 MG 17.

Spannweite	9,50 m
Länge	7,20 m
Höhe	2,55 m
Flächeninhalt	13,34 qm
Leergewicht	750 kg
Zuladung	320 kg
Fluggewicht	1070 kg
Höchstgeschwindigkeit	267 km/h
Reisegeschwindigkeit	220 km/h
Landegeschwindigkeit	100 km/h
Steiggeschwindigkeit	7,2 m/sec
Gipfelhöhe	6400 m

Dornier Do 15
»Militärwal 33«   1934

Nach den Erfahrungen, die die Lufthansa mit den beiden 8 t-Walen D-2068 »Passat« und D-2069 »Monsun« mit Hilfe der Katapultschiffe »Westfalen« und »Schwabenland« gesammelt hatte, wurde für die Marine der 8 t-Militärwal 33 zunächst in vier Exemplaren hergestellt. Am 1.

Spannweite	23,20 m
Länge	18,20 m
Höhe	5,50 m
Flächeninhalt	96 qm
Rüstgewicht	5475 kg
Zuladung	3025 kg maximal
Fluggewicht	8500 kg maximal
Höchstgeschwindigkeit	225 km/h
Reisegeschwindigkeit	195 km/h
Steigzeit auf 3000 m	35 min
Gipfelhöhe	3000 m

Übungsjagdeinsitzer Arado Ar 76

Arado Ar 76 vor Start zum Erstflug

Fernaufklärungsflugboot Militär-Wal 33 (Do 15)

März 1934 verfügte die Marine über vier dieser Wale. Im Rahmen des neuen Beschaffungsprogramms wurden dann 21 weitere bestellt, von denen 16 noch bis Ende 1934, der Rest 1935 augeliefert wurde. Diese insgesamt 26 8 t-Militärwale, die unter der Bezeichnung Do 15 in die LC-Liste aufgenommen wurden, sind bis 1938 bei den Fernaufklärungsstaffeln(See) in Dienst gewesen und wurden dann nach und nach durch die Do 18 ersetzt. Triebwerk: BMW VI, 2 × 690 PS, Besatzung 4 Mann. Bewaffnung: 3 MG 15, sowie Wasserbomben zur Ubootbekämpfung.

Dornier Do 23   1934

Nachdem sich sämtliche Do 11 und Do 13 als Fehlschläge erwiesen hatten, vorläufig aber noch kein Ersatzmuster zur Verfügung stand, wurde eine neue Baureihe F begonnen, der man aber die Unglückszahl »13« nahm und die Bezeichnung Do 23 F gab. Sie unterschied sich von den Vorgängern durch folgende Einzelheiten: Spannweite verringert, Zelle durch Auskreuzungen und Verspannungen verbessert. Die Erprobung befriedigte. Es wurde eine kleine Serie, Werk-Nr. 351–386, aufgelegt. Einige kleinere Änderungen wurden noch notwendig, die dann zur Do 23 G führten, die ab Werk-Nr. 387 in Serie in Manzell, bei den Norddeutschen Dornierwerken (NDW) in Wismar, bei Henschel in Berlin-Johannisthal und beim Hamburger Flugzeugbau (später Blohm & Voss) gebaut wurde. Insgesamt sind von 1933–36 272 Do 23 gebaut worden. Der Erstflug der Do 23 F erfolgte am 1. 9. 1934. Erster Verband der Luftwaffe, der mit Do 23 ausgerü-stet wurde, war das »Kampfgeschwader General Wever«, später KG 4.

	Do 23 F	Do 23 G
Triebwerk	BMW VId	BMW VI U
Leistung	2 × 750 PS	2 × 750 PS
Besatzung	4	4
Bewaffnung	3 MG 15	3 MG 15
Spannweite	25,60 m	25,60 m
Länge	18,77 m	18,80 m
Höhe	5,40 m	5,40 m
Flächeninhalt	106,60 qm	106,60 qm
Rüstgewicht	6480 kg	6400 kg
Zuladung	2720 kg	2800 kg
Fluggewicht	9200 kg	9200 kg
Höchstgeschwindigkeit	260 km/h	260 km/h
Reisegeschwindigkeit	210 km/h	210 km/h
Landegeschwindigkeit	105 km/h	105 km/h
Gipfelhöhe	5800 m	4200 m
Reichweite	1200 km	1350 km

Heinkel He 66   1934

Heinkel bot diese Abwandlung der He 50 der Luftwaffe als Schulflugzeug an. Da diese aber zu diesem Zeitpunkt die He 50 schon an die Schulen abgab, weil die Entwicklung neuer Sturzbombermuster im Gange war, hatte sie kein Interesse an der He 66 und gab diese zum Export nach China frei. Da Japan die He 50 als D1A2 verwendete, entstand also die delikate Situation, daß ein Hersteller ein und denselben Flugzeugtyp an zwei mit einander im Krieg befindliche Staaten verkaufte! Es wurden 12 He 66 an China geliefert und mit gutem Erfolg eingesetzt. Es wurde noch eine weitere

Fernaufklärungsflugboot Dornier Wal für die UdSSR

Dornier Wal Lizenzbau Aviolanda für die holländische Marine

Bomber Dornier Do 23

Serie von China bestellt, die ebenfalls geliefert wurde. Dies waren aber von der Luftwaffe aussortierte Maschinen He 50, die erst im Januar 1936 in China eintrafen. Die Chinesen flogen ihre He 66 mit hellgelb gestrichenem Oberflügel, um sie von den japanischen D1A2 besser unterscheiden zu können. Da die japanischen Maschinen mit 730 PS-Motoren kampfstärker als die mit 480 PS ausgestatteten He 66 und He 50 waren, mußten diese bald aus dem Frontdienst abgezogen werden.

Triebwerk	Siemens »Jupiter IV«
Leistung	480 PS
Bewaffnung	1 MG für Beobachter, 200 kg Bomben
Spannweite	11,50 m
Länge	9,70 m
Höhe	4,15 m
Flächeninhalt	34,80 qm
Leergewicht	1202 kg
Zuladung	1033 kg
Fluggewicht	2235 kg
Höchstgeschwindigkeit	247 km/h
Reisegeschwindigkeit	190 km/h
Landegeschwindigkeit	90 km/h
Steigzeit auf 1000 m	4 min
Steigzeit auf 2000 m	8,8 min
Steigzeit auf 3000 m	14,7 min
Gipfelhöhe	5700 m
Reichweite	680 km
Startstrecke	270 m
Landestrecke	400 m

Henschel Hs 125   1934

Nach dem schlechten Abschneiden des Hs 121 konzentrierte man sich bei Henschel auf die Fertigstellung des Tiefdeckers Hs 125, von dem zwei Prototypen, D-EKAN und D-IEHA fertiggestellt wurden. Die Maschine D-IEHA ging bereits im Frühjahr in die Erprobung, D-EKAN folgte kurze Zeit darauf. Bei beiden Maschinen, die offiziell als Sporteinsitzer bezeichnet wurden, waren die Schußkanäle für die vorgesehenen zwei MG 17 abgedeckt. Obwohl die Hs 125 gegenüber der Hs 121 bedeutend bessere Leistungen und Flugeigenschaften zeigte, wurden die Ar 76 und die Fw 56 doch vorgezogen. Erst nach der »Enttarnung« im März 1935 sollte Henschel dann erfolgreich in den Serienbau einsteigen. Nachdem die Hs 122 (Aufklärer) noch nicht durchkam, wurde dann die Hs 123 ein Flugzeug mit besonders langer Lebensdauer. Die Hs 125 hatte gleiches Triebwerk und gleiche Abmessungen wie die Hs 121.

Spannweite	10,00 m
Länge	7,30 m
Höhe	2,30 m
Flächeninhalt	14,00 qm
Leergewicht	695 kg
Zuladung	280 kg
Fluggewicht	975 kg
Höchstgeschwindigkeit	280 km/h
Reisegeschwindigkeit	250 km/h
Landegeschwindigkeit	90 km/h
Gipfelhöhe	7000 m

Rechte Seite:

Oben: Mehrzweckflugzeug Heinkel He 66 für China   Unten: Übungsjagdeinsitzer Henschel Hs 125

7142

Anhang

Die Deutschen Flugzeugwerke, die trotz Verbot 1919–1934 Militärflugzeuge bauten, und ihre Ausweichbetriebe

Albatroswerke AG, Berlin-Johannisthal
(Allgemeine Fluggesellschaft »Memel« m.b.H.)
Dornier-Metallbauten GmbH, Friedrichshafen und Altenrhein (Schweiz) (S.A.J. di Costruzioni Meccaniche Pisa, Marina di Pisa)
Junkers-Flugzeugwerk AG, Dessau
(A.B. Flygindustri, Linhamn, und Werk Moskau-Fili)
Ernst Heinkel Flugzeugwerke GmbH, Warnemünde
Focke-Wulf-Flugzeugbau AG, Bremen
Rohrbach-Metallflugzeugbau GmbH, Berlin N
(Rohrbach Metal-Aeroplan Co.A./S., Kopenhagen-Kastrup)
Arado-Handelsgesellschaft m.b.H., Warnemünde
Bayrische Flugzeugwerke AG (BFW), Augsburg
Luft-Fahrzeug-Gesellschaft, Werft Stralsund (LFG)
Caspar-Werke AG, Travemünde

Deutsche Flugzeugwerke 1933–35

AGO-Flugzeugwerke, Oschersleben/Bode
Albatros-Flugzeugwerke GmbH, Berlin-Johannisthal
Arado-Flugzeugwerke GmbH, Babelsberg bei Berlin
Hamburger Flugzeugbau GmbH, Hamburg-Steinwerder
Bücker Flugzeugbau GmbH, Rangsdorf bei Berlin
Dornier Werke GmbH, Friedrichshafen
Erla Maschinenwerk GmbH, Leipzig
Gerhard Fieseler Werke GmbH, Kassel
Focke, Achgelis & Co. GmbH, Delmenhorst
Focke-Wulf Flugzeugbau GmbH, Bremen-Flughafen
Gothaer Waggonfabrik AG, Gotha
Ernst Heinkel AG, Rostock-Marienehe
Heinkel-Werke GmbH, Oranienburg b/Berlin
Henschel Flugzeugwerke AG, Schönefeld b/Berlin
Junkers Flugzeug- und Motorenwerke AG, Dessau
Leichtflugzeugbau Klemm GmbH, Böblingen
Bayrische Flugzeugwerke AG, Augsburg
Flugzeugwerk Halle KG, Halle/Saale
Walter Bachmann, Flugzeugbau, Ribnitz/Mecklbg.
MIAG, Braunschweig-Waggum
Norddeutsche Dornier-Werke, Wismar
Weser-Flugzeugbau, Einswarden

Abkürzungen

AW	Ausbildungswesen der Luftwaffe	Mzw	Mehrzweck(-Flugzeug)
BFW	Bayrische Flugzeugwerke, später Messer-schmitt-Werke	MG	Maschinengewehr
		MK	Maschinenkanone
BMW	Bayrische Motoren-Werke	NSFK	Nationalsozialistischens Flieger-Korps
Bs X	Gruppe »Flieger« in der Marineleitung		Nachfolge-Organisation des DLV
DB	Daimler-Benz	Oblt.	Oberleutnant
DLH	Deutsche Lufthansa	RDL	Reichsverband der Deutschen Luftfahrt-Industrie
DLV	Deutscher Luftsport-Verband		
DVL	Deutsche Versuchsanstalt für Luftfahrt	RLM	Reichs-Luftfahrt-Ministerium
DVS	Deutsche Verkehrsflieger-Schule	RVM	Reichs-Verkehrs-Ministerium
FuG	Funkgerät	RWM	Reichswehr-Ministerium
In 1	Inspektion der Waffenschulen und der Luft-waffe in der Heeresleitung	Severa	Seeflugzeug-Versuchsabteilung
		Stuka	Sturz-Kampfflugzeug = Sturzbomber
JG	Jagdgeschwader	Wa.Prüf.	Abteilung »Waffenprüfwesen« im Heeres-waffenamt
JGr	Jagdgruppe		
Jasta	Jagdstaffel 1916–1918	Wa.Prw. 8	Gruppe Waffenprüfwesen 8 = Tarnbezeich-nung der Gruppe »Fliegertechnik« im Heereswaffenamt.
Kapt. z. S.	Kapitän zur See		
Korv.-Kpt.	Korvettenkapitän		
GL/C	Technisches Amt der Luftwaffe	zbV	zur besonderen Verwendung
LDv	Luftwaffen-Dienstvorschrift	ZG	Zerstörergeschwader
LE	Nachschubamt der Luftwaffe	ZMo	Zentrale Moskau, Verbindungsstelle des RWM zur Roten Armee in Moskau
L In	Luftwaffen-Inspektion		
KG	Kampfgeschwader		

Literaturverzeichnis

Bongartz, Luftmacht Deutschland
Fahey, US-Army Aircraft 1908–1946
Fischer von Poturczyn, Junkers-Weltluftverkehr
Heinkel, Stürmisches Leben
Japanese Navy and Army Aircraft 1919–1945
Lamberton, Fighter Aircraft of the 1914–18 War
Lamberton, Recco and Bomber aircraft of the 1914–18 War
Larkins, US-Navy Aircraft 1921–1941
Nowarra, 50 Jahre Deutsche Luftwaffe Band 3
Nowarra, Heinkel und seine Flugzeuge
Nowarra, Entwicklung der Flugzeuge 1914–18

Nowarra-Kens, Die Deutschen Flugzeuge 1933–1945
Ries, Recherchen zur Deutschen Luftfahrzeugrolle Teil 1
Smith, J. R., Focke-Wulf
Schawrow, Flugzeuge der UdSSR bis 1938
Turner-Nowarra, Junkers
Völker, Deutsche Militärluftfahrt 1919–33
Völker, Die Deutsche Luftwaffe 1933–39
Völker, Dokumente und Dokumentarfotos
     zur Geschichte der deutschen Luftwaffe
Veröffentlichungen im »Flieger« und »Aerokurier«